AVENTINUS
BAIERISCHE CHRONIK

Johannis Auentini

Des Hochgeler-
ten weitberümbten

Beyerischen Geschichtschreibers Chro-
nica/ Darinn nit allein deß gar alten Hauß Beyern/Keiser/Köni-
ge/Hertzogen/Fürsten/Graffen/Freyherrn Geschlechte/Herkommen/ Stam vnd Ge-
schichte/sondern auch der vralten Teutschen Vrsprung/Herkoffien/Sitten/Gebreuch/Religion/mann-
liche vnd treffliche Thaten/so sie faß biß zu diser zeyt/allenthalben/nit allein im Teutschland vnd Europa/sondern auch in Asia vnd
Africa/auch vor Christi vnsers Seligmachers Geburt/gethan haben/zum fleissigsten beschriben/vñ auß allerley Chronicken/
Handschrifften/alten Freyheiten/Vbergaben/Brieffen/Salbüchern/Reimen/Liedern/vnd andern glaub-
wirdigen Monumenten vnd Schrifften zusammen getragen vnd
in acht Bücher getheilt.

Anfengclich durch den Authorem in Latein verfertigt/hernachmals aber den Teutschen zu gutem von jm selber mit höchstem fleiß in gut gemein hoch Teutsch gebracht/
gemehrt vnd gebessert/zuvor nie in druck außgangen.

Jetzundt aber dem Gemeinen nutz zum besten/der Teutschen Nation zu ruhm/ vnd dem löblichen
Hauß Pfaltz vnd Beyern zu preiß vnd ehr publiciert vnd an den tag gegeben.

IOHANNES AVENTINVS ANNO AETATIS LXIII

Mit Keys.Mt. Freyheit in zehen jaren nit nachzudrucken.

Getruckt zu Franckfurt am Mayn/ im jar deß HERRN/

M. D. LXVI.

JOHANNES AVENTINUS

Baierische Chronik

Herausgegeben
von Georg Leidinger

EUGEN DIEDERICHS VERLAG

Auf der Grundlage der Ausgabe Jena 1926 in Garamond-Antiqua gesetzt, mit einem
Vorwort, Dokumenten-Anhang sowie 40 Bildern versehen, darunter alle Holzschnitte
nach Jost Amman aus der Erstausgabe Frankfurt 1566.
CIP-Titelaufnahme der Deutschen Bibliothek
Aventinus, Johannes:
Baierische Chronik / Aventinus Johannes. Hrsg. von Georg
Leidinger. – München : Diederichs, 1988
ISBN 3-424-00955-5
NE: Leidinger, Georg [Hrsg.]

Erweiterte Neuausgabe 1988
© 1988 by Eugen Diederichs Verlag
GmbH & Co. KG, München

Umschlaggestaltung: Tillmann Roeder
Produktion: Tillmann Roeder
Satz: Otto Gutfreund, Darmstadt
Druck: Claussen & Bosse, Leck

ISBN 3-424-00955-5
Printed in Germany

Inhalt

Vorwort zur Neuausgabe

„In teutschen Landen gibt es jetzo so viele gelehrte, geschickte junge Leute und aller Künste rechter Grund, die drei edlen Sprachen Lateinisch, Griechisch, Hebräisch, stehen im Vordergrund, was vorher nie gewesen ist. Es ist schier keine Stadt, keine Pfarrei, kein Dorf, kein Markt nit, man findet Leute darin, junge und alte, die sich obgenannter dreier kunstreicher Sprachen und Zungen befleißigen. Es sind die Bücher gut erhältlich und sind wohlfeil." Mit Büchern in der eigenen Sprache sieht es weniger gut aus, und der gleiche Geist, der mit den Humaniora auch dem Humanismus den Weg bahnte, läßt es nicht zu, daß ein „Zeitbuch" wie dieses rechtzeitig erscheinen kann. Fast vierzig Jahre müssen darüber vergehen und der Autor lange schon tot sein, ehe sein Werk endlich erscheint: die Baierische Chronik.

Kein deutscher Geschichtschreiber vor ihm hat so in die Gegenwart einwirken wollen, keiner auch hat mit solch gründlichem Eifer wie er die nur irgend erreichbaren Quellen aufgespürt, sie studiert und exzerpiert und kritisch bewertet. Als er im Kloster Wessobrunn auf die bayerische Chronik des Ulrich Füetrer stößt, vermerkt er an den Rand des Folianten: „Lautter merl, is nit war." Oder: „Hat das Latein nit verstanden". Oder, ziemlich vernichtend: „Narrenwerk".

Deutsch zu schreiben, ist in jener Zeit ein Politikum. Und eine Leidenschaft. Luthers „Von der Freiheit eines Christenmenschen", Huttens „Gespräche", Volksbücher wie das von Kaiser Friedrich mit dem roten Bart – wie unvernutzt die deutsche Sprache noch ist, macht Aventins Vorrede deutlich: „Hab tag und nacht kain rûe gehabt, vil hitz und kelten, schwaiß und staub, regen und schnê winter und sumer erlitten, das ganz Baierland durchritten, alle stift und clöster durchfaren, pueckamer, kästen fleissig durchsuecht, allerlai handschriften, alte freihait, übergab, briefe, chronica, rüef, reimen, sprüch, lieder, abenteuer, gesang, petpüecher, messpüecher, salpüecher, kalender, totenzedel, register, der heiligen leben durchlesen und abgeschriben; heiligtum, monstranzen, seulen, pildnus, creutz, alt stain, alt münz, greber, gemêl, gewelb, estrich, kirchen, überschrift besuecht und besicht; geistlich weltlich recht, lateinisch teutsche kriechische windische ungarische wälhische französische dennische englische geschicht überlesen und durchfragt, nicht zue solcher sach tauglich underwegen und unersuecht gelassen, allerlai alter geschicht zeugnus und anzaigen durchstrütt, all winkel durchschloffen und durchsuecht…"

Aber zur quellenkritischen Forschung ist es noch ein weiter Weg. Was sich historisch aufklären läßt, reicht nicht allzutief in die Vergangenheit. Der Altertumskunde verschwistert ist die mythische Spekulation, und eine ihrer Hilfsmittel heißt Volksetymologie. Wer dem eigenen Vaterland Gutes will, mag es sich auch zersplittert in Teilherzogtümern darstellen, borgt sich Glanz und Größe aus fernsten Zeiten. Von *Mannus*, dem ersten deutschen König und einem wahren „Mannsbild" dazu, heißt es bei Aventin: „Er hat gelebt mit seinen Leuten / Zu deß Ertzvatters Abrams zeiten / Da Semiramis die Königin / Das groß Caldaisch Reich hett in / Wie man sagt das zur selben fart / Auch Trier von jm erbauet wardt."
Ein anderer Prototyp deutschen Herrschertums ist für ihn *Tuisto*, frei nach Tacitus. Ihn macht er gar zu einem Sohn Noahs: ein Beglaubigungsritual, das früheste Weltgeschichte und alttestamentarisches Heilsgeschehen mit der eigenen Stammesgeschichte verzahnt. Die Mär, wonach die Bayern von den keltischen Bojern abstammen, greift Aventinus mit Freuden auf. Für die Völkerwanderungszeit läßt er die obskure Quelle des Annius von Viterbo gelten. Die Sage, wonach Karl der Große am Würmsee – „drei Meilen oberhalb Münchens" – geboren sei, übernimmt er einfach. Bei ihm verfließen die Grenzen zwischen deutscher und bayerischer Geschichtsschreibung. Aber all das mindert nicht den Wert seiner Chronik als einer methodisch und sprachlich schöpferischen Leistung, und einer nationalpädagogischen Tat obendrein.
Als „bayerisch fürstlicher Geschichtsschreiber" (seit Februar 1517) steht Aventin nicht isoliert da. Allenthalben reiften bei den deutschen Humanisten Pläne, meist in Verbindung mit ihren Landesfürsten (als mäzenatischen Auftraggebern), sich der eigenen Geschichte und Landeskunde zu versichern. Das lehrte schon Celtis in Ingolstadt den jungen Johannes Turmair. Maximilian I. in

Kaiser Maximilian I.   Kupferstich von Lucas van Leyden 1520

DEI · GRACIA · LVDOVICVS · VTRIVSQVE
BAVARIAE · DVX · AETATIS · SVAE · XXXVII ·

Herzog Ludwig X., „Herrscher Ober- und Niederbayerns", im Alter von 37 Jahren
Für zwei Jahre – Frühjahr 1509 bis Mai 1511 – ist Aventinus sein Erzieher
gewesen; Ludwigs jüngeren Bruder Ernst hat er sogar acht Jahre unterrichtet.

Der herzogliche Kanzler Leonhard von Eck, der Aventin als Erzieher seines Sohnes
Oswald nach Ingolstadt berief. Radierung von Barthel Beham 1527

„Die Pilgerschaft zur Kirche der schönen Maria". Spottbild auf Wundergläubigkeit und Wallfahrtswesen. Holzschnitt des Regensburgers Michael Ostendorfer, um 1530. – Hier im liberalen Regensburg verbrachte Aventin seine letzten Lebensjahre

Wien betraute den Johannes Stabius mit einer Landesgeschichte Österreichs, und fast zur gleichen Zeit (1516) regte der sächsische Kurfürst Friedrich der Weise den Historiker Georg Spalatin an, eine Geschichte Sachsens (und seines Fürstenhauses, versteht sich) niederzuschreiben. Ein Jahrzehnt später plante Aventin eine „Germania illustrata" als Gemeinschaftswerk zahlreicher Humanisten, die jeder „ihre" Provinz darstellen sollten; an Beatus Rhenanus in Basel, Konrad Peutinger in Augsburg und auch Johannes Cuspinian in Wien war gedacht – aber dann wollte es Aventin doch ganz allein schaffen.

Seine Korrespondenz mit den humanistischen Zeitgenossen (siehe Anhang) zeigt, wie vernetzt das geistige Deutschland war. Was Bayern betrifft, so trug dazu wesentlich die Gründung seiner ersten Universität Ingolstadt (1472) bei: Celtis lehrte hier, in den Jahren 1520/21 auch Reuchlin; man warb um Melanchthon und versuchte – mit Aventins Hilfe –, auch Erasmus von Rotterdam zu gewinnen.

Aventins „Chronik" und gewissermaßen auch sein eigenes Leben vermitteln einiges von den religiösen Auseinandersetzungen der Zeit; vor allem die Schwierigkeit, sich in ihr zu behaupten, wenn man weder Lutheraner noch Papist war (das letztere schon gar nicht), wenn man zu den Mächtigen des Landes ein relativ gutes und zum Klerus ein sehr zwiespältiges Verhältnis hatte. Daß die bayerischen Landesfürsten nach dem Wormser Reichstag (1521) entschiedener gegen die neue Lehre eingestellt waren, hat Aventins schriftstellerische Arbeiten nicht begünstigt. Es hat mittelbar sogar dazu geführt, daß er „ob evangelium" im Oktober 1528 für elf Tage verhaftet werden konnte; die schützende Hand des Kanzlers Leonhard von Eck hat ihn vor Schlimmerem bewahrt, doch die Bitterkeit dieses Erlebens findet in den antiklerikalen Passagen der „Chronik" und vor allem in der Schrift „Ursachen des Türkenkrieges" (1529) ihren Niederschlag.

Gerade die letztgenannte Schrift, ein Rundumschlag gegen die ständische Feudalordnung, gegen die Altkirche, Mönchstum und Bettelorden, zeigt ihn als tief beunruhigten Zeitzeugen, der über die Entwicklung des Reiches und seiner Verfassung besorgt ist: Reichtum und Besitz der Kirche möge man sinnvoller für die Etablierung eines stehenden Heeres verwenden, dem „gemeinen

Mann" solle mehr Gerechtigkeit widerfahren. Aventin kann seine Sympathie für die Erhebung der Bauern (1525) nicht verhehlen – sie scheint selbst in der „Chronik" durch, im Zusammenhang mit weit entlegenen römischen Verhältnissen: „Es lief der paur vom pflueg, der mair vom aker, der hüeter vom viech, der akerman vom veld".

Eine sprachgewaltige, engagierte, vom eigenen Temperament getragene Geschichtsschreibung, die sich auf das *hic et nunc* bezieht. So wünschte man sich die Historiker heute!

Auch Georg Leidinger (1870–1945, Direktor der Bayerischen Staatsbibliothek), der die vorliegende Auswahl aus der umfangreichen „Chronik" traf und sie uns behutsam „verdolmetschte" – siehe seine Einleitung –, verband mit der Ausgabe Jena 1926 durchaus Aspekte der Gegenwart.

In der hier vorliegenden Neuausgabe wurde aus der alten Frakturschrift, die zwar einer Chronik höchst angemessen, aber für heutige Leser unpraktisch ist, eine Garamond-Antiqua. Eine Anzahl von Bildern und Dokumenten zu Aventins Leben ist beigegeben, nicht zuletzt auch die 19 Holzschnitte nach Zeichnungen des Jost Amman, die für die Erstausgabe Frankfurt 1566 angefertigt und unseres Wissens seither nicht wieder abgedruckt wurden. Amman, damals 26jährig, ein Nürnberger Künstler Zürcher Herkunft, griff sich vor allem die mythischen Persönlichkeiten und die obskuren Schlachten der Bayern gegen die Römer heraus: die Holzschnitte kontrapunktieren dadurch die Textauswahl Leidingers.

Zum Schluß gilt es dreifachen Dank abzustatten: dem Aventinus-Museum in Abensberg für seine Mithilfe bei der Dokumentenbeschaffung, der Zentralbibliothek Zürich für die Bereitstellung der Amman'schen Bildvorlagen, Herrn Dr. Eberhard Dünninger für die Genehmigung zum Abdruck der drei – von ihm übersetzten – Humanistenbriefe im Anhang des Buches.

Ulf Diederichs

Wandgemälde der Stadt Abensberg, geschaffen von Hans Donauer um 1590

Einleitung

Es ist ein echt deutsches Buch, diese „Baierische Chronik", die Johann Turmair von Abensberg, mit seinem Gelehrtennamen Johannes Aventinus genannt, geschrieben hat. Kein größeres Lob konnte ihr je gespendet werden als Goethes Wort, „daß man einen trefflichen Menschen tüchtig heranbilden könne, ohne dabei ein anderes Buch zu gebrauchen als Tschudi's schweizerische oder Aventins baierische Geschichte". Sie ist eine eigenartige Erscheinung ihres Zeitalters, ein Werk, das der Wissenschaft jener Tage, dem deutschen Humanismus, zur Ehre gereicht. Freiheitlich und echt vaterländisch deutsch denkend, hat Aventinus in der „Baierischen Chronik" eines der besten und größten älteren Literaturdenkmäler auf geschichtlichem Gebiete geschaffen, das an Kraft der Sprache sich Luthers Werken vergleichen darf. Nicht nur Bayerns, sondern Deutschlands Geschichte, im Spiegel der Bildung der großen, das Mittelalter zur Neuzeit umgestaltenden ersten

Jost Ammans Porträt des Aventinus –
Aus dem Titelblatt zur Erstausgabe 1566

Jahrzehnte des sechzehnten Jahrhunderts: das ist der Inhalt dieser
Chronik.

In der kleinen niederbayerischen Landstadt Abensberg, die zwischen Ingolstadt und Kelheim nicht fern von der Donau an einem
ihrer südlichen Nebenflüßchen, der Abens, den Mittelpunkt einer
fruchtbaren Umgegend mit meist Landwirtschaft treibender Be-
völkerung bildet, war am St. Ulrichstage (4. Juli) des Jahres 1477
dem ehrsamen Tafernwirt und Bürger Peter Turmair ein Söhnlein
geboren worden, das in der Taufe den Vornamen Johannes erhielt.
Der Knabe hat wohl frühzeitig besondere geistige Fähigkeiten an
den Tag gelegt, sonst hätte der Vater ihn wahrscheinlich einem
gewerblichen oder landwirtschaftlichen Berufe zugeführt. Im
Abensberger Karmeliterkloster hat der junge Turmair vielleicht
den ersten gelehrten Unterricht genossen. Dann treffen wir ihn
auf der wenige Meilen entfernten Hochschule zu Ingolstadt. Er
hatte das Glück, in einer Glanzzeit der noch jungen Universität
seine Studien dort beginnen zu können.

Seit 1491 wirkte zu Ingolstadt Konrad Celtis, bestrebt, die humanistischen Studien zur Grundlage der gesamten Universitäts-
bildung zu machen. Mochten auch in Ingolstadt schon vorher

einzelne Lehrer nach gewissen Richtungen hin im neuen Geiste des Humanismus sich betätigt haben, so steckte doch der ganze Unterrichtsbetrieb noch in den Fesseln der Scholastik. Veraltete mittelalterliche Lehrbücher mit geisttötenden Kommentaren wurden immer wieder in breiter Umständlichkeit behandelt. Celtis stellte die Forderung auf, daß die Artistenfakultät die studierende Jugend auf Grund der klassischen Literatur zuerst in der Poetik, wozu die Grammatik gerechnet wurde, und in der Rhetorik, die auch Geschichte umfassen sollte, alsdann aber in der Philosophie unterrichten sollte. Es ist hier nicht der Ort, seine Erfolge und Mißerfolge in der praktischen Durchführung dieser Ideen zu schildern. Jedenfalls gab er den Studenten in Ingolstadt vielfältige Anregung.

Als am 21. Juni 1495 der junge Johannes Turmair von Abensberg in die Universitätsmatrikel eingetragen wurde, stand Celtis mitten in jener Wirksamkeit. Schon damals dürfte Turmair ihm nähergetreten sein. Als dann Celtis 1497 auf den Ruf Kaiser Maximilians als ordentlicher Lehrer für Rhetorik und Poetik nach Wien übersiedelte, folgte der Abensberger Student dem gefeierten Lehrer an diese Hochschule. Der junge bayerische Baccalaureus, der „ein ganz stiller und fleißiger Mensch" gewesen ist, tritt in die engste persönliche Beziehung zu dem humanistischen Meister und wird der Liebling des genialen Franken.

Früher als in Ingolstadt hatte der Humanismus in Wien den Kampf gegen die Scholastik eröffnet, und es war ihm während dieses Streites unter dem Einfluß italienischer Kräfte schon eine Art Vorblüte beschieden gewesen. Zu allgemeiner Anerkennung und zu dauernder Wirkung führte ihn erst Konrad Celtis, „der Herold der modernen Bildung in Wien". Mit seiner begeisternden Persönlichkeit hat er viele empfängliche Talente den humanistischen Studien zugeführt. Durch seine Gründung der *Sodalitas litteraria Danubiana*, deren Plan er schon in Ingolstadt entworfen hatte, brachte er die Anhänger der neuen Richtung einander näher und vertiefte die Erkenntnis der neuen wissenschaftlichen Aufgaben. Bis zum Ende des Jahres 1500 lebte Johannes Turmair, der sich unterdessen nach humanistischer Sitte den Beinamen Aventinus (der Abensberger) beigelegt hatte, bei Celtis als Hausgenosse. Im unmittelbaren persönlichen Verkehr empfing er alle die Anre-

Aventins Geburtshaus in Abensberg. Zeichnung von Toni Grubhofer in: Franz von Wegele, Johannes Aventin. Bamberg 1890

gungen, die später in seinen Werken zu reifen Früchten wurden. Während der geniale Lehrer nur wenige greifbare Ergebnisse seines Wirkens erzielte, setzte der kraftvolle und fleißige bayerische Schüler in seinen Werken die Ideen des Meisters später sicher und klar in die Tat um.

Neben Konrad Celtis hat besonders Johannes Stabius, der in Ingolstadt und später in Wien Mathematik lehrte, Aventins wissenschaftliche Ausbildung wesentlich beeinflußt. Nach einem Studienaufenthalt zu Krakau kehrte Aventinus in die bayerische Heimat zurück, um schließlich die älteste und berühmteste

Hochschule Europas, Paris, zu beziehen und dort die akademischen Grade zu erwerben. Als Magister der freien Künste kam er nach Bayern heim. Dort tobte in jenen Tagen gerade der Landshuter Erbfolgekrieg; blutige Kämpfe erschütterten das Land. Aventinus begab sich daher wieder nach Wien, der Vertiefung seiner Kenntnisse sich zu widmen und „den sanfteren Musen" zu leben. Später hielt er sich zu Ingolstadt auf und lehrte, zunächst privatim, Mathematik und Astronomie. Er hatte keine offizielle Stelle an der Universität inne, aber er strebte sie wohl an, und sie scheint ihm von der maßgebendsten Person, dem Herzog Albrecht IV. von Bayern, in Aussicht gestellt worden zu sein. Der Tod des Herzogs am 18. März 1508 mochte wohl als harter Schlag in die Hoffnungen des jungen Humanisten gefallen sein.

Doch sollte das Jahr nicht ohne eine günstige Schicksalswendung für ihn zu Ende gehen. Er wurde an den Münchener Hof berufen, um die Erziehung der jüngeren unmündigen Söhne Herzog Albrechts zu übernehmen. Außer drei Töchtern hatte Albrecht drei Söhne hinterlassen, alle drei noch minderjährig: Wilhelm, im fünfzehnten, Ludwig, im dreizehnten, und Ernst, im achten Lebensjahr. Die Mutter der jungen Prinzen, die Herzogin-Witwe Kunigunde, eine Habsburgerin, die Schwester Kaiser Maximilians I., hatte sich im Schmerz über den Tod des Gatten in das Pütrichkloster zu München zurückgezogen und war nicht mehr zu bewegen, es zu verlassen. Weder die Tränen der sechs verwaisten Kinder noch die Drohungen der Landstände vermochten ihren Entschluß zu ändern, und bis zu ihrem 1520 erfolgten Tode verblieb sie innerhalb der Klostermauern. Diese Weltflucht legte dem Vormundschaftsrat, der den zur Nachfolge im Herzogtum berufenen ältesten Prinzen Wilhelm leitete, auch die Verpflichtung auf, für die Erziehung der jüngeren herzoglichen Kinder zu sorgen. Die Prinzen Ludwig und Ernst waren schon von ihrem Vater zum geistlichen Stande bestimmt worden. Ludwig hatte bereits seit zwei Jahren die Pfründe der Dompropstei von Freising inne und war vor einem Jahr – als Zwölfjähriger – mit der ersten Tonsur versehen worden.

Der Erzieher dieser beiden Prinzen sollte Aventinus werden. Am 6. Januar 1509 kam er an den Hof nach München. Doch nicht dort sollten die zwei Brüder ihren Unterricht genießen, sondern in stiller Zurückgezogenheit auf dem Schlosse zu Burghausen. Um der Durchführung seines Primogeniturgesetzes sicher zu sein, hatte Herzog Albrecht in seinem Testament verfügt, daß die zweitgebornen Söhne nur den Grafentitel führen und eine bescheidene Rente erhalten sollten: eine übertriebene Zurücksetzung vor dem Erstgeborenen, die ungerecht und gefährlich war.

Die jugendlichen Prinzen brachten frisches Leben in die Räume der stolzen Feste Burghausen, in denen vorher viel Traurigkeit gewaltet hatte. Dort war am Ende seines schicksalreichen Lebens der greise Herzog Ludwig der Gebartete von Bayern-Ingolstadt als Gefangener seines Vetters Heinrichs des Reichen von Landshut verwahrt gewesen und war in dieser Gefangenschaft 1447 gestorben. Wenige Monate nach dessen Tod war ebenfalls in der Burg die Herzogin Margarete, die Gemahlin des reichen Heinrich von Landshut, aus dem Leben geschieden; fern von der Landshuter Residenz, und von dem Gatten schlecht behandelt, hatte sie auf der Burg, wo auch Heinrichs Sohn und Nachfolger Ludwig streng und hart erzogen worden war, ein freudenarmes Dasein geführt. Klagte sie doch auf dem Sterbebette, sie habe in ihrer Einsamkeit zu Burghausen wie eine Gefangene ihres Gemahls gelebt. Sechzehn Jahre später bezog abermals eine unglückliche Herzogin das Schloß, Amalie von Sachsen, Ludwigs des Reichen Gemahlin, von diesem aus der Residenzstadt entfernt, damit er selbst Freiheit hätte, seinen sinnlichen Neigungen nachzugehen. Nicht besser als sein Vater und Großvater zeigte sich der letzte Herzog der Landshuter Linie, Georg der Reiche, als Ehemann. Die berühmte, glanzvolle „Landshuter Hochzeit" im Jahre 1475, die er mit der polnischen Königstochter Hedwig gefeiert hatte, sollte der Anfang der unglücklichsten Ehe sein. Einsam ihre Tage vertrauernd, lebte Hedwig bis zu ihrem 1502 erfolgten Tod auf der stillen Feste zu Burghausen. „Wie eine Witwe verschloß der ehebrecherische Gatte sie in dem verlassenen Schlosse, sie, die würdig gewesen wäre der ehelichen Liebe, würdig eines besseren Gatten", schrieb Aventinus im Jahre 1507.

Solche und andere geschichtlichen Erinnerungen mochten den Humanisten erfüllen, als er selbst anderthalb Jahre darauf in das „verlassene Schloß" einzog, um die Erziehung der ihm anvertrauten jungen Wittelsbachersprossen zu leiten. Noch heute zeigt man

Porträt des Johannes Aventinus. Holzschnitt von Hans Sebald Lautensack im Erstdruck der „Annales", Ingolstadt 1554

Späteres Porträt des Johannes Aventinus von Johannes Jakob Haid, ca. 1750

Aventinus überreicht Herzog Albrecht IV. seine Gedichte. Widmungsbild der
Handschrift 1508, im Besitz der Bayerischen Staatsbibliothek

Denkmal des Aventinus in seiner Vaterstadt Abensberg, vor allem in Würdigung
seiner „Annales" in sieben Büchern (1519–21)

auf der Burg das „Aventinhaus", mit einer Gedenktafel an ihn geschmückt, wenn es auch nicht verbürgt ist, daß Aventinus gerade in jenem Hause wohnte und wenn die Tafel auch sonst unrichtige Angaben enthält. Neben dem Unterricht seiner Zöglinge beschäftigte sich der arbeitsame Präzeptor mit geschichtlichen Studien, zu denen der Aufenthalt an einer so erinnerungsreichen Stätte wohl besonders anregen mochte, und auf Ausflügen in die Umgebung Burghausens suchte er Römersteine und andere Denkmäler der Vorzeit auf.

Gegen Ende des Jahres 1510 siedelten die jungen Prinzen mit ihrem Lehrmeister nach München über und genossen dort weiterhin ihren Unterricht. Aventinus wohnte in der herzoglichen Residenz und scheint sich in München sehr wohlgefühlt zu haben; die Stadt gefiel ihm: er nannte sie später „die schönste Fürstenstadt", und an anderer Stelle sagte er, daß „ir kain Fürstenstat gleich" sei. In seinen Schriften finden sich manche Erinnerungen an jene Zeit. So spricht er einmal von den Predigten, welche er bei den Barfüßern, also in der Franziskanerkirche, zu München gehört hatte und in denen sie vor Fürsten und Herren, Gelehrten und Ungelehrten von „ihrem" Fegfeuer predigten, wobei er, der Aufgeklärte, gewissermaßen seiner Verwunderung Ausdruck gibt, daß sich die Fürsten das bieten ließen. Ihm, dem an den Schriften des Altertums gebildeten Humanisten, schien es, als hätten die alten Poeten Homer und Vergil davon – er meint, von den Schrecken der Unterwelt – „viel glaublicher" geschrieben. Ob er wohl mit seinen fürstlichen Zöglingen in diesem Sinne darüber gesprochen hat?

Im Mai 1511 weilte der Oheim der Prinzen, Kaiser Maximilian in München. Er scheint damals die allmählich zwischen den Brüdern Wilhelm und Ludwig entstandene Spannung beobachtet zu haben und fühlte sich berufen, Ludwig „in seine Zucht und Regierung" zu nehmen. Um den Ausbruch eines offenen Zwistes zwischen den Brüdern zu verhindern, lud er Ludwig an seinen Hof nach Wien ein. Und Ludwig begab sich dorthin. Aventinus erhielt die ehrenvolle Aufforderung, den Prinzen zu begleiten, aber er zog es vor, bei Herzog Ernst in München zu bleiben.

Mit dem Prinzen erhielten noch andere edle Knaben von dem Präzeptor Unterricht, hauptsächlich in der lateinischen Sprache. Wie es auch an anderen Höfen geschah, hielt man es für angemessen, dem Prinzen Spielgenossen und Kameraden beizugeben, wodurch wohl auch der Lerneifer erhöht werden sollte. Aventinus hatte sich seine eigene Methode für diesen Unterricht ausgearbeitet; er rühmte sich, daß seine Schüler in acht Monaten so gut Lateinisch gelernt hätten, wie es bei anderer Lehrweise nur in drei Jahren erreicht würde.

Eine nette Geschichte von dem jungen Prinzen Ernst überliefert uns ein Bericht Konrad Peutingers an Kaiser Maximilian über die Zusammenkunft mit einer venezianischen Botschaft, welche der Kaiser nicht selbst empfangen wollte und welche daher im August 1512 zu Landshut mit Herzog Wilhelm sowie kaiserlichen Bevollmächtigten, darunter Konrad Peutinger, verhandeln sollte. Nach den diplomatischen Besprechungen wurde der venezianische Gesandte zur herzoglichen Tafel gezogen. Hierbei ereignete es sich, daß zum Schrecken der Versammelten der an der Tafel sitzende junge Prinz Ernst mit lachendem Munde sagte: „Wenn man den Wälschen fragte, der möchte wohl gut vom Mordbrennen erzählen können". Der Gesandte scheint diese in jugendlicher Unbefangenheit und Lebhaftigkeit gemachte Äußerung nicht übel genommen zu haben. Und Peitinger fügt der Anekdote die Worte hinzu: „Fürwahr, dieser Fürst ist zu seiner Jugend ganz geschickt, disputiert und redet gut Latein, daß ich dessen Verwunderung trage." Aus den letzten lobenden Worten eines so hervorragenden Humanisten wie Peutinger mag man den guten Erfolg von Aventins Lehrtätigkeit erkennen.

Die Ergebnisse des von ihm ausgearbeiteten Lehrganges des lateinischen Unterrichts faßte Aventinus in einer kurzen lateinischen Grammatik zusammen, welche er 1512 zu München im Druck erscheinen ließ und welche dann noch zehn weitere Ausgaben und Nachdrucke erlebte. In der Geschichte des Unterrichts überhaupt nimmt dieses Büchlein eine ehrenvolle Stellung ein. Seine besondere Bedeutung hat es dadurch, daß darin die deutsche Sprache in so gewandter Weise, wie vorher nie, zur Übersetzung und zur Umschreibung lateinischer Ausdrücke und zur Verdeutlichung sprachlicher Formen verwendet war. 1517 veröffentlichte Aventinus noch eine weit umfangreichere lateinische Grammatik; mit Genugtuung mag es ihn erfüllt haben, daß sie als Grundlage zu Vorlesungen in der Artistenfakultät Ingolstadt verwendet wurde.

Medaillon und Unterschrift Herzog Wilhelms IV. von Bayern, der Aventin den Auftrag gab, seine „Annales" zu verdeutschen

Aventinus hatte sich des besonderen Wohlwollens Herzog Wilhelms zu erfreuen, der am 13. November 1511 mündig geworden war und die selbständige Regierung angetreten hatte. Zweimal wurde Aventinus vom Herzog zum Mitglied von Kommissionen ernannt, welche die Gebrechen des Hochschulbetriebs zu Ingolstadt untersuchen und die ärgerlichen Streitigkeiten unter den dortigen Professoren schlichten sollten. Er bekam keinen guten Eindruck von den Verhältnissen zu Ingolstadt und hat in kräftigen Worten darüber seine Meinung gesagt.

In München tagte mit dem beginnenden Jahr 1514 die denkwürdige Versammlung der Landstände, die Aventinus selbst als einen Bund des Adels, der Bürger und der Geistlichkeit gegen Herzog Wilhelm bezeichnet hat. Der junge Herzog Ludwig war aus Wien zurückgekehrt und begehrte Anteil an der Regierung. Die Landschaft ergriff für ihn Partei gegen den unbeliebten älteren Bruder. Wilhelm mußte sich bequemen, mit ihm gemeinsam die Regierung zu führen. Was den jüngsten Bruder Ernst anlangte, beschloß die Landschaft, daß ihm „tapfere Männer" zugeordnet würden, die darauf dringen sollten, daß er sich dem geistlichen Stande widme. Man scheint damals also gefürchtet zu haben, er möchte, wenn er

Unterschrift Herzog Ludwigs X., des letzten Herzogs von Niederbayern und Erbauer der Landshuter Residenz

älter würde, vielleicht auch ähnliche Ansichten erheben wie sein Bruder Ludwig. Aber diese Befürchtung war überflüssig. Jener gab sich, von Aventinus, seinem „Meister Hanns Präceptor", wie diesen eine Hofordnung von 1514 nennt, angeleitet, eifrig den Studien hin.

Und als der Sommer 1515 kam, machte sich der fürstliche Schüler mit seinem Lehrer auf zu einer Reise nach Italien. Wie mochte der Humanist sich darauf freuen, die klassischen Stätten des Südens zu betreten! Allein die kriegerischen Verwicklungen, die bald nach Antritt der Reise erfolgten, legten den Reisenden viele Beschränkungen auf. In der Heimat fürchtete man für die Sicherheit Herzog Ernsts als Neffen Kaiser Maximilians, dem im Osten Oberitaliens die Venediger, im westlichen Teil die Franzosen feindlich gegenübertraten. So mußte sich die Reise auf Gegenden beschränken, die mit dem Deutschen Reich in Frieden lebten, und nach vier Monaten kehrten die Reisenden heim.

Die weitere Ausbildung Herzog Ernsts sollte auf der Hochschule zu Ingolstadt erfolgen, immer noch unter des bewährten Erziehers Leitung. In schwungvoller Rede begrüßte am 26. November 1515 den jungen Prinzen namens der Universität der Theologieprofessor Dr. Johann Eck, der spätere streitbare Gegner Luthers. Erst 1517 ging Aventins Erzieheramt bei Herzog Ernst zu Ende, als dieser die Universität Ingolstadt verließ. Acht Jahre lang hatte der fürstliche Zögling unter Aventins Führung gelernt, und mit herzlicher Dankbarkeit hing er an ihm. Öffentlich nannte er ihn: Mein Aventin.

Es war nur natürlich, wenn man nach der hingebungsvollen Leistung, welche Aventinus mit der Erziehung Herzog Ernsts vollbracht hatte, sich im bayerischen Herrscherhause dem Gelehrten verpflichtet fühlte. Man berief ihn zu einer Stellung, die zu schaffen wohl er selbst angeregt hat, und welche wie kaum irgendeine andere seinen Neigungen entsprach: die Herzöge Wilhelm und Ludwig ernannten ihn zu ihrem „Historiographus", zum fürstlich bayerischen Geschichtschreiber.

Geschichtliche Studien waren schon früh Aventins liebste Beschäftigung gewesen, die Darstellung der Geschichte seines Heimatlandes ein alter Plan von ihm. Bereits im Jahre 1511 hatte er eine Geschichte Bayerns, *Annales ducum Bavariae*, in lateinischer Sprache verfaßt, ein zierliches Werkchen, das ungedruckt geblieben ist. Mit seiner Berufung zum „Historiographus" erhielt er von den beiden Herzogen den Auftrag, ein umfassendes, großes Werk über die bayerische Geschichte zu schreiben und hierzu alle im Lande erreichbaren geschichtlichen Quellen zu benützen.

Für Aventinus als Geschichtschreiber ist im günstigsten Sinne bezeichnend die Art und Weise, in welcher er den Stoff zu seinem vaterländischen Geschichtswerk sammelte. Am 9. März 1517 begann er eine Forschungsreise, die ihn durch ganz Bayern führte. Am Tage vorher hatte er sich von Herzog Ludwig auch namens dessen Bruders Wilhelm einen Geleitbrief an die Vorstände der bayerischen Klöster als der Schatzkammern mittelalterlicher Geschichtsliteratur ausfertigen lassen. Darin hieß es: „Nachdem der hochgeborn Fürst, unser freundlicher lieber Bruder Herzog Wilhelm und wir dem ersamen, wolgelerten, unserm und unsers lieben Bruders Herzog Ernsts Lermaister Johann Aventino, unserm Historiographo und Lerer der siben freien Kunst, befolen haben, die alten Monument, Antiquitet und Anzaigen allenthalben bei den Clöstern unsers Fürstentumbs zu erfaren, zu besichtigen und zu beschreiben, deshalben er sich hiemit zu euch verfügt, ist hierauf von vormelts unsers lieben Bruders und unsern wegen an euch unser gütlich Bit und genedig Beger, ime zu Volziehung und Außrichtung solchs unsers Bevelchs zu gestaten, in eurn Libereien, Brieven und anderm nach solichen Antiquiteten, Monumenten und alten Anzaigungen zu suchen und zu sehen und ime deßhalben guten Willen und Furderung mitzetailn und zu beweisen."

Warum man einen solchen Geleitbrief für nötig erachtete, wenn der weltliche Geschichtschreiber zu den Stoffen vordringen sollte, deren er bedurfte, erkennt man aus einer späteren Äußerung Aventins: „Die Mönche verschließen diese Denkmäler wie ihre Heiligtümer mit tausend Schlüsseln in ihren Schreinen und lassen sie nur auf den Befehl dessen, dem sie Gehorsam leisten müssen, und dann nur von weitem sehen. Wer also nicht mit einem Edikt des Fürsten, unter dessen Herrschaft jene Klöster fallen, ausgerüstet ist, wird mit allem Bemühen dort nichts erreichen."

Nahezu zwei Jahre lang ritt Aventinus in Bayern umher und ließ keinen Ort untersucht, der irgend eine Ausbeute für sein Vorhaben bieten zu können schien. Kein deutscher Geschichtschreiber vor ihm hat in so umfassender Weise seinen Stoff gesammelt.

Aventinus scheint herzlich froh gewesen zu sein, als des Reisens, welches ihm manche Mühen und Beschwerden bereitet hatte, ein Ende war.

Er kehrte nach seiner Heimat Abensberg zurück und begann dort, in dem stillen Landstädtchen, sein Werk auszuarbeiten. Am 6. Februar 1519 griff er zur Feder. Sehr schön hat Riezler darauf hingewiesen, daß wenige Monate vorher, im November 1518, Ulrich von Hutten das berühmte Wort geschrieben hatte: „Die Studien blühen, die Geister erwachen, jetzt ist es eine Lust zu leben!" In diesen Tagen, da ein neuer geistiger Hauch durch die Welt wehte, ging arbeitskräftig und arbeitsfroh auch der bayerische Humanist an sein Werk, ein bescheidener, dabei doch vollgültiger Vertreter jener großen, schaffensfreudigen Zeit. In zweieinhalb Jahren brachte er, rastlos arbeitend, persönlich kaum berührt durch die religiösen Kämpfe, die rings die Welt durchtobten, in lateinischer Sprache die sieben Bücher seiner Annalen zustande, in denen er die Geschichte Bayerns niederlegte. Die kritische Methode, die er bei seiner Arbeit verfolgte, hat ihm den Beinamen des Vaters der neueren Geschichtsforschung verschafft.

Während im Jahre 1521 die Pest im Lande wütete und er selbst nicht bei fester Gesundheit war, so daß er Furcht hegte, vor Vollendung seines Werkes dahingerafft zu werden, begann er das die Geschichte der Wittelsbacher enthaltende siebente Buch. Aventi-

Ein warhafftige history von dem kay-
ser Friderich der erst seines Namens / mit einem langen rotten
Bart / den die Walhen nennten Barbarossa / derselß gewan
Jerusalem / Vnd durch den Babst Alexander den dritten
verkuntschafft ward dem Soldanischen König / der in
gefengklich hielt etliche zeyt / Vnnd wieder pundt-
schůch auff ist khomen in Bairn.

Titelholzschnitt zu „Die Historie von dem Kaiser Friedrich mit dem roten Bart"
Landshut 1519. Volkstümliches Geschichtswerk, in dem auch die Entstehung des
Bundschuhs in Bayern beschrieben wird

Handschrift Aventins. Hier schildert er das Erdbeben in Burghausen 1511, das er selbst miterlebt hat

Städte aus der Umgebung Johannes Aventinus' in zeitgenössischen Zeichnungen:
oben Neustadt an der Donau mit der inneren Donaubrücke. Federzeichnung um
1575. Unten Kelheim zwischen Donau und Altmühl, von Norden her gesehen.
Das nördliche Ufer der Altmühl hat die Aufschrift „pfälzisch", die Gegend süd-
lich der Donau „bairisch"

Aventins „Hauskalender" – Aufzeichnungen zu Zeitereignissen und zu seinem eigenen Leben, festgehalten in einem für die Jahre 1499 bis 1531 gedruckten Kalender

nus ging vollkommen in seinem Stoff auf. Den Höhepunkt seines
Schaffens an den Annalen hatte er in der Schilderung des Kampfes
zwischen Papsttum und Kaisertum unter Heinrich IV. und Gregor VII. erreicht. Im Spiegel jener vergangenen Kämpfe sah er die
Schäden und Gebrechen seiner eigenen Zeit und mit lebhaften Far-
ben übertrug er die Anschauungen seiner Tage in die Schilderung
der Vorzeit. So viele Fehler er hierbei beging, wir müssen doch gestehen, daß er es verstand, ein ausdrucksvolles geschichtliches Bild
zu zeichnen, und seine Darstellung fesselt noch uns moderne Leute. Mit vollem Recht hat Ranke hervorgehoben: „Die Geschichte
Gregors VII. muß man noch heute bei ihm lesen: von den Wir-
kungen, welche die Herrschaft des hierarchischen Prinzips hervorgebracht, hat er einen großartigen Begriff."
Es ist bezeichnend, wenn Aventinus bei der Darstellung der Zeit
Kaiser Heinrichs IV. schildert, wie er die Empfindung hat, als er-
lebe er Stürme auf hohem Meer. Und als er mit dem sechsten
Buche der Annalen zur Schilderung ruhigerer Zeiten übergehen
durfte, war es ihm, wie wenn er eine rettende Küste, einen schüt-
zenden Hafen begrüßte. „Nicht leicht", sagte er, „vermag ich es
mit Worten auszudrücken, wie gepreßt ich mich fühlte beim
Durchdenken und Durcharbeiten dieses Stoffes. Das will ich nicht
verschweigen, daß ich mich wie von einer großen Last befreit fühle und nunmehr von Freude und Fröhlichkeit bewegt bin." Diese
Äußerung zeigt, wie innig das Fühlen und Denken des Geschicht-
schreibers mit seinen Gegenständen verwachsen war. Gerade deshalb hat er trotz aller Mängel und Fehler als großer, hochbedeu-
tender Schriftsteller zu gelten. Sein Humanismus hatte das Mittelalter wahrhaft überwunden.
Aventinus führte seine Annalen nur bis zum Tode Herzog Albrechts III. von Bayern (1460). Am 31. Mai 1521 schrieb er die
letzten Sätze des Werkes. Die Geschichte Albrechts IV. sowie die
seiner Söhne, entsprechend auch die Geschichte der Landshuter
Linie zu jener Zeit, behielt er, wie er sagte, einem eigenen Werke
vor, wenn seine Geschichte es erlaubten und Gott ihm das Leben
schenken würde. Er ist nicht mehr zu dieser Arbeit gekommen. Er
hätte wohl ein hochinteressantes Erzeugnis zustandegebracht, besonders wenn er es bis in seine eigene Zeit fortgeführt hätte.
Aber auch die eben fertiggewordenen Annalen wurden nunmehr

nicht, wie es heutzutage geschehen würde, sofort dem Druck übergeben. Mit der Selbsterkenntnis und Bescheidenheit des wahrhaft bedeutenden Gelehrten reihte Aventinus in seinem Schreibkalender an den Eintrag über die Vollendung seiner Arbeit das horazianische Wort an: *nonumque prematur in annum.* Auch an den Schluß des Textes der Annalen selbst setzte er dieses Zitat und sagte, er wolle sein Werk jetzt „wie ein fernstehender Leser durchdenken und wie ein beauftragter Kritiker beurteilen", damit die Ausgabe nicht überstürzt werde: „Gut Ding mues Weil haben. Eilen thet nit gut. Bei mir ists so der Brauch."

Mehr noch als die Veröffentlichung seiner Annalen, von denen anfangs 1526 die Herzoge eine Abschrift erhielten, scheint dem Geschichtschreiber die Herstellung einer deutschen Ausgabe seines Werkes am Herzen gelegen zu sein. Schon im September 1522 begann er die Verdeutschung der Annalen. Doch dürfte diese Arbeit damals nicht weit gediehen sein. Andere Studien und Veröffentlichungen drängten sie zunächst in den Hintergrund. Bemerkenswert ist besonders die Herausgabe einer Karte von Bayern in Holzschnitt (1523), der ältesten des Landes. Es war der erste Versuch, das Land als Ganzes in kartographischer Darstellung abzubilden, und nicht mit Unrecht hat man deswegen Aventinus als den Vater der bayerischen Topographie bezeichnet.

Aventinus wird überhaupt zu den Wiedererweckern der geographischen Wissenschaft gerechnet. Seine historischen Werke sind in reichster Fülle von geographischen Nachrichten durchzogen. Länderkunde erschien ihm als eine Grundlage geschichtlichen Wissens. Hatte er schon während seiner Studienjahre von seinen Lehrern der Mathematik und Astronomie Anregung zu geographischen Studien erhalten, so hatten auch seine Reisen in ihm den geographischen Sinn gestärkt. Wenn ihm auch viele Irrtümer mit unterlaufen sind, so hat er doch zahlreiche, überraschend treffende Beobachtungen gemacht. Seine hervorragende Kenntnis der geographischen Schriftsteller des Altertums tritt allenthalben zutage, und der Erklärung und Erforschung ihrer Angaben hat er viele Mühe und großen Fleiß zugewendet. Die Topographie Deutschlands zur Römerzeit erregte sein besonderes Interesse. Was er alles zur Landeskunde Bayerns zusammengetragen hat, ist von bleibendem Wert. Die prächtige Charakterisierung von Land und Leuten Bayerns im unten abgedruckten Text zum Beispiel (S. 57-58) ist ein Glanzstück volkskundlicher Darstellung, scharf beobachtet, treu und wahr ausgedrückt, von packender Echtheit, heute noch der Hauptsache nach gültig wie vor vierhundert Jahren!

Vom Sonnwendtage des Jahres 1526 an widmete sich Aventinus der Verdeutschung seines Werkes, die er zum Unterschiede von dem lateinischen Texte der *Annales* „Chronik" betitelte, in so ausgedehntem Maße, daß er in der Reinschrift diesen Tag überhaupt als denjenigen bezeichnete, an welchem er das Werk begonnen habe. Er lieferte nicht etwa nur eine Übersetzung der Annalen, sondern eine durchgreifende Neubearbeitung des Stoffes. „Ich muß im Teutschen alle Dinge besser herausstreichen und mit viel mehr Worten an den Tag vorbringen als im Latein", lesen wir unten im Text der Chronik. Und ferner: „Ich bin seither der griechischen und hebräischen Sprache besser mächtig worden, auch anderer Dinge mehr, woraus ich viel mehr Wissen empfangen habe." Die umfangreichste Vermehrung gegenüber den Annalen erfuhr die Chronik dadurch, daß Aventinus die biblischen Geschichten, besonders des Alten Testamentes, weitläufig, „übrigens genug und mehr denn zuviel", wie er sich selbst eingestand, einflocht. Das lag im Zuge der Zeit begründet, und Aventinus gibt als Absicht dabei an, die Bibel, „so jetzo jedermann liest", besser verständlich zu machen.

Die Chronik beschränkt sich, ebensowenig wie ihre lateinische Grundlage, durchaus nicht auf bayerische Geschichte. Besonders in den ersten Büchern, die das Altertum behandeln, ist sie eine Art Weltgeschichte, und erst im Fortschreiten der Darstellung legt sie sich sichtlich Beschränkungen auf, behandelt aber in ausgedehntem Umfange deutsche Geschichte überhaupt, so daß man Reihen von Kapiteln findet, in denen von Bayern nicht die Rede ist. Aventinus hat eben sein ganzes geschichtliches Wissen in seine beiden großen Werke hineingearbeitet.

Mit einer gewissen Nervosität wechselte er in den Jahren 1527 und 1528 öfter seinen Aufenthaltsort: bald weilte er in Abensberg, bald in Regensburg, wo er inzwischen seine Bücher und Schriften übertragen hatte. Die Reformationsbewegung und der Widerstand, welchen in den bayerischen Landen die regierenden Kräfte ihr gegenüber leisteten, hatten Verhältnisse geschaffen, zu denen offenbar auch Aventinus Stellung genommen hat. Die Einzelheiten liegen völlig im Dunkeln. Tatsache aber ist, daß der Gelehrte am 7. Oktober 1528 zu Abensberg verhaftet wurde: *ob evangelium,* schrieb er später in seinen Kalender. Wegen des Evangeliums! Elf Tage behielt man ihn im Kerker, dann ließ man ihn frei. Aventinus bewahrte ein merkwürdiges Stillschweigen über den Vorfall.

Die Heimatstadt aber war ihm durch seine Verhaftung verleidet worden. Er verließ das Gebiet des Herzogtums Bayern und siedelte in die freie Reichsstadt Regensburg über. Dort gründete er sich jetzt, als Fünfzigjähriger erst, einen eigenen Hausstand.

Als die Türken 1529 vor Wien lagen, schrieb Aventinus ein sehr freimütiges Büchlein von den Ursachen des Türkenkrieges. Damals entwarf er – einen Gedanken seines einstigen Lehrers Konrad Celtis aufnehmend – auch den Plan zu einer Geschichte von ganz Deutschland. Diese *„Germania illustrata"* begann er in lateinischer Sprache zwei Jahre später wirklich. Doch hat er nur den Anfang davon nebst einer Verdeutschung zustande gebracht.

Die Arbeit an der „Chronik" scheint unterdessen ziemlich geruht zu haben. Während das zweite Buch im Frühjahr 1528 vollendet worden war, erfolgte die Verdeutschung des dritten Buches erst vom 11. Juni 1531 an. Gegenüber der allzu behaglichen Weitschweifigkeit in den beiden ersten Büchern bemerkt man, daß der Text nunmehr viel kürzer gehalten ist, teilweise sogar kürzer als der lateinische Text der Annalen. Die oben erwähnten Abschnitte über den Kampf zwischen Papsttum und Kaisertum unter Gregor VII. und Heinrich IV. fehlen beispielsweise ganz. Der Grund dafür ist, wie aus verschiedenen Verweisungen hervorgeht, darin zu suchen, daß Aventinus solche Teile ausführlicher in seinem beabsichtigten „Zeitbuch (so verdeutscht er vorzüglich das Wort Chronik) über ganz Deutschland" zu behandeln gedachte. Inzwischen hatte auch Herzog Ludwig von Bayern gedrängt, daß die Verdeutschung der Annalen beschleunigt würde, und Aventinus sprach die Hoffnung aus, das Werk im Winter 1531/32 fertigstellen zu können.

Aber erst nach einer ziemlichen Pause konnte er weiterarbeiten: endlich, am 23. März 1533, schrieb er das Schlußwort. Das erste große deutsch geschriebene volkstümliche Geschichtswerk war geschaffen. Dessen Druck zu erleben, war dem Verfasser leider nicht vergönnt.

Allzu früh, noch nicht 57 Jahre alt, ist Johannes Aventius am 9. Januar 1534 zu Regensburg gestorben.

„Von Person", sagte über ihn ein Zeitgenosse, „ist er ein dürrer, hagerer, in Essen und Trinken sehr mäßiger Mann gewesen, von ziemlicher Länge, bleicher Farbe, mit einem roten Barte, der ihm unter dem Kinn stund, item mit blonden, schlichtem Haar, in Kleidung gemeiniglich wie ein ehrsamer Priester." In der Vorhalle der Kirche von St. Emmeram zu Regensburg steht sein Grabstein, von einem seiner Freunde gestiftet, ein prächtiges Denkmal in geschmackvollem Renaissancestil. Es trägt Aventins Bildnis, von einem trefflichen Meister, der ihn wohl im Leben gekannt und seine Züge scharf wiedergegeben hat, aus dem Stein hoch herausgemeißelt.

Die bayerischen Herzoge haben ihrem Historiographus ihr Wohlwollen trotz seiner freiheitlichen Gesinnung, die allmählich ihrer inneren Politik zuwiderlief, bis zuletzt bewahrt und ihm sein Gehalt, auch als er ihr Gebiet verlassen hatte, unverkürzt bis an sein Lebensende auszahlen lassen. Freilich mochten sie enttäuscht sein, daß die Geschichtswerke, die ihnen ihr Geschichtschreiber hinterlassen hatte, anders ausgefallen waren, als sie sich es wohl gedacht hatten. Aber es hatten sich eben die Zeiten geändert und sie selbst sich in jenen. Die Furcht vor den sozialen Bewegungen, die im Gefolge der Reformation in anderen Landstrichen sich gezeigt hatten, machte sie zu Gegnern der religiösen Neuerungen und zu Unterdrückern der geistigen Freiheit in Bayern. (Wie anders hätte Deutschlands Zukunft sich gestalten können, hätten sie nicht diesen Standpunkt eingenommen!) Man darf vermuten, daß die regierenden Herzöge selbst es waren, welche den Druck von Aventins Annalen und seiner Chronik zu verhindern wußten, solange sie lebten. Erst nachdem Herzog Ludwig 1545, Herzog Wilhelm 1550 gestorben waren, erschienen zu Ingolstadt im Jahre 1554 die Annalen im Druck. Spätere Ausgaben wurden veröffentlicht zu Basel 1580 und 1615, zu Frankfurt 1627, zu Leipzig 1710 und in der von der Münchener Akademie der Wissenschaften veranstalteten Gesamtausgabe von Aventins Werken 1882/84. Die Chronik erschien erst 1566 zu Frankfurt, dann daselbst 1580 und

1622, sowie in der Münchener Gesamtausgabe 1882/86. Wenn man bedenkt, daß Aventinus zu seinen Lebzeiten nur kleinere Schriften herausgegeben hat, muß man das hohe Ansehen, welches er schon während seines Lebens genoß, als einen Ausfluß der geistigen Wirkung seiner Persönlichkeit erklären.

Die vorliegende Ausgabe der Chronik will zeigen, wie sich in den Augen eines hochgebildeten Mannes und bedeutenden Gelehrten, der als einer der echtesten Vertreter des deutschen Humanismus betrachtet werden darf, in einer der wichtigsten Entwicklungszeiten des deutschen Volkes die Vergangenheit von den Anfängen herauf bis zur Mitte des fünfzehnten Jahrhunderts gespiegelt hat. Sie will erkennen lassen, wie damals ein Geschichtswerk von zugleich universalgeschichtlichem, nationalgeschichtlichem und landesgeschichtlichem Inhalt überhaupt ausgesehen hat, ein Werk, das nicht wie solche des Mittelalters eine Kompilation war, sondern ein selbständiges literarisches Erzeugnis. Bei der Übertragung des Textes in ein neuzeitliches Gewand wurde danach gestrebt, alle guten Eigenschaften des alten Ausdruckes zu wahren und Änderungen nur da eintreten zu lassen, wo das Verständnis der Leser, besonders solcher, die der bayerischen Mundart unkundig sind, es unumgänglich nötig macht.

Bei dem großen Umfange der Chronik schien es geboten, eine umsichtige Auswahl zu treffen. In ihrer Zusammenstellung sollte sie das Wesen des Ganzen erkennen lassen, so daß man die weggelassenen Teile kaum vermißt. Der Herausgeber betrachtete es dabei als seine Aufgabe, einerseits alle jene Teile auszuwählen, in denen Aventinus auf die Verhältnisse und Ereignisse seiner Tage zu sprechen kam, und jene, aus denen zu erkennen ist, wie Aventinus über die sich ihm aufdrängenden Fragen der geschichtlichen Entwicklung dachte, besonders da, wo er sie in Beziehung zu seiner eigenen Zeit setzte. Da er nicht deren Geschichte geschrieben hat, sollten auf diese Weise aus den reflektierenden Teilen der Chronik Grundzüge dafür gewonnen werden, wie er seine Zeit beurteilt hat. Auf der anderen Seite sollten größere Teile des Werkes vor Augen geführt werden, durch welche die geschichtschreibende Kunst und Eigenart des Verfassers dem Leser zum Bewußtsein kommen kann. Ich habe zu diesem Zweck die Abschnitte ausgewählt, in denen Aventinus seine beiden Lieblingsgestalten schildert, den größten Deutschen der älteren Geschichte, Karl den Großen, und die ansehnlichste Erscheinung der bayerischen Geschichte des Mittelalters, Ludwig von Bayern.

Der Vergleich mit anderen zeitgenössischen Biographen beider Fürsten läßt die hervorragenden literarischen Fähigkeiten Aventins erkennen.

Mit einem Fleiße sondergleichen hat er seine Quellen gesammelt. Wie wenige andere Gelehrte dieser Zeit beherrscht er die Literatur seiner Wissenschaft. In seinen Annalen legt er zunächst die Früchte einer umfassenden Gelehrsamkeit nieder. Ranke hat für die Würdigung von Aventins Tätigkeit die treffenden Worte gefunden: „Er begann die Arbeit der gründlichen Erforschung und lebendigen Durchdringung der allgemeinen Geschichte, in der wir noch heute begriffen sind." Mit freiem Geiste, fern von jeder Schablone, hat er den Stoff gemeistert und gestaltet ihn neu, oft allerdings allzu nachgiebig der schaffenden Phantasie sich überlassend. In der Chronik bietet er das Werk abermals dar in neuer, volkstümlicher Fassung. Den theologischen Streitigkeiten der Zeit und insbesondere den persönlichen Zänkereien der Vertreter der verschiedenen einander befehdenden Richtungen hält er sich fern. Aber er vermag es doch nicht ganz, sich immer zu beherrschen, und dann ist es, als wenn er in echt bayerischem Zorn mit der Faust auf den Tisch schlüge; keine zarten Worte widmet er dann jenen, welche diesen Zorn erregt haben. Wie weit er darin unrecht gehabt hat, vermögen wir Späteren schwer zu erkennen, da wir häufig nichts von den einzelnen Fällen wissen, auf welche seine Worte sich beziehen. Eines aber muß betont werden: Aventinus war ein durchaus religiöser Mensch, durchdrungen von einer hochstehenden Weltanschauung. In seinen jüngeren Jahren machte er die Frömmigkeitsübungen, welche die Kirche vorschrieb, in aller Regelmäßigkeit mit, wobei er sogar gewissenhaft Ausnahmen von der Regel in seinem Schreibkalender buchte. Später hat er diese kirchliche Gesinnung verloren; seiner steigenden Abneigung gegen die Geistlichkeit gibt er oft Ausdruck. Durch seine gründlichen Bibelstudien vertieften sich seine Kenntnisse in außerordentlicher Weise. Man darf seine Anschauungen über das Christentum und dessen Inhalt wahrhaft evangelisch nennen. Protestant ist er aber nicht geworden. Eckianer wie Lutheraner behagten ihm gleichermaßen nicht. Er hat sich seine eigene Konfession geschaffen, seine eigene christliche Ethik aufgebaut. Daß er deswegen fanatischen Klerikern verhaßt war, ist begreiflich. Doch unter hervorragenden, ruhigdenkenden katholischen Geistlichen wie unter bedeutenden Protestanten hat er sich gute Freunde erworben, die ihm höchste Achtung zollten. Der Kardinal-Erzbischof Matthäus Lang von Salzburg z. B. war ihm ein freundlicher Gönner. Und um ein Beispiel von der Gegenseite zu nennen, so hat der in der Augsburger Reformationsgeschichte hervorgetretene Dr. Gereon Sailer folgende bewundernde Schilderung von ihm gegeben: „Alles, was er tut und spricht, ist eine Offenbarung. Er ist die Ehrenhaftigkeit selbst. Man weiß nicht, ob er ein größerer Gelehrter oder ein größerer Ehrenmann ist. Er ist voll der klügsten Ratschläge."

Gerade in unseren Tagen, in denen die besten Kräfte am Werke sind, dem modernen Geistesleben religiöse Vertiefung zuzuführen, mag es angebracht sein, den alten Geschichtschreiber wieder hervorzuheben, dem es wenigstens für seine Person gelungen ist, des Christentums edelsten Inhalt sich zu eigen zu machen, ihn mit geschichtlicher Erkenntnis zu verknüpfen und auf diesem Wege zu abgeklärtem Fühlen und Denken sich hindurchzuringen. Hätte es mehr Männer vom Schlag Aventins damals in Deutschland gegeben und wären sie mit ihren Ansichten durchgedrungen, wer weiß, ob die unheilvolle Spaltung der Einheit des deutschen Geistes, wie sie durch Reformation und Gegenreformation herbeigeführt wurde, eingetreten wäre. Später einmal, wenn der deutsche Geist seine Einheit auch auf religiösem Gebiete wieder wird erkämpft haben, wird man Aventinus in jener Hinsicht mehr als früher zu würdigen wissen.

München 1926   *Georg Leidinger*

42

Baierische Chronik

geteutſcht und gemacht durch

Johannem Aventinum

¶ILLVSTRISS. PRINCEPS ERNESTVS, DVX NORICVS, BAVA-

COMES PALATINVS RHENI ET VVITELSPACHII. COMES

RICVS. MARCHIO VOHBVRGENSIS ET ABACHENSIS,

IN SCHEVREN, ANDECHS. ET DACHAVV. &c.

Mein willing dienst zuvoran. Bequettende brey ich pitt eur̄
hochlikait, ir wellet, mein quottember ytzo in der vasten verfallen,
die xxv guldh, hiben leonhard mylner von walzen, so
euch disen brief ybrantwurt und mir vormals auch mein
quottember bratht hat. dann was euch alzeit zu dienst ist
datz regnspurg am sambztag remisere nach christ geburt

𝔵𝔳ᶜ hundert   xxx jar

      Joan Auenting

Aventins Handschrift

Das erste Buch
der Baierischen Chroniken, geteutscht und gemacht durch Johannsen Aventinum von Abensberg

Angefangen zu Abensberg zu Sonnwenden anno 1526 aus Befehl der durchleuchtigen, hochgebornen Fürsten und Herren Wilhelm und Ludwig, Gebrüder, Pfalzgrafen bei Rhein, Herzoge in Ober- und Niederbaiern, usw., meiner gnädigen Herren

Vorrede

zu meinen gnädigen Herren den Fürsten, darin kurz angezeigt der Nutzen der Historien, Mühe und Arbeit, auch Fährlichkeit des Schreibers, was Kunst auch und Fleiß not sei, Chroniken zu schreiben

Durchleuchtige, hochgeborne Fürsten, gnädige Herren! Eurer Fürstlichen Gnaden Befehl nach hab ich nun die Chronik im Latein mitsamt einer dazu gehörigen Karte verfertigt und Euren Fürstlichen Gnaden überantwortet. Nunmals weiter hab ich dieselbigen wieder in die Hand genommen und, wie Eure Fürstlichen Gnaden mir befohlen haben, in die teutsche Zunge gebracht und in dieser Verteutschung gebrauch ich das alte, lautere, gewöhnliche, jedermann verständliche Teutsch. Denn unsere Redner und Schreiber, voraus die, so auch Latein können, biegen und krümmen unsere Sprache im Reden und im Schreiben, vermengen sie und fälschen sie mit gebrochenen lateinischen Worten, machen sie mit großen Umschweifen unverständlich, ziehen sie gar von ihrer auf die lateinische Art hinüber mit Schreiben und Reden, das doch nit sein soll. Denn eine jegliche Sprache hat ihre eigenen Gebräuche und ihre besondere Eigenschaft.

Es lautet gar übel, und man heißt es Küchenlatein, so man lateinisch redet nach Ausweisung der teutschen Zungen: also gleichermaßen lautet's übel bei solchen, die der Sache erfahren sind, wenn man das Teutsch vermischt mit fremden Worten und es verändert nach einer fremden Sprache, wodurch es gebrochen und unverständlich wird. Es hat sonst auch die geschichtliche Beschreibung von Land und Leuten ihre Art und besondere Manier, weswegen ich mich des alten, natürlichen, jedermann verständlichen Teutsch beflissen habe, das im gemeinen Gebrauch ist und in den alten Sprüchen, wohlgesetzten Reimen und Sprichwörtern gefunden wird, und bin dennoch nit zu sehr, soweit es möglich ist und die Art der Sprachen erleiden mag, vom Latein abgewichen. Ein jeder, der beide Werke, das lateinische und das teutsche, zusammen lesen will, mag eine Sprache aus der andern wohl verstehen.

Und dieweil ich also Eurer Fürstlichen Gnaden hochlöblichem Befehl gehorsam erscheine und solchem fürstlichen, christlichen Unternehmen gemäß zu sein und Genüge zu tun mit allem Vermögen mich befleiße, geht es nun hin wohl in das zehnte Jahr. Denn da ich dazu gewidmet und aufgefordert und deswegen mit stattlichem Sold und Belohnung von Euren Fürstlichen Gnaden mein Leben lang versehen bin, damit ich das alte Herkommen des gar alten löblichen Hauses zu Baiern und die großen Taten von dessen Fürsten und Königen in ewiges Gedächtnis brächte, hab ich solches nit übereilen wollen, damit nit Mühe und Kosten, Aufwand und Arbeit, die auf dieses Unternehmen Eurer Fürstlichen Gnaden gelegt worden sind, verloren und die Hoffnung und das Verlangen nach diesem Werke vergebens sein würde. Solche große Arbeit, die niemand von sich selber aus ohne Hilfe fürstlicher Obrigkeit vermag, muß ihre Zeit und Weile haben und will nit mit ungewaschenen Händen angepackt und überrumpelt sein.

Demnach hab ich mir Weile dazu genommen, nichtsdestominder aber nach meinem ganzen Vermögen gearbeitet, Tag und Nacht keine Ruhe gehabt, viel Hitze und Kälte, Schweiß und Staub, Regen und Schnee in Winter und Sommer ertragen, das ganze Baierland durchritten, alle Stifter und Klöster durchfahren, Buchkammern und -Kästen fleißig durchsucht, allerlei Handschriften, alte Freiheits- und Übergabs-Briefe, Chroniken, Sprüche, Reime, Lieder, Abenteuer, Gesänge, Gebetbücher, Meßbücher, Salbücher, Kalender, Totenzettel, Register, der Heiligen Leben durchgelesen und abgeschrieben, Heiltümer, Monstranzen, Säulen, Bildnisse, Kreuze, alte Steine, alte Münzen, Gräber, Gemälde, Gewölbe, Estrich, Kirchen, Inschriften besucht und besichtigt, geistliches und weltliches Recht, lateinische, teutsche, griechische, windische, ungarische, wälsche, französische, dänische und englische

Geschichten überlesen und durchfragt, nichts, was zu solcher Sache tauglich ist, unterwegen und ununtersucht gelassen, allerlei alter Geschichten Zeugnis und Anzeigen durchstöbert, alle Winkel durchschloffen und durchsucht; wo gewisse Anzeigen, wie jetzt erwähnt, nit vorhanden gewesen sind, der Sage des gemeinen Mannes und gemeinem Gerücht nachgefolgt, doch davon geschieden dasjenige, was mehr ungründlicher Torheit, Dichtung und Märlein gemäß war als gegründeter Wahrheit.

Es ist sonst auch der gemeine Brauch, daß die Wahrheit besonders von alten und neuen Mären und dunklem Wahn, auch vom Hörensagen aufgesogen und durch die gemeine Sage gefälscht wird, weil ein jeglicher, der solches hört und nachmals weiter sagt, allweg auch etwas von dem Seinen dazusetzt.

Der alten und zerbrochenen Städte und Flecken Burgställe, welche von Ptolemäus und anderen Geschichts- und der ganzen Welt Beschreibern genannt werden, hab ich aus fleißiger Erkundung der Kreise und Austeilung des Himmels erforscht und gefunden, ohne welche Kunst kein Rechtsinniger sich solcher Arbeit unterwindet.

Unerfahrene, unerprobte, ungeübte Leute greifen alle Dinge leichtfertig an, mißbrauchen der Fürsten Gnade und Geduld. Es ist wahr und am Tage (ich gesteh's, muß es selbst bekennen, kann's nit leugnen), ich hab mich einer großen, schweren Last unterstanden, aber, wie ich hoffe, nit wider meine Natur, Art und Geschicklichkeit. Nämlich nachdem ich einen großen Teil meiner Jugend, väterlichen Erbes, Gesundheit des Leibes verbraucht hatte, um teutsche, windische, polnische, wälsche, französische und ungarische Länder zu besuchen, auch nachdem ich ziemlich lange Zeit mich auf die Kunst solcher Arbeit füglich verlegt hatte und nach dem allen zuletzt an den Hof gekommen war, bin ich, obwohl allda mit der Schule beladen, dennoch solchen Sachen zu müssiger Zeit nachgegangen.

Als ich aber nachmals von der Schule erledigt bin worden, ist meine Meinung nit gewesen, mit Feiern und Müssiggehen mein Leben zu vertreiben. Da hab ich mich auf Eurer Fürstlichen Gnaden Befehl und Kosten unterfangen, nit ohne große Mühe und Arbeit in ein Buch zu bringen der alten Baiern und auf das kürzeste aller Teutschen Herkommen und Geschichte, was ein überaus treffliches und nützliches Ding ist, wiewohl gar schwer und gefährlich dem Beschreiber von der Leute Rede wegen. Ich kann's eben nit einem jeglichen nach seinem Sinn machen, wie er's gern hätte; es ist auch nit darum angefangen, daß es jedermann gefallen sollte; denn niemand auf Gottes Erdboden kann's jedermann recht machen. Keinem, der nur zusieht, ist ein Spiel zu schwer; dem gefällt das nit, dem anderen jenes; dem ist's zu viel, jenem zu wenig. Da hat man zu sehr die verborgene, heimliche Wahrheit an das Licht gebracht, da des Glückes Unfall und Abnehmen, menschlicher Unbeständigkeit und Wesens Veränderung.

Alle Menschen sind mehr geneigt zu tadeln denn zu loben; ein jeder gönnt ihm selber mehr Gutes denn seinem Nächsten; einem jeglichen ist das Hemd näher denn der Rock. Niemand ist, der nit auf eigenen Nutzen und nur auf seine Ehre bedacht sei. Es ist allweg Mühe und Arbeit gewesen. Es geht alles durcheinander wie der gemähte Haber. Einer gönnt dem andern nit, daß ihn der Tag anscheint.

Demnach: die Wahrheit ist nit jedermanns Kauf, es hört sie nit jedermann gern, es kann sich nit jedermann damit behelfen und reich werden, sie macht mehr Haß und Neid, denn Gunst und Freundschaft. Es ist nirgends eine Hausmagd und ein Küchenmädel: sie will ungestraft sein und die Wahrheit nit leiden. Ich schweige von den großen Herren: von denen will ich hier gar nichts gesagt haben. Wer nichts Ehrliches und Gutes tut, der achtet keiner Ehre nit, keines Preises; was nit Geld trägt, das kümmert ihn nit.

Es haben schon etliche Predigermönche öffentlich bei ehrbaren gelehrten geistlichen Leuten sich hören lassen, mich (wie dieses Völkleins Art ist) übel ausgerichtet, auch mir sagen lassen und gedroht, sie wollten mich gen Rom laden, sollten ihnen auch alle ihre Kelche draufgehen; haben mich in ihr Achtbuch geschrieben, nach allen ihren Schulen Meldung geschickt, weil sie fürchten und ihnen gesagt worden ist, ich wollte auch in diesem Werk ihre Büberei beschreiben, die sie vor siebenzehn Jahren zu Bern in der Schweiz begangen haben. Als solche Kunde an mich gelangt und gebracht worden war, hab ich ihnen wieder sagen lassen, sie sollten zu mir kommen und mir nur einen Kelch geben, so wollte ich schreiben, was ihnen halt nur wohlgefällig sei. Ich will sie nit mit

Namen nennen, sie sollen durch mich kein ewiges Gedächtnis erlangen. Damit ich aber die Wahrheit auf das glimpflichste anzeige und nit zu viel sage: in allen alten Geschichten find ich, daß in allen Ländern, bei allen Völkern, in allen Sprachen und Glauben von Anfang der Welt her die Geistlichen ihrer selbst (wie denn das Menschenkind viel kann) nit vergessen und mehr sich denn andere Leute bedacht haben. Man sage dazu, was man wolle: die Wahrheit kann niemandem schädlich noch nachteilig sein als denjenigen, die mit Gefährdung umgehen und mit Untreue spielen, die fürchten, ihre Hinterlist, Ränke, Tücke, Eigennutz kämen an den Tag.

Was Verkleinerung bringt es den römischen Kaisern und Päpsten, daß Titus Livius und andere mehr der Stadt Rom und dem heiligen römischen Reich so einen geringen und schlichten Anfang, daß sie nämlich von Hirten ausgingen, gaben und, wie es Wahrheit ist, der Länge nach beschrieben? Es unehrt Christum unsern Herrn gar nicht, daß seine Vorvordern, wie die heilige Schrift anzeigt, zuerst Könige gewesen, darnach heruntergekommen, vertrieben und gefangen, nachmals Herzoge, zuletzt, von dem jüdischen Fürstentum und Königreich verstoßen, Zimmerleute worden sind und sich mit harter, saurer Arbeit nähren haben müssen. Man muß Böses und Gutes, Zunehmen und Abnehmen beschreiben. Glück und Unglück steht beieinander. Ist desto lustiger, auch nützlicher zu lesen.

Trajanus, der vierzehnte römische Kaiser, von allen Menschen, gläubigen und ungläubigen, auf das höchste, weit über alle andern Fürsten und Herren gerühmt und gepriesen, ist von männiglich lieb gehabt, ist allenthalben von jedermann, von Jungen und Alten, Reichen und Armen der frömmste Fürst genannt worden. Wenn man einen Kaiser erwählte, hat man ihm gewünscht, daß er so wohl wie Trajanus regiere: darum am meisten, weil er die Wahrheit hat frei ohne alle Scheu sagen, singen, schreiben lassen. Niemand hat ein Blatt vor das Maul nehmen dürfen, wie wir denn sehen im Suetonio, Tacito, Plinio, die der Kaiser Leben, Tun und Lassen dermaßen frei beschrieben haben, daß sie (die Kaiser), die ein freies Leben nit geführt haben mögen und die ein so freies Mütlein in ihrem Leben ohne männiglichs Einrede nit geführt haben, nach ihrem Tod unter diesem Kaiser Trajano so frei sind be-

Die Schlachten der Bayern mit den Römern: das erste Bild zeigt „die Teutschen und Beyern, die mit großem Volck Rom überzogen"; das zweite eine Schlacht bei Modena…

das dritte eine Schlacht im vierten Jahr, bei der die Römer 7000 Mann verloren; das vierte Bild eine Schlacht bei Mailand („Doch lagen die Römer zuletzt ob, erschlugen den Feind bei viertzig tausent")...

das fünfte eine Schlacht aus dem zehnten Jahr, bei der die Bayern vor Hitze flohen. Das sechste Bild zeigt den triumphierenden römischen Kaiser Maximinianus,
nachdem er die Mohren besiegt

schrieben worden. Wenn einer, mit Züchten zu sagen, nur eine Hose nit recht angelegt hatte, so hat sich das einschreiben lassen müssen.

Tiberius, der dritte römische Kaiser, der sonst ein sehr ernster, unfreundlicher Herr ist gewesen, sagte allweg, es war sein gemein Sprichwort: „Freiem Volk sollen nit allein die Gedanken frei sein, sondern auch die Rede. Wie es einem ums Herz ist, soll er es heraussagen dürfen."

Es sind die Chronika von Anfang der Welt nit darum angefangen, daß sie jedermann gefallen sollen, sondern erdacht worden, daß man die Wahrheit abmale und an das Licht, an den Tag brächte und wie in einem Spiegel der Welt Lauf anzeigte, den rechten Grund darlegte, wie und warum Land und Leute, Klein und Groß, Jung und Alt, Edel und Unedel, Reich und Arm, Bürger und Bauern, weltliche und geistliche Fürsten und Herren, Ritter und Knechte, Obrigkeit und Untertan in gutem Wesen, Frieden und Einigkeit bleiben, erhalten, reich und selig miteinander werden mögen.

Dagegen auch sieht man in den alten rechtbeschriebenen Geschichten, aus welchen Ursachen aller Neid und Haß, Krieg und Unwillen, Aufruhr, Verderben und Ausreutung beider, von Land und Leuten, erwachsen, und wie solches nit vermieden kann bleiben, man tue denn die Ursach, den rechten Grund ab als den Brunnen, daraus solches böses Übel entspringt. Und es gibt keine größere Plage von Gott, als wo man den rechten Grund fehlt, das für eine Ursache hält, was es nit ist, und also im Schein des Guten das Gute verfolgt. Es ist bei den alten heidnischen, hochgelehrten Künstlern und erfahrenen Leuten ein altes gemeines Sprichwort: „Solange der Brunnen steht, hört das Fließen daraus nit auf; so aber der Ursprung abgetan wird, wird auch mit aufgehoben alles, was daraus zu fließen pflegt."

Wir haben nun neunhundert Jahre her immer mit dem Türken Krieg geführt, sind immer unterlegen, haben viel Blut vergossen, viel Volks, Land und Leute, Kaiser und Könige, viel Königreiche, tausendmal mehr, als wir noch innehaben, verloren, sind nun in einen kleinen Winkel gedrängt worden: er, der Türke, hat in gar wenigen Jahren, in männiglichs frischer Gedächtnis, mehr Land gewonnen, als alle christlichen Fürsten und Herren miteinander noch besitzen. Wir haben noch nie die Ursache dieses unseres großen merklichen Abnehmens und Verderbens abgetan. Richter, Pfleger, Pfarrer, denen man Land und Leute anvertraut, trachten nur in ihren Sack; der größere Teil hält sich dermaßen, daß es weder Türke noch Jude noch Heide rechtheißen möchten. Es ließe sich einer nit einen Heller entreißen von gemeinen Nutzens wegen. Ihr Feldgeschrei und Reim ist: „Nur viel in mich und wenig in meinen Gesellen!" Es muß der wohl bezahlen, der die Schuhe mit Bast bindet. Dieweil denn Gott gerecht ist und wir ihm keine Ruhe nit lassen mit unserem Wesen, muß das Übel, nämlich der Eigennutz, solche Geldnarren, solches Schlemmen, Schwelgen und Prassen, das merklich den gemeinen Nutzen schwächt, zuerst gestraft werden. In welchen Schaden, Nachteil, Abfall und Abnehmen durch das Verlassen und Nichtwissen der alten Geschichten, Schriften und Briefe der baierische Name, das römische Reich, die ganze Christenheit gekommen ist, liegt am Tag und wird in diesem nachfolgenden Werk hernach hin und wieder ausgeführt und angezeigt. Sie vermögen auch in ihr altes Wesen nimmer zu kommen denn durch den Rat derjenigen, die der alten Geschichten wohl und in Wahrheit erfahren sind.

Was mag doch Größeres und Mächtigeres sein und was mag einem hochedlen und zu herrlichen Taten geborenen Gemüt so wohl anstehen, als so vielen Toten das Leben, den Vergessenen ewiges Gedächtnis, den in Finsternis Verlegenen und Verkommenen das Licht, den Ungläubigen den Glauben wieder zu schaffen und zu geben?

Solche Erkenntnis der alten Geschichten, abgesehen davon, daß sie allen Menschen, jungen und alten, edlen und unedlen, lustig und kurzweilig sind, ist sehr nützlich und dienlich, gemeinen Nutzen zu betrachten, das Frommen von Land und Leuten zu fördern und Schaden von ihnen abzuwenden. Dem kann niemand, wenn anders er bei Sinnen ist und die Sache recht erwägen will, widersprechen. Von wegen solcher Erfahrung sind die Alten vernünftiger denn die Jungen, weil sie mehr wissen. Und der ist allweg nichts anderes als ein Kind, der nit weiß, was vor ihm gehandelt ist worden.

Der Teufel mag die Wahrheit nit leiden, fürchtet, sie komme an den Tag, unterdrückt allweg, wie er kann und mag, die alten, wahren Geschichten, läßt sie nit gern hervorkommen, fürchtet den Abbruch seines Reiches, verblendet den Menschen die Augen, bildet ihnen lauter erdichtete Kindermärlein, Altenweibertand und schwacher Hirne Traum ein, rumpelt mit solchem Spiegelfechten hervor, bringt's auf die Bahn, weswegen dawider der allmächtige, gütige, himmlische Vater (wie ich denn im Schatze der göttlichen Schrift ergründet und erfahren habe) die alten Geschichten zu beschreiben als eine besondere Gnade und Gabe niemandem anders denn seinen heiligen Weissagern mit hohem Fleiß befohlen hatte.

Denn in den alten Historien wie in einem Spiegel besieht ein jeglicher das Leben der andern und nimmt sich also von andern ein Ebenbild, wird ohne seinen Schaden daran erinnert, was er tun oder lassen soll, was ihm übel oder wohl ansteht, sieht offenbar, wie unbeständig, schwach, vergänglich Ruhm und Pracht des Reichtums und der Gewalt sei, wie es gar schnell und leichthin zergeht. Hingegen wiederum aber, wie Gottesfurcht und Tugend, Liebe der Gerechtigkeit, Schutz und Schirm der armen Witwen und Waisen ewig und bei allen Menschen hochberühmt ist, wodurch wir denn aus Sterblichen unsterblich und Götter werden mögen.

Soviel es natürlich und den Menschen möglich ist, kann man nit besser und gewisser zukünftige Dinge wissen, wie es gehen werde, als aus den alten Geschichten, woferne man fleißig darauf sehen und darauf merken will, eines aus dem andern ausrechnet und abnimmt: Wie es den Alten ergangen ist, die um Ungerechtigkeit oder Gerechtigkeit willen erhöht oder vertilgt worden sind, dermaßen geschieht uns auch.

Das alles und dergleichen noch viel mehr mag auch ein jeglicher nit sehr Hochverständiger in den nachfolgenden Büchern leichtiglich vernehmen und, sozusagen, wohl begreifen.

Darum haben denn auch nach diesem großen Werk, das durch Eurer Fürstlichen Gnaden angeborene Güte, Milde und Hilfe zusammengebracht worden ist, desgleichen kein Fürst nit hat, hohes Sehnen und Verlangen die Allergelehrtesten überall, auch hochverständige Laien, Kurfürsten, Fürsten, geistlich und weltlich, von denen allen ich Zuschriften, Briefe und Verse, lateinisch und teutsch, zu Handen habe.

Es haben ihrer etliche mit mir mündlich verhandelt, etliche auch mich fürstlich begabt.

Der hochwürdigste Fürst und Herr, mein gnädigster Herr Kardinal zu Salzburg ist selbst in eigener Person zu mir gen Abensberg geritten, solche Chroniken nur zu besichtigen, hat auch meinen Fleiß als ein für solche Arbeit sehr verständnisvoller Fürst mit besonderen Gnaden anerkannt; desgleichen hat getan der durchleuchtige, hochgeborne Fürst, mein gnädiger Herr Herzog Philipp, Pfalzgraf bei Rhein, Herzog in Baiern usw. Sie alle bitten mit höchster Begier, Eure Fürstlichen Gnaden wollen diese Historien von wegen gemeinen Nutzens allen Teutschen zu Ehre (in Druck) ausgehen lassen, wodurch Eure Fürstlichen Gnaden höchsten Ruhm, Preis und Ehre bei allen Menschen und Sprachen, von Gott dem Allmächtigen aber ewigen Lohn empfangen werden.

Und damit ich also der Vorrede ein Ende gebe, empfehle ich mich in allem Gehorsam, Eure Fürstlichen Gnaden gar untertäniglich bittend, Eure Fürstlichen Gnaden wollen meine große Mühe und unsägliche Arbeit in Gnaden bedenken, und Gott der Allmächtige, Christus, unser Herr und Heiligmacher, wolle Eurer Fürstlichen Gnaden Vorhaben und Wohlgefallen fördern, bestätigen und glücklich vollziehen, auch diesem großen Werke, das in Eurer Fürstlichen Gnaden Namen und Befehl gemacht ist, günstige Fahrt und guten Wind verleihen.

Wie die Baiern von den Griechen und Römern, hohen und neuen Lateinern in den alten Briefen und Schriften, auch im alten Teutsch genannt werden

Nunmehr am allerersten vor allen Dingen sind die Gelehrten, der alten Geschichten Erfahrenen einstimmig und einmütig darin, daß die Baiern von den alten Griechen und Römern, Historien- und der ganzen Welt und einzelner Gegenden Beschreibern, in römischer und griechischer Sprache Boii genannt werden. Unsere Vorvordern haben, nach Ausweisung der alten Reime und Schriften, etwas gröber denn jetzt und die Wörter ganz gesprochen, die auf dem Land kurz Bojer und ganz Boiger, die in den Städten Baiger ganz für Baier. Es ist noch heutigen Tages der Brauch, daß der Bauersmann o sagt, wo der Bürger a spricht. Wir sprechen auch sonst insgemein das a dermaßen, daß es mehr dem o gleich ist als dem rechten a, wie es die Schwaben und Wälschen reden.

Beschreibung des Baierlandes

Das ganze Land im allgemeinen ist sehr fruchtbar, reich an Salz, Getreide, Vieh, Fischen, Holz, Jagd, Wildbret, kurz alles, was zu der Schnabelweide gehört, ist allda übrigs genug. Vieh, Salz und Getreide wird in andere Länder getrieben, geführt und verkauft. Wein bringt man aus andern Ländern zu Land und Wasser, nämlich von dem Rhein, Neckar, aus dem Elsaß, aus wälschen Landen, Krain, Istrien, dem Veltlinertal, Tramin, Franken und Österreich. Und, wie die gemeine Rede geht, nirgends lebt und liegt man besser. Der längste Tag ist über sechzehn Stunden, der kürzeste bei acht Stunden lang. Ost- und Westwind, den man Ober- und Niederwind nennt, wehen stark und oft, und gegen sie pflegt man nit zu bauen; der Oberwind bringt gern Regen und Ungewitter, der andere schönes und beständiges Wetter.

Beschreibung der Sitten des Landes

Das baierische Volk ist kirchlich, schlecht und recht, geht und läuft gerne wallfahrten, hat auch viele kirchliche Aufzüge; legt sich mehr auf den Ackerbau und die Viehzucht als auf den Krieg, dem es nit sehr nachläuft; bleibt gerne daheim und zieht nicht viel zu Feld in fremde Länder; trinkt sehr, macht viel Kinder; ist etwas unfreundlicher und eigensinniger, wie es geht bei Leuten, die nit viel hinauskommen, gern daheim alt werden, wenig Handel treiben und fremde Länder und Gegenden heimsuchen; sie achten die Kaufmannschaft nit, es kommen auch die Kaufleute nit viel zu ihnen. Und im ganzen Baierland sind dreierlei Stände, die da zu Ehren und zur Verwaltung von Land und Leuten gebraucht werden. Der gemeine Mann, der auf dem Lande sitzt, gibt sich mit Ackerbau und Viehzucht ab, liegt dem allein ob, darf sich nichts ohne Geheiß der Obrigkeit unterstehen, wird auch in keinen Rat genommen oder in die Landschaft berufen. Doch ist er sonst frei, mag auch freies, lediges, eigenes Gut haben, dient seinem Herren, der sonst keine Gewalt über ihn hat, mit jährlicher Gült, Zins und

Scharwerk, tut sonst, was er will, sitzt Tag und Nacht bei dem Wein, schreit, singt, tanzt, kartet, spielt, mag Wehr tragen, Schweinsspieß und lange Messer. Große und überflüssige Hochzeiten, Totenmahle und Kirchweihen zu haben ist ehrenhaft und unsträflich, gereicht keinem zum Nachteil, bekommt keinem übel. In Niederbaiern, wo man das Rechtsbuch nit gebraucht, sitzen sie an der Landschrannen und müssen Urteil schöpfen, auch über das Blut richten. Die von den Ständen sind Prälaten, Adel, Bürger. Prälaten haben große, mächtige, reiche Gotteshäuser, sollten Tag und Nacht zu bestimmter Zeit des Gottesdienstes mitsamt ihren geistlichen Brüdern warten, Gott und seine Heiligen loben und ihnen danken und für die Fürsten, die solche Klöster, Pfründen und Stifter gestiftet haben, bitten. Man will wissen, sie seien reicher und vermöchten mehr denn die andern zwei Stände, man gibt ihnen mehr Geld und Gut als den andern zwei Ständen mitsamt den Fürsten und hält sie für mächtiger. Der Adel wohnt auf dem Land außerhalb der Städte, vertreibt seine Zeit mit Hatzen und Jagen; sie reiten nit zu Hof, außer wer Dienst und Sold hat. Die Bürger regieren ihre Städte und Märkte selbst, sind Handwerksleute, Wirte, Bauern, etliche Krämer, Pfragner oder Fürkäufler, die armen Tagwerker und Taglöhner. Ganz wenige haben ein Auskommen von ihren Gülten und Zinsen und jährlichem Einkommen oder Ertrag und werden „die von dem Geschlecht" genannt. Es sind auch wenige Kaufleute, die großen Handel führen. Die Fürsten haben volle Gewalt, in allen Dingen, so Land und Leute betreffen, zu handeln, es sei denn, daß man Krieg führen muß oder Steuer und dergleichen anlegen soll oder Zwietracht und Uneinigkeit zwischen den Herrn erwachsen und erstanden ist. Wenn dergleichen große, seltsame, ungewöhnliche Sachen vorfallen, werden die Stände alle drei an einen bestimmten Ort auf einen ausgeschriebenen Tag in eine Landschaft zusammengefordert; ein jeglicher von den Prälaten und dem Adel erscheint für sich selber, die Bürger und Städte schicken einen oder zwei aus ihnen; allda wird ein Ausschuß gemacht und erwählt, der Macht und Gewalt hat zu handeln.

Von Erschaffung dieser Welt und des Menschen auf das kürzeste

Die ganze Welt, alle Menschen, Gelehrte und Ungelehrte, alle Glauben, Christen, Juden, Türken, Heiden, sind nunmehr dessen einig, daß ein einziges, höchstes, ewiges Gut, ohne Anfang, Ende, Ziel und Zeit, so man „Gott" im Teutschen nennt, alle Dinge vermöge, allen Dingen wohlwolle, ihnen auch seine Gutheit und Gnade mitteile, ober ihnen allezeit schwebe, sie allweg aus väterlicher Liebe und Treue erhalte. Doch dabei kann und mag niemand wissen, was Gott selber sei, denn er allein. Kein Sinn, Verstand noch Zunge kann, gleichwie unsere Augen nit die Sonne, solchen Glanz eines so großen Lichtes weder ausdenken noch aushalten noch ansehen noch aussprechen. Die alten hochverständigen und sinnreichen Gelehrten, die nit Christen und doch die Heimlichkeiten aller Dinge zu erforschen beflissen gewesen sind, halten unzweifelhaft mit ganzem und gemeinem Rat dafür, daß derjenige, der am gewissesten ausrechnen kann, daß man Gott nit erkennen mag, am besten wisse, was Gott sei. Darum ist Gott auch Mensch geworden und hat sein unbegreifliches Wesen unter Fleisch und Blut verborgen, damit menschliche Blödigkeit von solchem Fürwitz, Gottes seines Herren unergründliche Heimlichkeit zu erkennen, zu sehen und zu wissen, abgewendet würde. Und wiewohl etliche hochgelehrte Heiden, als Aristoteles, Plato, Epicurus, sich selbst vorgestellt, daß, gleichwie die Welt allweg und unerschaffen sei, auch Gott als der, der ewig sei, in sich selbst genug habe, niemandes bedürfe, mit vergänglichen Sachen sich nit beflecke, demnach die Welt mit seiner Macht, Gewalt, Vorsehung und Weisheit weder verwalte noch ihrer warte, sondern daß alle Dinge von ungefähr geschähen, alles unbesonnen durcheinander, wie es denn das Glücksrad gebe (wer am besten möge, der tue das Beste): so ist dennoch solcher Wahn und solche Kunst der Weisen dieser Welt von jedermann, auch den Kindern und alten Weibern nunmehr verspottet und ganz verworfen. Alle Menschen bekennen, alle Glauben behaupten, daß der allmächtige Gott diese Welt aus nichts zu Ehren seiner göttlichen Macht und Güte um des Menschen willen erschaffen habe, damit der Mensch als ein Gottespriester von Gottes Haus und göttlichem Hof göttliche, väterliche Güte, Macht und Weisheit, himmlische Dinge, sähe und betrachte. Und weiter: alle Glauben halten dafür, daß Gott als ein gewaltiger Herr alle Dinge verwalte und als ein gnädiger Vater vorsehe und sorge in allen Dingen. Solches lehren uns alle Glauben, die göttliche Schrift, die von Gott aus dem Himmel durch den heiligen Geist dem Menschen gesendet ist, den Willen Gottes zu verkünden, auch die römischen und griechischen Poeten, deren Sprüche auch der heilige Sankt Paulus, ein Schrein und eine Buchkammer christlicher Lehre, wider die Ungläubigen und auch zur Unterweisung der Bischöfe gebraucht.

Vom Fall des Menschen

Von deswegen haben alle Gebrechen, Krankheit, Unglück, Schwachheit, Fieber, Pestilenz, Drüsen und Beulen, Hunger und Durst, Frost, Kälte, alle Büberei, Bosheit, alle Widerwärtigkeit, Neid, Haß, Krieg, Eigennutz, Bösewichtsstücke, Geiz an Gut und Geld, zeitliche Ehrsucht und Gewalt, Stolz, Hochmut, Unterdrückung der Armen, Schinden und Schaben, Bedrängen von Witwen und Waisen überhandgenommen, den Menschen überfallen und ist der Teufel, Hölle, Sünde und ewiger Tod gewaltiger Herr über die Menschen und ein regierender Fürst dieser Welt geworden. Und er richtet noch immer bis zum Ende der Welt Krieg, Hader, Zanken und Greinen, Uneinigkeit und Aufruhr und großes Blutvergießen an, reizt, lockt die Menschen, stellt ihnen allezeit heimlich nach, lauert auf sie alle Augenblicke wie ein hungriger Löwe (wie Sankt Peter gewarnt hat), betrügt sie unter dem Schein des Guten mit geistlichen und weltlichen Sachen, ist aber auch mit seinen Bundesverwandten des obersten himmlischen Kaisers Scherge, Henker und Züchtiger, durch den die Gottlosen geplagt, die Bösen gestraft werden. Er vergönnt den Menschen nit den Himmel und die Gnade Gottes, davon er abtrünnig worden ist, verfolgt, bedrängt, treibt, hetzt mit emsiger Anfechtung und stetigem Streit die Gottesfürchtigen, die ihm entrinnen wollen, damit ihre reinen, sieghaften Seelen durch unüberwindliche Geduld zu Gott ihrem Herrn und Vater zurückkehren von allen Todfeinden, Todsünde, Hölle und Teufel, Sieg, Ehre und Preis erlangen und, wenn sie diesen Kampf auf Erden verrichtet haben, ewiglich in höchster Ehre und Pracht leben bei Gott. Wo kein Feind oder Streit ist, ist kein Sieg und keine Mannheit. Also kann auch die Tugend nit sein ohne Widerwärtigkeit, verliegt in Glück, Feiern, Sicherheit und Friede, läßt nach, verliert ihre Art.

Beschreibung Germaniens, wie viele Namen es gehabt habe, wie es jetzo beschaffen sei

Germanien ist das größte und weiteste Land in Europa, in viele Königreiche und Völker getrennt und zerrissen... Das Volk, so jetzo in Germanien wohnt, ist fünferlei: Teutsche, Windische, Litauer und Walachen, Dänemärker, Ungarn; die haben alle besondere Gebräuche, Sprache und Glauben. Daran zweifle ich, ob ich Germanien zuteilen soll die Picardie, Hennegauer, Lothringen, Hochburgund, Savojer: sie sitzen zwischen zwei Reichen, dem teutschen und französischen, sind des römischen Reiches und teutschen Kaisers Lehensleute, sind in allen Aufruhren, die zwischen den zwei Reichen anzustiften man auf beiden Seiten fleißig ist, allweg die ersten dran, die in den Sack gesteckt werden.

Das Glücksrad ist rund, treibt eines auf das andere ab, verkehrt die Namen der Gegenden, stürzt die Lande mitsamt den Leuten um. Etliche großmächtige Städte und Königreiche sind dermaßen abgetilgt und ausgereutet, daß man ihre Namen und Lage nicht mehr wissen und ausspüren kann und Briefen, Siegeln und wahrhaftigen Historien, die von solchen Meldung tun und sagen, schier keinen Glauben schenken will. Kein Volk ist in Germanien und teutschen Landen, außer die Friesen, Franken, Nordgauer, Schweden und Rügen, das seinen alten Namen und die Heimat, die es vor 1400 Jahren und noch viel kürzer gehabt hat, nunmehr behalten hat.

Anzeigung der Ursachen, warum Land und Leute also verderben und abgetilgt werden

Solches mit alten Geschichten zu bezeugen, wird nit von nöten sein; das kann im nachfolgenden Werk von jedem, der es merken will, wohl verstanden werden. Nämlich uns ist der Türke vor der Tür und klopft an, liegt uns auf dem Hals, lernt uns Solches täglich und gibt uns den Glauben in die Hand. Und wenn wir uns nit anders, als es bisher geschehen ist, darein schicken und nit bessern, wird er ohne unsern Dank (es gefalle uns oder nit, wir wollen es oder nit und glauben es oder nit) uns gar ein hartes Gebiß anlegen und uns gar eine unleidliche Rute seiner Gewalt auf den Arsch und Rücken binden, wie er denn in kurz vergangenen Jahren und noch in frischem Gedächtnis getan hat dem ganzen Asien bis an das Wasser Euphrat, dem Sultan und Sarrazenen, Syrien, dem gelobten Land, Jerusalem, Algier und Ägypten in Afrika, auch in Europa großen und mächtigen Königreichen und Kaisertümern, unseren Angrenzern und Nachbarn, Konstantinopel, dem griechischen Kaisertum, Adrianopel, Thrazien, Mazedonien, Negroponte, Morea, Rumänien, Albanien, Serbien, Bulgarien, Bosnien, Dalmatien, Kroatien, windischen Landen, Modon und vor drei Jahren Griechisch-Weißenburg und Rhodus. Weil wir unseren heiligen Glauben arg schwächen und nit allein nit halten, sondern, den Werken und dem Leben nach zu rechnen, auch im Herzen gar verleugnen, dürfen wir uns unseres Heilmachers nit trösten. Es ist not, daß wir darauf sehen, damit wir uns nit selbst betrügen mit unseren (wie der heilige Ambrosius den Kaiser Valentinianus den andern gewarnt hat) aufgeblasenen, unnützen Titeln und Namen, lieblosem Handeln, leeren, bloßen Worten, unandächtigem Gerumpel und Getümmel, ungottesfürchtigem Prangen und angenommener Weise, welches alles wir uns selbst angetan und aufgesetzt haben. Wir sind ungeratene Widerchristen, wollen nur allein den Namen anschauen, halten uns selbst dafür, geben uns auch dafür aus, gleich als wenn wir solcher alten Bräuche wegen Gottes Diener wären. Man sieht aber wohl an unserem Wesen, was wir für Leute sind. Heimlich in unserem Herzen, öffentlich mit unseren Werken verleugnen wir Gott und alle seine Heiligen. Wir halten uns dermaßen und führen ein solches Leben, gleich als wenn es weder Teufel noch Fegfeuer, weder Hölle noch Himmel gäbe, und am meisten diejenigen, die darum stetiglich zanken und streiten. Wer daran glaubt, sollte billig vor seinem Wesen erschrecken und sich auf der Stelle bessern. Wer läßt sich genügen an Notdurft des Leibes an und für sich, wer bezwingt seinen Sinn, sein Gelüste, seines Willens Härte und läßt Gott walten, wie uns die Evangelien und Christus, unser Herr und Seligmacher, unterweisen? Heimlich im Herzen, öffentlich in unserem Tun und Lassen sind wir den zehn Geboten und dem Leben und der Lehre Christi und seiner Heiligen, so in Leiden und Armut, Verachtung von zeitlicher Ehre, Gütern und Weisheit besteht, gar miteinander zuwider. Jedermann ist stolz, sucht eigene Liebe, Nutzen und Ehre, meint sich selbst, im Herzen voll Mißtrauens und Unglaubens. Man läßt Vater und Mutter, wie man es sieht, im Bettelbrot umkommen, verderben und sterben, man erschlägt sie, man ermordet, man schilt sie, man flucht ihnen, frei, öffentlich, ungestraft; es gibt solche, die wollen dessen geziehen und bezichtigt sein. Wir belügen, betrügen, gefährden einander, schänden, schmähen, hadern, zanken, greinen unter uns selbst, töten, morden, rauben, sind neidig und gehässig, schelten und poltern, drücken und schinden die Armen, nehmen Miete und Gabe, bedrängen Witwen und Waisen, schänden Jungfrauen, schmähen Witwen, brechen die Ehe, spielen, schimpfen, fluchen, lästern Gott und seine Heiligen, saufen, trinken, schlemmen, prassen Werktag und Feiertag die Nacht bis an den Tag, daß es oben wieder heraus muß.

Es gibt gar viele hohe Schulen; man liest allenthalben geistliches und weltliches Recht; es gibt aber überall, wie man spricht, viel Briefe und wenig Gerechtigkeit. Solches Völklein achtet das Können gering, verlegt sich nur auf Hader und Gunst, sucht eigene Ehre, Lob, Nutzen und was dem Bauch wohl, dem Leib sanft tut, wie andere Leute.

Wir leben wie das Vieh. Werden wohl genannt Christen. Aber im Grund ist es ganz anders: Christen werden gemacht und nit geboren. Der allmächtige Gott und himmlische Vater hat Gewalt, Macht und gutes Recht, die ungeratenen Kinder (wie er denn seinem dereinst auserwählten Volk und gesippten Freunden und Vettern, den Juden, getan hat) zu enterben, neue, fromme Kinder von rechtschaffener Art zu erwählen und zu beschaffen. Es ist aus mit uns und um uns geschehen, es sei denn, daß wir uns anders in die Sache schicken, ein anderes Leben und andere Sitten an uns nehmen.

So wie jetzt unsere Sachen stehen und wir ein Leben führen, kann und mag ich mich nichts Guten versehen und trösten. Gott wolle, daß ich fehle! Es gebe Gott, daß ich lüge! Unsere Bosheit drückt uns gar hart, wir vermögen es nit mehr zu tragen. Es kann in die

Länge kein Beharren, noch Bestand haben; es schickt sich schon selbst, wer es merken will.

Suevus, „der erst und Edle Schwab, ein khüner Held und schöner Knab"

Denn seht: seitdem ich diese Dinge lateinisch geschrieben habe und Kaiser Maximilian hochlöblichen Gedächtnisses mit Tod abgegangen ist, sofort zieht Herzog Ulrich von Wirtemberg zu Felde, belagert und nimmt die Reichsstadt Reutlingen ein. Der schwäbische Bund mit seinen Verwandten mustert, richtet sich zu der Gegenwehr, nimmt Volk an, wirft auf zu einem obersten Feldhauptmann unsern gnädigen Herrn, Herzog Wilhelm von Baiern. Und es ist der Herzog von Wirtemberg mit Land und Leuten und allen seinen Flecken, Städten, Märkten, Schlössern verjagt und vertrieben, und seine Feinde haben das Land mit Gewalt ihrer Hand inne. Den Kurfürsten redet der gemeine Mann übel nach, daß sie so lange wider alle Billigkeit und löbliches altes Herkommen unserer Vorvordern mit der Wahl still halten, kein Haupt erwählen, das solchen Aufruhr und Empörung verhindert. Und warum diese kaiserliche Wahl so lange verzögert wird, weiß ich nit; und wenn ich's schon wüßte, dürft' ich's doch nit sagen.

Es darf das keiner auf sich beziehen; ich meine niemand insonderheit, rede im allgemeinen und in den Tag hinein, wie es Sallustii, Titi Livii und anderer Historienschreiber Brauch und Gewohnheit ist; wer es auf sich bezieht, darf mir keine Schuld geben, er beschuldigt sich selbst, gibt sich selbst schuldig, und nit ich.

Wir wollen zwar gute Christen sein, wollen aber doch der Lehre Christi, unseres Zuchtmeisters, in keinerlei Weise nachfolgen, wollen nur unseren Sinn haben und unser Tun gefällt uns allein wohl. Was er sagt, damit treiben wir Gespött, verlachen es, deuten es anders, als es geredet ist, als es gemeint ist und der Buchstabe sagt; von Gottes Ehre muß es sich ziehen lassen auf unsern eigenen Nutzen und Gebrauch, unsere eigene Ehre und Gunst. Alles, was Zucht, Sitten und gutes Leben betrifft, läßt sich kein Hütlein aufsetzen, bedarf keiner Glosse nit. Es wird mich keiner mit gelehrten Worten überreden, daß das Stolzieren, Schwänzeln, Prahlen, Betrügen, Hochmut Treiben, Herabsetzen, einander Verachten, nach eigener Ehre und eigenem Gut Trachten, Bedrängen, gute Worte Geben, ohne daß etwas dahinter ist, vornen Lecken, hinten Kratzen, Fressen, Saufen, Trinken, Schlemmen, Jungfrauen Notzüchtigen, Ehebrechen, Witwen Schänden, Verführen, dem armen Mann nit Helfen, wie es der Welt Brauch ist und wie es weder Juden noch Türken noch Heiden leiden, christlich sei, wie oft wir auch täglich in der Kirche an das Herz klopfen, plappern, plärren, singen, schreien; denn es spricht Gott selber: „Dieses Volk ehrt mich nur mit dem Mund und mit den Lippen, aber ihr Herz ist weit von mir", und ebenso an einer anderen Stelle: „Nur weit hinweg von mir mit dem Gerumpel und Getümmel deines Plärrens; dein Geigen und Pfeifen will ich nit hören; nit ein jeglicher, der spricht: Herr, Herr!, wird eingelassen in das himmlische Reich, sondern der allein, der sich des Willens Gottes des Allmächtigen befleißigt." Am jüngsten Gericht werden Viele hervorstürzen und sagen: „Herr, Herr, haben wir das nit in deinem Namen gepredigt, gelesen, gesungen und die Teufel von den Menschen ausgetrieben und verjagt und viele andere Zeichen und Wunderwerke, alles in Deinem Namen, Dir zu Ehren, gestiftet und geübt?" Diesen gibt Gott selbst die Antwort, wie hernach folgt: „Ich weiß nit, wer ihr seid; ich habe euch auch nie gekannt; hebet euch weg von mir alle, die ihr unbillig gehandelt, die ihr mir mein Gesetz, meine zehn Gebote nit gehalten habt!" Bin ich einem etwas schuldig, so läßt er sich nit mit guten Worten bezahlen, sondern will bares Geld oder Wert haben: Gott sieht allein das Herz an; wo der Schatz, ist auch das Herz. Von unserer Sünden wegen verachten unseren Glauben die Heiden, Türken und andere Ungläubige wie die Juden, die bei uns wohnen. Sie sagen öffentlich, wer wohl zu unserem Glauben kommen könne oder möge, wo wir so lügen und trügen und so gröblich, daß man's greift, wider Gottes Ordnung und Gebot handeln? Solches wird allenthalben in der Heiligen Schrift angezeigt und besonders von König David im hundertundsechsten Psalm, wer es fleißig liest und fleißig darauf merkt. Aber ich bin zu tief hineingedrungen und zu ferne von der Straße nebenhinaus gefahren, wenn ich unser wüstes widerchristliches Leben sehe und es in guter Meinung warnend bedenke. Wem's nit gefällt, der mag's in Gottes Namen wohl nit lesen; ich hege darum keinen Zorn auf ihn. Ich befehle es Gott: der wird es uns zu seiner Zeit alles wohl wenden.

Ich komme wieder auf die Fahrt und Bahn, die ich verlassen habe.

Von der Zeit, da alles recht zugegangen ist, jedermann genug gehabt hat, da die Götter auf Erden gegangen sind und die Helden regiert haben, die die Alten Götter nennen, und von der güldenen Welt, wie sie die Poeten und gar alten Geschichtschreiber heißen

Nach der Sintflut dritthalbhundert Jahre, dieweil noch die Strafe Gottes in frischem Gedächtnis war und Noah mit seinen Söhnen, die solches Zornes gedachten, noch lebten, war eine gute Zeit, ging alles recht zu, hatte keiner einen Mangel nit, lebten die Menschen in aller Gottesfurcht und Einigkeit friedlich mit einander, tat eines dem andern, was ihm lieb war, war kein Krieg, kein Hader nit, man bedurfte keines Rechtes und keiner Landesordnung, man hatte weder Richter noch Schergen noch Henker noch Fürsprech, jedermann tat von sich selber ohne Furcht der Strafe, was recht und gut war; es gab keinen Geiz, keinen Eigennutz, weder Kaufmann noch Huren noch Bettler; man baute kleine, schlichte Stättlein und Hüttlein, nur gegen die wilden Tiere und Ungewitter. Scham, Zucht und Ehre und alle Billigkeit war da in der Welt bei männiglich, Jungen und Alten, Fürsten und Untertanen.

Es regierten damals die Helden, achteten auf nichts als die Ehre Gottes und den gemeinen Nutzen, suchten nicht ihre Ehre und Gewalt, sondern sie trachteten allein, wie sie Gott und den Menschen wohl gefielen, Land und Leuten viel Gutes täten. Es wurde nirgends ein Übermaß gebraucht weder in Essen noch in Trinken, weder in Kleidung noch in Bauten noch in anderen Sachen, sie gebrauchten mäßig, was ihnen Gott und die Natur bescherte und was von selber wuchs; das Waidwerk gab ihnen die Nahrung, und um und an begnügte sich jeder mit dem Seinen. Die Fürsten trachteten nur, wie sie Land und Leuten viel Gutes bewiesen, das Ihre behielten und bewahrten, sie trachteten nit darnach, ihre Gewalt weiter, in andere Länder zu erstrecken; kein König, kein Herr unterstund sich weiter zu greifen, als seine Heimat reichte, darin er geboren war. Es waren alle Dinge gemeinsam: dessen zu Urkund begeht man noch das neue Jahr, schenkt eines dem andern zum neuen Jahre zu Ehren der Helden, zu deren Zeiten alle Dinge gemeinsam gewesen sind. Die Herren gaben Geld den Knechten und dem Hausgesind wie wir noch das Opfergeld, es ist ein heidnischer Brauch, weshalb die alten heiligen Väter, die Päpste, diesen Tag zu feiern verboten haben, wie man noch im geistlichen Recht findet.

Diese Zeit heißen die Poeten und die Alten die güldene Welt. Aber es währte nit lang.

Von den Gesetzen und der Landesordnung, die König Tuitsch gemacht hat
Vom Gottesdienst, wie ihn König Tuitscho gesetzt hat

Am ersten ordnete er den Gottesdienst also: er baute gar keine Kirche noch einen Altar, er weihte etliche Bäume, Gehölze und Wälder und legte einen Bann darauf, daß niemand sie abhauen durfte; in dieselbigen und zu ihnen liefen die Leute, wenn sie beten, geistliche Werke üben, Andacht und Gottesdienst unter den Wolken und offenem Himmel vollbringen wollten. Er hielt dafür und gab es also aus unter die Leute, daß Gott, der im Himmel wohne, unsterblich sei und größer, als daß man ihn in Steine und

Wände in Gebäuden und Steinhaufen, die von sterblicher Hand zusammengesetzt seien, einschließen dürfe, er könnte und möchte auch nit in irgend einer menschlichen, sterblichen, vergänglichen Gestalt abgemalt und abgebildet werden. Dieses heimliche, verborgene, göttliche Wesen, das von aller sterblichen, irdischen Unsauberkeit, Unflat und Antastung rein und abgesondert wäre, müsse man allein mit der Furcht im Glauben sehen, und Gottes Gestalt und Bildnis nachfragen käme von menschlicher Blödigkeit, Unverstand und Unvernunft.

Originalblatt „König Tuiscon" (Tuitsto), erster deutscher König

Von der Ehe und Kinderzucht

Unsere Vorvordern haben auf Befehl und Unterweisung unseres ersten Vaters und Erzkönigs Tuitscho viel auf Kinderzucht, auch streng auf den ehelichen Stand gehalten, denselbigen gehegt als einen Brunnen und Samen, daraus alles Gute entspringe, alle Ehrbarkeit, Zucht und Lob fließe, das menschliche Geschlecht erwachse und die Welt, Land und Leute erhalten werden, weswegen sie von den alten Römern (wiewohl unseren abgesagten Feinden) über alle andern Völker gelobt und gepriesen werden. Es wäre keine böse Sache, wenn man solch löbliche Ordnung noch hielte. Man litt keine Hurerei nit; es mußte sich einer mit einem Weibe begnügen und sich an einer, so lange sie lebte, gar eben wohl halten. Und wie die alten Griechen und Lateiner von unseren Vorvordern schreiben, so haben sie einen besonderen Glauben in diesem Stück gehabt, womit sie ihrer Weiber Treue erkündet haben: Wenn ein Kind geboren ist worden, haben sie es auf eine Pavese gelegt und von stundan also in den Rhein oder dergleichen fließendes Wasser getragen; ist es oben geschwommen mit der Pavese, haben sie es für ein eheliches Kind angenommen und erzogen und der Vater hat geglaubt, es sei sein; ist es aber untergegangen mit der Pavese, hat man es für einen Bankert gehalten und die Mutter als eine Ehebrecherin gestraft.

Die Kinder, Knaben und Mägdlein, zog man von Jugend auf zu aller Arbeit und aller Härte. Wer lange ein reiner Jüngling blieb, ward am höchsten gepriesen und am meisten vorgezogen, wodurch die jungen Gesellen wohl erstarkten und lange jugendlich blieben. Wo einer vor zwanzig Jahren mit einem Weib zu schaffen hatte, wurde er für einen Bösewicht und für ehrlos gehalten; es mußte einer wohl zu Jahren kommen. Darum geht noch ein gemeines Sprichwort: „Wenn der Mann geht ins Mahd, soll das Weib liegen im Bad." Sie meinten, die sich lange vor Frauen hüteten und sich zu enthalten wüßten, die wüchsen daher, nähmen sehr zu, würden stark, gerade, lange, große, alte, männliche Leute. Desgleichen eilte man auch mit den Mädchen nit. Man gab zusammen, wer gleich an Person, gerader Leibesform, starken Sitten und Gebärden war (nach dem Gut fragte man damals nit), damit so starke und gerade Menschen gleich zusammen kämen und gerade und starke Kinder, Vater und Mutter gleich, aufzögen. Wenn sie sich außerhalb der Ehe, auch im ehelichen Stand nit enthielten, strafte man sie hart; da war keine Gnade nit: man schnitt solchen die Nase ab, wie die Männer noch manchmal den Frauen tun, warf sie darnach in tiefe Pfützen und Kotlacken, schüttete Kot mit geflochtenen Reisern auf sie, ertränkte und erstickte sie also, ließ sie darnach also im Kot und Dreck liegen und verfaulen.

Von den Landschaften, Streit und Rechtsprechung

Alle Jahre im Maien, wenn der Mond voll oder neu war, mußte man eine Landschaft haben. Wenn man zusammengekommen war, mußte der Pfarrer aufstehen und jedermann stillschweigen heißen; er hatte auch Gewalt, Klagen entgegenzunehmen. Allda wurden die größten Händel ausgerichtet, die Land und Leute betrafen.

Mit den Irrungen und Streitigkeiten, die zwischen den Leuten vorfielen, ward es dermaßen gehalten: Es wurden in der Landschaft allweg die, so die vornehmsten in den Gerichten und Hofmarken waren, dazu verordnet: die mußten umsonst ohne allen Aufschub, ohne allen Verzug die Leute alsbald ohne Ausreden verhören und behende der Billigkeit nach von stundan alle Sachen richten und allen Krieg, Zank und Hader ohne Unterlaß abstellen, zusprechen und die Parteien vereinen. Wer einen Rechtsstreit führen und den anderen Forderung und Anspruch nit erlassen wollte, mußte dem Beklagten bis zum Austrag der Sache bei den Rechtsprechern das Mahl und die Kost zahlen, damit die Leute von Uneinigkeit und Zwietracht, die am meisten Land und Leute verderben, abgehalten würden. Gewann der Ankläger, so ward ihm sein Schaden ersetzt; verlor er aber die Sache, so war der Beklagte nit unbillig in einen Schaden geführt worden. Und von dem Brauch her heißt noch der gemeine Mann das „laden", was der Lateiner „zitieren" nennt.

Vom Bau der Städte und Häuser

Mit dem Bauen ward es also gehalten und geordnet, daß man nit köstliche, große Bauten machen sollte, sondern allein der Notdurft nach bauen, mehr Hüttlein denn Häuser, damit sich einer nur ein wenig des Regens, der Kälte und Hitze wehren möchte. Denn wo man sich mit Fleiß vor Hitze und Kälte verbauen würde, gäbe es faule, weichliche Leute, die nichts leiden möchten, weder Hitze noch Kälte, weder Sommer noch Winter. Desgleichen sollten die Städte und Flecken auch klein und nit sehr groß sein, aber an solchen Orten, die von Natur fest wären und hoch lägen, wie denn noch die alten Schlösser liegen und wie man Bauten in Ungarn, Polen, Sachsen noch findet. Sie machten auch Erdhöhlen, darin sie das Getreide behalten und vor den Feinden verbergen möchten.

Von Reichtum und Gütern, wie man sich nähren soll, von Essen und Kleidern

Das fünfte Stück, von der Nahrung und Gewinnung des Unterhalts, setzte König Tuitscho folgendermaßen fest (jetzo wäre es ein Gespött; also hat sich das Rädlein umgekehrt):
Keinem ließ er ein bestimmtes eigenes, liegendes Gut. Die Amtleute und die Obrigkeit, dazu eingesetzt, mußten jährlich auf die Beschau kommen, mußten jeglicher Sippe, Rotte und Nachbarschaft, die sich an irgend einem Orte zusammengetan hatte, so viel Feldes, wie und wo sie das gut dünkte, austeilen, im andern Jahr aber sie in eine andere Gegend schaffen, und das darum, damit nit die großen Hansen, die Mächtigen und Gewaltigen, nach weiten Gründen und Böden trachteten, die andern im niederen Stand von ihren Gütern brächten, fleißig für die Kälte und Hitze bauten, auch damit keine Begierde nach Geld erwüchse, woraus alle Uneinigkeit, Zwietracht, Widerwillen, Aufruhr und Krieg zwischen den Menschen kommen, desgleichen auch damit der gemeine Mann deshalb desto williger und gehorsamer wäre, wenn ein jeglicher sähe, daß sein Vermögen dem Allergewaltigsten gleich wäre.
Im Essen und Trinken um und an ward bei den alten Teutschen nach der Satzung König Tuitschs gar niemanden ein Überfluß gestattet; es mußte sich jedermann mit einem Geringen, wie es allenthalben unter den Händen leicht und bald hergestellt und zuwegegebracht werden mochte, begnügen. Der gemeine Mann (wie jetzo im Muhammedischen Glauben und vor Zeiten im alten römischen Reich) trank keinen Wein nit, löschte und stillte den Hunger und sättigte die Natur mit Milch, Käse, Haber, Brei oder Mus, zu Zeiten mit Wildpret und Vögeln, so mit Jagen, Hetzen, Beizen in Netzen, Maschen, Kloben, Drauchen, Häberitzen, Hanfschmeißen, Springhäusern und mit Leim gefangen worden sind.
Die Kleidung war kurz, eng, lag allen Gliedern hart an, wie denn vor Zeiten Joppen und Hosen, die alten fränkischen Röcklein ge-

wesen sind; die Kittel waren aus Zwillich, Leibpelze von Füchsen und Wölfen.

Gambrinus, König in Brabant, zu dem Aventin schreibt: „Er hat aus Gersten Malz gemacht und das Bierbreuwen erst erdacht"

Und wiewohl die Alten keinen Überfluß in Essen und Trinken gebrauchten, haben sie dennoch gemeiniglich mit einander gegessen und sind viel zusammengekommen, sind guter Dinge, ganz gast- und kostfrei gewesen, was die alten römischen Chroniken andern Völkern gegenüber hoch preisen. Denn auch König Tuitscho befahl mit höchstem Fleiß, daß man den Gästen und voraus fremden Leuten, die zu ihnen kamen, große Freundschaft, alle Zucht und Ehr erbieten, erzeigen und beweisen sollte, was die alten Teutschen auch treulich gehalten und in welchem Stück sie sich über allen andern Nationen den Preis erlangt haben, wie Cornelius Tacitus und andere Geschichtschreiber mehr von uns nit ohne großes Lob sagen.

Von Erbschaft

Zu dem Sechsten verbot König Tuitscho, daß einer ein Testament oder ein Vermächtnis machte, sondern alles Gut mit einander sollte auf die Kinder fallen; oder wo nit Kinder vorhanden wären, sollten allweg die nächsten Verwandten, Schwestern und Brüder, Vaters- und Muttersbrüder und dergleichen Blutsverwandte erben.

Vom Begräbnis

Desgleichen vom Begräbnis der Toten gebot er, daß man mit denselbigen gar kein Gepränge und Begängnis haben sollte, keinen Grabstein und nichts dergleichen machen, sondern nur einen grünen Rasen auf das Grab legen. Denn die Toten hätten großes Mißfallen an solchem vergeblichen, unnützen Aufwand, es wäre auch denselbigen mehr eine Beschwerung und Unehre als Ehre und Hilfe: sie hätten nun ihren Kampf verrichtet, so sollte man sie auch ruhen, unbekümmert und in Frieden lassen, da sie doch solches Narrenwerk nit mehr achten.

Wie man das Übel strafen und das Gute belohnen soll

Zum Letzten, damit das Übel gestraft, das Gute belohnet und gefördert werde, schuf er an, daß gegen die Übertreter die Priester und Pfaffen vorgehen sollten, sie ergreifen, fangen, binden und mit Ruten ausstreichen sollten, als ob solches nit zu einer Strafe oder durch Gewalt eines Fürsten geschähe, sondern aus besonderem Befehl und Willen des allmächtigen Gottes.

Die Bösewichter, Verräter, Meineidigen, Treulosen, Abtrünnigen hieß er öffentlich an Bäumen henken, damit männiglich solche Strafe sähe und sich vor solchen Bösewichtsstücken zu hüten wüßte. Leichtfertige, heillose, bübische Leute, Huren und Buben hieß er in Kotlacken und Pfützen ertränken und mit Kot zuscharren, in der Meinung, daß Leichtfertigkeit und Büberei verborgen werden sollte, damit nit andere auch dazu gereizt würden.

Von den guten Taten der Frommen und Männlichen, damit sie ein Ebenbild, Mahnung der Nachkommen wären, setzte er Reime, machte Lieder und hieß solche Liedlein, wie denn noch unser

Brauch ist, singen wo man bei einander war. Wer es am besten konnte, war gepriesen, man schenkte und setzte ihm einen Kranz auf, was bei den Alten gar ein ehrenvolles Ding war und noch ist an das Kaisers Hof, so man einen Poeten krönt.

König Mannus und seine drei Söhne: der erstgeborene Wygewon, Heriwon der „Herd-Wohner" und Esterwon, der kleinste von den dreien

Von König Manns Söhnen

… Von Manno schreibt allein Cornelius Tacitus unter den Alten und hat solches, wie er selbst angibt, aus den alten Reimen der Teutschen gezogen; darum ist der Name Mannus gar wenig bekannt gewesen. Der Tacitus und andere alte Geschichtschreiber schreiben nämlich dermaßen Latein, daß es auch sehr gelehrte

Leute nit gar wohl verstehen können, nit allein um der Sprache willen, sondern mehr wegen merklicher großer Veränderung von Land und Leuten, Städten und Märkten mit samt den alten Namen, auch aus Unkenntnis der alten Geschichte und der Künste, so man Mathematica nennet und so ausmessen lehren nach rechter Weise die ganze Welt, Himmel und Erdreich, Land und Leute, Gewässer und Gebirge, Städte und Gehölze. Darum sind gar viele Irrtümer in allen Büchern: das machen die ungelehrten Mönche und Pfaffen, auch die der heiligen göttlichen Schrift Gelehrten, am meisten die Bettelmönche, so faul und gefräßig sind, alle Dinge, die im Himmel, Hölle, Fegfeuer geschehen, wissen wollen, während sie doch gar nichts rechtes können, so daß es zum Erbarmen ist, daß man solche Esel und Narren (die Unbill und die Wahrheit reißt mir das Maul auf) über die armen Christen (die Gottes Sohn so teuer mit seinem Blut erkauft hat) also tyrannisch mit Gewalt herrschen läßt. Die alten Poeten sprechen, die Wahrheit sei eine grobe Bäuerin, rede nit, was man gerne höre, sei demnach unangenehm: darum laß' ich's weiter in der Feder stecken.

Wie die Druiden, die ersten Mönche, in dem Land, so jetzo Frankreich heißt, gestiftet worden sind, was sie für ein Leben und Wesen geführt haben

Dieser Zeit regierte in dem Land jenseits des Rheines gegen Westen König Drud; der stiftete Mönche, die unsere Vorvordern nach ihm die Druiden, kurz Drudden genannt haben. Er gab ihnen Freiheiten, sie durften nit wie andere Leute in den Krieg ziehen noch Steuern zahlen, weder Wachen halten noch Scharwerk leisten, sondern waren aller Dinge frei. Deswegen liefen ihnen viele junge Gesellen haufenweise von selbst zu, die nit gern arbeiten, sondern frei sein wollten: die wurden Mönche; wurden auch von Vater und Mutter und nächsten Verwandten dahin geschickt. Haben den dritten Teil in Frankreich innegehabt, waren von männiglich hochgeachtet, hatten ein großes Ansehen vor jedermann, trugen besondere Kleidung und fünfzinkige Holzschuhe, so man noch „Druddenfuß" heißt, wohnten in den Wäldern bei den großen, alten Eichbäumen. Einer war ihr oberster; der hatte die größte Gewalt. Wenn er starb, erwählten sie einen andern aus ihnen;

zu Zeiten schlugen sie sich darum. Sie warteten des Gottesdienstes, bekleideten alle geistlichen Ämter und verrichteten alle göttlichen Opfer im allgemeinen und im besonderen, unterwiesen das Volk im Glauben, sagten, die Seele wäre unsterblich, es gäbe ein anderes Leben nach diesem Leben. Sie lehrten auch viel vom Laufe des Himmels und Einfluß des Gestirns, wie groß die Welt und das Erdreich wäre, sagten und predigten auch viel von Gewalt, Macht und Kraft der unsterblichen Götter, was ein jeglicher für ein Nothelfer wäre, wie und womit man ihn ehren und anrufen sollte. Brachten mit solcher Lehre das Landvolk dahin, daß sie meinten und völlig dafürhielten, es wäre den unsterblichen Göttern kein Opfer angenehmer als das Menschenblut, es erhöre auch Gott das für die Menschen geschehene Gebet nit, es wäre denn zuvor ihm zu Ehr und Lob ein lebendiges Opfer, nämlich ein Mensch aufgeopfert worden. Wer darum mit schwerer Krankheit beladen, in Feldschlachten, in anderen dergleichen großen Fährlichkeiten des Leibes und Lebens war, die opferten durch diese Drudden die Menschen oder sie gelobten, sie wollten mit Menschenblut die unsterblichen Götter ehren und damit Gnade, Glück und Wohlfahrt bei ihnen erlangen und erwerben. Zu diesem grausamen, unmenschlichen Gottesdienst hatten sie in der Gemeinde große Bilder, die von Weiden geflochten und inwendig hohl waren: da taten sie die Menschen hinein, zündeten sie darnach an, ließen sie brennen und opferten also den Menschen Gott auf mit dem Brand. Wenn sie so die Diebe, Mörder und Räuber, auch andere, die bei bösen Taten ergriffen wurden, mit dieser Marter verdarben und vom Leben zum Tode brachten, meinten sie, es wäre der höchste Gottesdienst, es hätte Gott ein besonders großes Gefallen daran. Aber wo dergleichen schädliche Leute nit vorhanden waren, griffen sie auch nach den Unschuldigen, die auch Gott zu Lob und Ehr ihren Geist mit dieser Marter aufgeben mußten. Und deswegen verboten die Römer, als sie dieselbigen Länder eroberten und zum Gehorsam brachten, solchen Gottesdienst, hauten die Wälder und Bäume ab, verjagten die Mönche, verboten ihnen das ganze römische Reich. Da flohen sie über den Rhein in Großgermanien zu den Teutschen.

Unsere Bettelmönche, voran die Prediger und Barfüßer, beschuldigen einander noch dessen, heißen es „sacrificium Plutonis", das ist „des Lucifers Opfer". Doktor Wigand, ein Predigermönch, hat ein Buch ausgehen lassen, darin er dessen die Barfüßer beschuldigt. Sie haben lange darum zu Rom gestritten vor dem Papst Alexander dem sechsten und Julio dem andern. Ich habe etliche Geistliche, auch Gelehrte gehört, die sich rühmten, sie wüßten und hätten solches erfahren, doch schenke ich dem keinen Glauben. Jedermann ist zu Nachreden geneigt und dazu, seinen Nächsten auf das schlimmste zu schmähen an Leib, Ehr und Gut. Darum komme ich wieder an die Drudden, unsere alten teutschen und gallischen Mönche, mit denen man noch die kleinen Kinder schreckt.

Konrad Celtis, einst Kaiserlicher Majestät Poet und Geschichtschreiber, sagt, er habe dieser Drudden Bildnis aus Stein gehauen in einem Kloster in Baiern auf dem Nordgau gesehen, nit weit von dem Fichtelgebirge. Wie Julius, der erste Kaiser, schreibt, haben sie zu seiner Zeit die griechische Schrift gebraucht. Diese Drudden hatten weiter Macht und Gewalt, über alle Irrungen und Streitigkeiten, Forderungen und Ansprüche, wie die sein mochten, über Zwietracht, Erbschaft, Grenzen, Todschläge und andere dergleichen Übeltaten im allgemeinen und im besonderen zu sprechen, zu verhandeln und zu richten. Sie erkannten auch sowohl auf Lohn wie auf Strafe und Buße. Alle Jahre einmal kamen sie zusammen in einem heiligen Forst mitten in dem Lande, so jetzo Frankreich heißt, bei der Stadt, die jetzo Chartres genannt ist. Wer etwas zu schaffen, zu richten, zu verhandeln und dergleichen Händel hatte, mußte dahin kommen und vor ihnen die Sache austragen. Was sie dann machten und beschlossen, dem mußte jedermann folgen, das mußte jedermann annehmen, durfte niemand dawiderreden. Wenn einer oder eine ganze Gemeinde bei ihrem Spruch und Erkenntnis nit blieb, ward ihm sogleich die Gnade Gottes versagt, die heiligen Stätten und aller Gottesdienst verboten.

Das war die allerschwerste und größte Strafe bei ihnen. Wem dermaßen die Gemeinschaft des Gottesdienstes versagt war, den hielt man für einen Gottesfeind und einen ehrlosen Bösewicht; niemand hatte irgendwo eine Gemeinschaft mit ihm, keiner durfte zu ihm gehen noch mit ihm reden, geschweige denn mit ihm essen und trinken; wenn man ihn sah, wich jedermann, floh männiglich davon, damit sie nit vergiftet würden. Man ließ einem solchen gar kein Recht nit, man hörte gar nit auf ihn, weder Ehr noch Zucht ward ihm auf Gottes Erdboden entboten.

Aus diesem Brauch haben unsere Geistlichen einen guten Teil ihres Bannes genommen, während doch Gott, der allmächtige, himmlische, gütige Vater, die Welt und die Menschen also lieb hat, daß er seines eigenen einigen Sohnes nit verschont, sondern ihn herab in diese Welt gesandt hat, zu sterben um der Menschen Heil willen, dieselbigen zu segnen und sie zu Gott zu führen, nit sie zu verfluchen und dem Teufel zu geben.

Und „Mönch" ist nit ein teutscher Name, ist griechisch, heißt „Einsiedler". Darum die Mönche, wo sie in den Städten wohnen – spricht der heilige St. Hieronymus – sind lauter Buben. „Bist du", sagt der heilige Vater weiter, „ein Mönch, das ist ein Einsiedler, was tust du dann unter den Leuten und in den Städten? Hast du dein Gut verlassen, warum nimmst du dann anderer Leute Gut an?" Die alten Mönche sind alle Einsiedler gewesen, in den Wäldern gesessen, haben sich mit der Hand und saurer Arbeit genährt. Was sie gewannen, haben sie armen Leuten gegeben, haben nit Witwen und Waisen und anderen Einfältigen das ihre abgebettelt, indem sie ihnen ihre Geschäfte und ihren letzten Willen trügerisch abnahmen, auch auf anderen Wegen, was von den heidnischen Weisen und Poeten als ein großer Trug und Unehrbarkeit gescholten wird. Und wenn sich schon St. Hieronymus, der vor elfhundert Jahren gestorben ist, über die Mönche beklagt, wie soll es nun zugehen, wo es in so langer Zeit nur „böser und nit besser", wie das gemeine Sprichwort sagt, geworden ist?

Vom Wein; wie ihn die alten Teutschen nit getrunken haben noch zu ihnen haben führen lassen

Die alten Teutschen bauten keinen Wein, ließen auch keinen zu ihnen führen. Sie meinten, der Wein mache weiche, weibische, unarbeitsame Leute, die sich an Völlerei und Wollust gewöhnten und nichts leiden möchten. Die Zeit – spricht man gern – bringt Rosen. Jetzo hat sich das Blättlein umgekehrt: Alle andern Länder und Nationen reden uns gar übel nach, schelten uns nun als Leute, die nichts können und zu nichts gut sind als zum Lumpen und

Prassen, Saufen und Trinken, Schlemmen und Schwelgen, heißen uns die groben, unsinnigen, trunkenen, vollen Teutschen, allweg voll und selten leer! Gott gebe, daß wir unser Leben bessern und solches abtun!

Von der weitberühmten, großmächtigsten Stadt Troja, wie sie zerstört ist worden

Es ist eine große Torheit, ja Schande, daß etliche unserer teutschen Herren und Fürsten von Troja herstammen wollen, während doch lauter Verräter davon nur nach Italien, nit aber in diese Länder gekommen sind, gleich als ob niemand vor Troja in Teutschland gewesen wäre, während doch vor dem Königreich Troja wohl siebenhundert Jahre das teutsche Erzkönigreich bestanden hat und Troja unter sechs Königen nit länger gewährt hat denn zweihundertundsiebenundneunzig Jahr. Und da Troja zerstört ward, zählte man von Anfang des teutschen Erzkönigreichs bei tausend Jahre (etwa sieben Jahre weniger), von Anfang der Welt zweitausendachthundert weniger zwölf Jahre...

Es ist die gemeine Sage, daß die Teutschen und ihre Kriegsfrauen auch in diesem Kriege gewesen und davon wieder heimgekommen seien. Solches bezeugt auch in seinen Rechten Kaiser Karl IV., von dem das Appellieren bei Hals und Kopf verboten worden ist. Und wie es meinem Vorhaben nit anstünde, wenn ich Märlein und Gedichte und seltsame Abenteuer zusammenklaubte und solches von Lust und Kurzweil wegen allein in dieses Werk setzte, also wäre es auch zu viel, wenn ich alles verneinen und gar keinen Glauben dem schenken wollte, was jedermann singt, sagt und schreibt, dieweil, wie St. Hieronymus spricht, der Historiker Art und Ordnung dahin geht, des gemeinen Mannes Wähnen und Sagen zu erzählen. Und indem ich nichts unversucht gelassen habe, dieses Werk zu vollenden, habe ich so viel erfahren, daß unsere Vorvordern nit so grobe, kenntnisarme, ungeschickte Leute gewesen sind, wie etliche meinen. Sie haben auch ihre Taten in Achtung gehabt und ihrem Brauch und Art nach sie den Nachkommen zu Nutze in ewigem Gedächtnis festgehalten. Und wenn man solchen alten Geschichten mit demjenigen Fleiß, den solche Arbeit erheischt und haben will, nachforscht und nachfragt, würden wir in den alten Taten und Geschichten nit geringer dastehen als die Römer und Griechen, deren Taten ihre Gelehrten doch hochgepriesen, stark herausgestrichen und hervorgehoben haben. Unsere Gelehrten und hohen Schulen achten solcher Dinge gar nit und halten sie für schlechte Läppereien, die von nichts Trefflichem, das gelobt und aufgezeichnet werden möchte, handeln. Wiewohl die Wahrheit Ungunst bringt, kann ich dennoch (weil ich sehe und es öffentlich vor Augen liegt, daß eben mehrmals viel in geistlichen und weltlichen Sachen aus Unkenntnis der alten Geschichte verwahrlost wird) es nit umgehen, kann mich nit enthalten, kann auch bei mir nit finden, daß ich so geduldig sein sollte und stillschweigen bei solcher Nachlässigkeit der Hochgelehrten, die in Pracht und Gewalt sind und das Heft in der Hand halten, ich kann es nun einmal nit lassen, ich muß nun einmal die Fahrlässigkeit, wie es der Historien Art ist, ein wenig berühren:

Zunächst bei Ingolstadt hat ein Bauer einen alten Stein mit römischer Schrift ausgeackert, ihn aufgehoben und heimgeführt; und von Wunders wegen behält er ihn noch und zeigt ihn. Es ist mit denjenigen, so sich Meister und die Vornehmsten der hohen Schule und auch der Stadt zu sein dünken, auch in meiner gnädigen Herren Herzoge Namen verhandelt worden, damit solcher Stein gen Ingolstadt geführt und etwa an einem Orte, da er der Schule und der Stadt sichtbar wäre, besonders meinen gnädigen Herren zu Ehren eingemauert würde. Aber man hat solches dem Wind gesagt und mit einem Stock geredet.

Nit lang darnach hat ein anderer guter Mann einen ebensolchen Stein auf der Donau gen Ingolstadt führen lassen; den hat ein schlichter Bürger gekauft und allda auf sein Grab gelegt (jedoch die Schrift nach unten gekehrt).

Also der gemeine schlichte Mann und unsere Bauern und Ackersleute haben mehr Acht auf ewige Überlieferung der Tugend als unsere hohen Schulen und Wohlgelehrten. Es sind gemeiniglich ehrsüchtige, geizige Geldnarren, welche sich selbst den Zügel gar wenig streng anziehen, sich selbst alle Dinge gestatten und nachsehen. Aber in anderer Leute Büchern sind sie gar spitzig, wollen hochgeachtet und sehr geehrt werden und großen Ruhm erjagen, wenn sie andere antasten, andern ihre Tadel vorhalten, während doch daneben ihre Werke auch wohl zeigen, wer sie sind. Niemand aber, der brav und gerecht ist, kann sich über meine Meinung beklagen, es sei denn, daß einer gerne sich selber schuldig bekenne und mit sich selbst böse sei. Ich greife keinen Menschen nit an, ich rühre nur an die Ungerechtigkeit; wen es angeht, der enthalte sich ihrer. Aber ich bin zu weit hineingeraten, will wieder auf die vorgenommene Fahrt kommen und von den Tadelmeistern und Zänkern ablassen...

Im Latein habe ich an diesem Ort aufgehört weiter nachzufragen und nachzusuchen, was nach obengeschriebenen Herren in teutschen Landen und Baiern für Könige oder Herzoge gewesen sind, habe es damals aufgeschoben, weiter darnach zu suchen unterlassen. Die Zeit wollte mir zu kurz werden, es war mir allein auch zu schwer, so eilend alles zu erforschen.

Ich bin seither auf dem Nordgau und zu Salzburg gewesen, bin auch in diesen vier Jahren, seit ich die Chronik in Latein verfertigt habe, der griechischen und hebräischen Sprache besser mächtig worden, auch anderer Dinge mehr, woraus ich viel mehr Wissen empfangen habe, dergestalt daß dieses erste Buch wohl zweimal soviel enthalten wird als im Latein; desgleichen werden die nachfolgenden sechs Bücher im Teutschen auch verbessert. Ich muß auch sonst im Teutschen alle Dinge besser herausstreichen und mit viel mehr Worten an den Tag vorbringen als im Latein. Es sind keine richtigen dazugehörigen Historien und Bücher in unserer Sprache vorhanden; solche Bücher hat die römische und auch die griechische Sprache unzählige. Demnach ist es im Latein nit nötig, viel Worte zu machen; es ist genug, wenn einer nur angibt, wo und in welchen Büchern man es findet. Das kann im Teutschen nit sein; da muß alles der Länge nach her geschrieben werden, damit es verständlich sei. Und darum macht es mir viel mehr Mühe und Arbeit und kostet mehr Zeit als im Latein; ich muß auch alle Dinge wieder fleißiger durchsehen.

Seit die geistlichen Orden oder (wie sie St. Paulus nennt) Unorden entstanden sind, hat man die köstlichsten Bücher der allergelehrtesten Heiden und Christen verloren, sind die Orden mit ihrem Tand und Märlein eingedrungen, haben die alten Bücher zerrissen und zerschnitten, haben Einbände über Bücher und Siegelstreifen und dergleichen mehr daraus gemacht. Ich sehe nichts, was sie getan haben, als daß sie nach den besten Gütern, größten Mächtigkeiten und Freiheiten Tag und Nacht getrachtet, andern Leuten, Edeln und Unedeln, Fürsten und Herren, Witwen und Waisen das ihre abgebettelt, ihr andächtiges Gebet verkauft haben, während sie doch selbst gar nichts darauf halten. Denn wenn sie etwas darauf hielten, so bedürften sie ihres Öles selbst ganz wohl, hätten nichts hinzuleihen, würden es nit verkaufen. Ich möchte gern sehen, wie sie vor dem strengen Gericht Gottes bestehen wollen, dieweil der größere Teil von ihnen gar nichts Gutes tut, auch vor der Welt (ich schweige von Gott) freventlich und öffentlich ein solches Leben führt, das weder Heiden noch Türken noch Juden es rechtließen und litten. So fressen sie auch (wie sich Gott an vielen Stellen über sie beklagt) die Sünden der Menschen und trinken ihre Bosheit, verkaufen auch daneben ihre guten Werke und andächtigen Gebete, gleich als ob nit von solchen Kaufleuten geschrieben stünde: „Ihr Gebet soll ihnen für Sünde gerechnet werden." St. Peter, St. Paulus, auch andere hochgelehrte und heilige Christen, Origenes, Ambrosius, Hieronymus, Augustinus, Cyprianus, Lactantius, Gregorius, Tertullianus, wo sie zu den Christen schreiben, die damals schlichte, einfältige Leute waren und zu Zeiten nur alte Weiber, schreiben sie zu ihnen: „die Gnade Gottes des Vaters, Friede und Heil unseres Herrn Jesu Christi." Unsere stolzen Geistlichen schreiben Fürsten und Herren ihr „andächtiges Gebet" zu. Wenn man es bei dem Licht will besehen, so ist es eine geistliche, mehr als teufelische Hoffahrt und Gleißnerei oder (wie es die Schrift nennt) ein Fasnachts- und Osterspiel, gleich als wenn sie allein Gott gefielen, mit ihrem Fasten und Beten gewaltiglich den Himmel inne hätten und andere Leute ihn von ihnen kaufen müßten.

Es ist der Brauch aller Historien, ist darum erdacht worden, daß man die Mängel und Gebrechen, durch die Land und Leute merklich verderben, entdeckt, jedoch in guter Meinung warnungsweise, damit wir sehen, daß alle Menschen (wie Gott aus seinem Munde selbst redet) Lügner sind, wollen nur auswendig fromm sein, inwendig sind sie alle Buben. Gott ist allein gerecht, weshalb man sich vor Gott demütigen soll, die Krankheit bekennen und Gesundheit begehren, einer dem andern tun, was ihm lieb ist (wie die heilige Schrift sagt) in aller Ehrbarkeit. Wir meinen, es sei ein großes Ding, daß einer alle Tage in die Kirche geht, plappert da den ganzen Tag, bedrückt nichtsdestoweniger Witwen und Waisen, frißt ihnen ihre Häuser, Blut und Schweiß ab; er ließe sich daneben mit Willen nit einen Heller von gemeinen Nutzens wegen entreißen. Aber es ist genug jetzund, wiewohl gar not wäre, daß man laut schreien und schreiben würde. Es kehrt sich doch niemand daran, so verblendet, verzweifelt und verstockt ist jedermann.

Von den Griechen und besonders von Plato

Dieser Zeit hat gelebt und Schule gehalten der berühmteste und in allen heimlichen Sachen Gottes und der Natur, des Himmels, des Erdreichs und der Hölle kenntnisreichste Mann, Plato, gebürtig aus der Hauptstadt in Griechenland, Athenis, von gar altem königlichem Geschlecht, von dem letzten König Codrus her. Ist ein sehr hübscher, gerader Mann gewesen, darum man ihn „Plato", das ist „den Geraden" genannt hat; er hieß sonst Aristokles. Ist auch in der Jugend den Kriegen nachgezogen und ein guter Fechter und Hauptmann gewesen. Und er ist bei den Königen Dionysius, Vater und Sohn, in Sicilien am Hof gewesen, hat großmächtige Kriegszüge getan, ist überall den Künsten und Künstlern nachgezogen gen Babylon, nach Ägypten, gen Jerusalem, nach Italien, wo zu Tarent Schule hielt Archytas, ein Nachfolger des Pythagoras. Dieser Archytas war auch ein guter, kunstreicher Werkmann mit der Hand; er machte eine hölzerne Taube und richtete sie zu, daß sie in den Lüften flog. Und des Plato Schüler ist lange Zeit gewesen Aristoteles. Und vom Plato haben die alten Heiden in der ganzen Welt viel gehalten; er ist bei männiglich, voraus bei den Gelehrten für einen halben Gott geachtet worden. Nachmals die alten Christen, Griechen und Lateiner, St. Dionysius, Origenes, St. Augustin und andere mehr haben ihn viel gelesen, auf seine Meinung die ganze Schrift und den Glauben bezogen dermaßen, daß ihn etliche für heilig geachtet und also genannt haben.

Man hat damals nit viel vom Aristoteles zu sagen gewußt. Seit dreihundert Jahren erst haben die Bettelmönche und nach ihnen die hohen Schulen den Aristoteles hervorgezogen, auf ihn als auf eine Grundfeste das rechte Verständnis der heiligen Schrift und des Glaubens gebaut, haben ihm die Schlüssel dazu übergeben, vermeinen, es könne keiner ein Theologus und Doctor der heiligen

Schrift, ein Meister, ein Lehrer des Glaubens, ein guter Prediger nit sein, der nit ein aristotelischer Heide sei. Wer oft den Aristoteles in der Predigt hat nennen können, das ist ein gelehrter Doctor der heiligen Schrift gewesen. Und sintemal das wahr ist, so ist keiner von ihnen ein Theologus nit und hat gar kein Verständnis der Schrift. Denn sie verstehen nit ein Wort richtig im Aristoteles, wie er es gemeint hat, können ihn auch noch nit recht nennen, haben ihn nie recht gehabt oder gelesen, haben aus ihm nur Auszüge auf ihren guten Wahn und Glauben geschöpft, mit denselbigen die ganze heilige Schrift, den ganzen Glauben, alle Künste, die ganze Philosophie, die sieben freien Künste bis zu den Grammatiken des Donat und den Regeln gefälscht, wie ihre Bücher selbst dessen gut Zeugnis geben. Der Alexander, Petrus Hispanus, der Meister von Hohensinnen (so nur Bettelwerk, lauter hin und her zusammengeklaubtes Ding ist) sind ihre Abgötter gewesen, welche so grob, unfein, unverständig geschrieben haben, daß keiner von ihnen sie verstanden hat. Und wenn ihrer hunderttausend wären, hat immer einer eine andere Meinung als der andere, sind ganz widerwärtig auf einander, verstehen einander selbst nit, werden uneins darob, schelten einander darum, verurteilt einer den andern aus der Christenheit.

Es könnte einer kein größeres Werk tun, er nähme denn alle ihre Bücher und verbränne alle auf einem Haufen. Doch sie zergehen schon von selbst, nehmen ab, Gott straft sie mit der Zeit gar fein, wie man es ihnen längst vorher (ich und andere Gelehrte wohl vor dreißig Jahren und etliche Gelehrte noch viel länger) geweissagt hat. Aber dieses Volk will alles wissen, läßt gar nit mit sich reden, sie sind nur Ketzer; Ketzer glauben nit, man gebe ihnen denn den Glauben in die Hand und das Wasser gehe über die Körbe. Ich habe auch zu Paris gehört von etlichen frommen, hochgelehrten Theologis, nämlich vom Judoco Clichthoveo und anderen mehr, daß sie solchen Tand der hohen Schulen, obgenannte Bücher, voraus Meister Peter von den Hohensinnen und seinen Anhang, fast in allen ihren Vorlesungen verworfen haben als Verderber aller Künste. Desgleichen hat mir der fromme, hochgelehrte Herr Simon Wildersyn, früher Prediger zu Regensburg, einst sehr geklagt, daß er sich also mit der untüchtigen und erdichteten Theologei Peters von Hohensinnen und der hohen Schulen Läpperei umsonst aufgehalten und nit auf die wahre, rechte Theologei der Bibel verlegt habe. Er hat auch zu unsrer Zeit Briefe geschrieben und geschickt an die hohe Schule gen Wien, allda die Theologos ermahnt und gewarnt, sie sollten sich auf die Bibel verlegen und sich von jenem unbegründeten, unnützen Geschwätz stracks zurückziehen. Und diesen Herrn Simon hat seines Lebens und seines Könnens wegen gen Passau berufen Bischof Wigileis daselbst, darnach gen Ingolstadt unser gnädiger Herr, er starb aber zuvor. Ich habe auch oft gehört von obgenanntem Herrn Simon, daß er den Thomam von Aquin, den Predigermönch, nur einen Zerrütter, Betrüber und Verderber der Künste und guten Köpfe hat geheißen. Es ist auch ein gemeines, altes Sprichwort bei den Gelehrten allweg gewesen und bei den rechtsinnigen Theologis selbst: „Drei Bettelmönche (nämlich Thomas mit seinen hübschen, vernünftigen Kniffen, Scotus mit seinen Spitzfindigkeiten, Wilhelm Occam mit seinem listigen Tand) haben die ganze Christenheit verdorben und irregemacht."

Es ist jetzo eine große, mächtige Gnade von Gott, voraus in teutschen Landen, daß es so viele gelehrte, geschickte junge Leute gibt, daß aller Künste rechter Grund, die drei edlen Sprachen Lateinisch, Griechisch, Hebräisch, im Vordergrund stehen, was vorher nie gewesen ist. Jung und Alt, ein jeglicher vermag in dreien Jahren die rechte Grundlage erlangen und begreifen, leichter und eher, als einer vor Zeiten nur den Donat hat lernen mögen. Man druckt Griechisch, Lateinisch, Hebräisch in teutschen Landen so gut wie nie und viel besser als in dieser Sprachen eigenen Landen. Es sind die Bücher gut erhältlich und sind wohlfeil. Es ist schier keine Stadt, keine Pfarrei, kein Dorf, kein Markt nit, man findet Leute darin, junge und alte, die sich obgenannter dreier kunstreicher Sprachen und Zungen befleißigen. Solches ist bei den Alten, wohl mehr als dreihundert Jahre lang, unmöglich gewesen; da hat einer sein Leben lang im lausigen Alexander und im grindigen Petrus Hispanus müssen verliegen. Aber etliche, die auch gelehrt sein wollen, nämlich die Geistlichen und hohen Schulen, sind recht undankbar solcher großen Gnade Gottes, sie hätten gerne ihren alten Alexander und Petrus Hispanus und den Meister von Hohensinnen wieder, desgleichen ihre Legenden, Sermonen, „Dormi secure", Discipulus, Exempel, Soccus wieder (sie haben viele Namen aus einer besonderen, heimlichen Schickung Gottes). Es ist nichts als nur Legende, Geschwätz, Geträum, Schülertand, Märlein und unnützes Zeug; die guten Leute haben nur Sorge, es werde an ihnen hinausgehen, es komme die Wahrheit zu sehr hervor an den Tag, daß sie die Leute nit mehr so gut narren mögen. Wir haben es ihnen vor langem vorausgesagt (sie haben sich nie daran kehren wollen), ihr Wesen und Lehren werde in die Länge keinen Bestand haben. Es ist ihnen ein guter Teil widerfahren von dem, was wir ihnen längst vor vielen Jahren geweissagt haben; es wird mit der Zeit besser heißen, wird sich besser einreißen; darnach mögen sie sich richten. Es ist nur noch um den ersten Wurf zu tun. Gott und die Natur werden nicht lügen.

Ich bin wohl auf fünfzehn hohen Schulen gewesen, wo sie mich und andere um das Geld gebracht und nichts gelehrt haben. Ich will es ihnen gerne anzeigen, daß man es begreifen muß, wenn sie es gerne haben wollen. Was Papst Pius der Andere, weiland Kanzler Kaiser Friedrichs des Dritten, von den hohen Schulen hält und von ihnen schreibt, findet man in seinen Briefen; er sagt wohl, es seien überall viele Studenten, aber es seien lauter Narren, es könne keiner von ihnen etwas Rechtschaffenes.

Es ist nötig, nützlich, auch kurzweilig und lustig, daß man solche Dinge hervorbringe an den Tag und an das Licht. Gefällt es einem nit, wie soll ich es ihm machen? Es ist von jeher der Poeten und Historienschreiber Amt, sie sind dazu bestimmt, daß sie solches rügen, anzeigen und eben hervorziehen sollen.

Von dem ersten griechischen Kaiser, dem großen Alexander

Alle diese großen Kaisertümer, mächtigen Reiche, weiten Erzkönigreiche hat nun der türkische Kaiser inne nit ohne große Schande und Spott der christlichen Fürsten und nit ohne Schaden gemeiner Christenheit. Ich schäme mich dessen und es verdrießt mich sehr, daß ich es sagen muß, daß wir so gar ungeraten sind. Zwei großmächtige und einander widerwärtige Übel verderben uns: Überfluß in Kleidung, Essen und Trinken und andererseits Kargheit und Klugheit in gemeinem Nutzen, die man Geiz und Eigennutz heißt. Gegen uns sind wir mild, vertun alles, gegen andere karg; denen nehmen wir das ihrige ab, können uns nit genug geben und zutragen. Unsere Vorvordern waren andere Leute.

Aber ich renne wieder ein Stück zu tief hinein, kehre wieder um und will den Alexander kurz behandeln.

Von Aristoteles und von anderen Gelehrten zu dieser Zeit in Griechenland

Dieser Zeit hat auch gelebt Aristoteles der Heide, den unsere Prediger und hohen Schulen mehr im Maul gehabt haben als Christum und St. Paulus seit dreihundert Jahren her, während sie ihn doch gar nit gelesen, nit gehabt, nit verstanden haben. Ist zehn Jahre an König Philipps Hof gewesen und hat seinen Sohn, den großen Alexander, unterwiesen und gelehrt. Ihr gebürtig gewesen aus dem Lande Macedonien, dem Dorf Stageira, daraus der jetztgenannte große Alexander seinem Schulmeister Aristoteles zu Gefallen eine Stadt gebaut und gemacht hat. Sein Vater Nikomachus ist Leibarzt gewesen des Königs Amyntas, des großen Alexander Ahnherrn, ist hergekommen vom Machaon, dem Arzt, dem Sohne Aesculapii, des Gottes der Ärzte, der im trojanischen Krieg der Griechen Arzt war, von dem und seinem Bruder auch Homerus, der älteste Poet, Meldung tut.

Es hat Aristoteles, was die Natur betrifft, alles vor andern Menschen erforscht und gewußt, ist ein überaus kunstreicher Mann gewesen, wozu ihm auch, um solches fleißig zu erfahren, sein Schüler, der große Alexander, der auch alle Dinge hat wissen wollen, geholfen hat…

Und schrieb also Aristoteles fünfzig köstliche, edle Bücher von der Natur aller Tiere, von dem mindesten Würmlein und Spinnlein und auch von Kräutern, Bäumen, Holz bis auf den Menschen und den größten Elephanten.

Desgleichen Theophrastus, des Aristoteles Schüler, schrieb sechzehn Bücher von allen Kräutern, Bäumen, Stauden, von den mindesten Kräutlein bis zu dem höchsten und größten Baum. Das alles und noch viel anderes mehr hat Plinius in seinen siebenunddreißig Büchern zusammen in einen Haufen gebracht, die er von allem dem, was in der ganzen Welt zu wissen ist, zu den Kaisern Vespasianus, Vater und Sohn, deren Rat und Diener er war, geschrieben hat.

Und das sind die rechten Haupt- und Grundbücher der natürlichen Kunst und Philosophie, davon unsere hohen Schulen nit ein Wort wissen, wiewohl sie darin Meister und Doctoren machen und über solches Bücher und große Glossen schreiben, worin sie doch gar nichts Rechtschaffenes verstehen, wie ihre Schriften selbst das am besten beweisen...

Von Gott und seiner Gewalt und der Seele und dem freien Willen

Etliche der alten Philosophen haben dafürgehalten, es sei gar kein Gott, weder Teufel noch Hölle, wie Diagoras und Protagoras, die man darum griechisch „atheos", das ist „die Gelehrten ohne Gott" genannt hat. Und es leben immer alle Menschen, als ob gar kein Gott wäre. Deswegen hat denn alle weisen, vernünftigen, großmächtigen, frommen, ehrbaren Leute, gläubige und ungläubige, die Frage sehr bekümmert, ob doch Gott der Allmächtige dieser vergänglichen Welt und voraus der Menschen sich annehme, dieselbigen mit seiner Weisheit und Güte verwalte und regiere, für dieselbe mit seiner Macht als ein gewaltiger Herr und gnädiger Vater sorge, während es doch so übel stehe, so übel zugehe allenthalben in der Welt, allweg also zugegangen ist, allzeit also gestanden ist.

Von Anfang der Welt her ist die Welt zuchtlos und ungezogen gewesen. Es geht alles durcheinander wie der gemähte Haber. Wer mehr vermag, der tut mehr und schiebt den andern in den Sack. Und es sind allweg der Bösen, wie das griechische Sprichwort lautet, mehr denn der Frommen und gemeiniglich, wie man's nennt, geschickte Leute, heilige, geistliche, weltliche, die schinden und schaben, nur ihren Eigennutz und ihre Ehre suchen, der Ehrbarkeit nit hold sind, keine Gerechtigkeit nit halten, die Tugend nit belohnen, das Übel nit strafen, die Wahrheit nit leiden mögen, Witwen und Waisen nit helfen, den Armen vor dem Reichen und Mächtigen nit beschützen (um welches willen alle Obrigkeit aufgekommen und von Gott eingesetzt ist) und, wie Aristoteles sich beklagt, am meisten die Wollust suchen, die Arbeit fliehen, in nichts aus Vernunft und Tugend, sondern in allem aus Gewalt und dem Brauch nach handeln.

Dieses Fragstück ist das achte und letzte, so Kaiser Maximilian hochlöblichen Gedächtnisses zugeschickt hat dem gelehrten und weitberühmten Herren und Vater Johannsen von Trittenheim, Abt zu Sponheim und zu den Schotten zu Würzburg. Diese Frage bekümmerte auch sehr und beschäftigte den König David, den Propheten Abacuk; doch sie rechtfertigen es zuletzt. Aristoteles, Epicurus, Plinius und andere, so gar keinen Glauben haben, meinen, es sterbe Seele und Leib miteinander und der Mensch wie andere Tiere; die machen Gott frei, los, quitt und ledig von aller Kümmernis, Arbeit und Sorge der Verwaltung dieser Welt, geben und setzen alle Dinge dem Glück anheim. Doch Aristoteles (damit man nit meint, er verleugne Gott ganz wie etliche alte Meister vor ihm und er geziehen ist worden, darum er denn von der Hauptstadt Athenis entweichen hat müssen) gibt etliche Dinge dem Glück, etliche der Vernunft und dem freien Willen der Menschen, etliche der Natur, gar nichts frei und allein Gott, den er an die Welt bindet, dieselbige ihm gleich macht, ohne die er nit sein möge; und setzt ihn in den Himmel, daran die Sterne stehen: den muß er herumtreiben und mit sich selbst also einen freien Mut und ein gutes Leben haben; denn wenn er regierender Herr und Fürst wäre, litte er solche Büberei nit von den gewaltigen und großen Hansen, nämlich den Geistlichen, die unter seinem heiligen Namen die ganze Welt betrügen und um das Ihre bringen.

Die Poeten, die platonischen und die stoischen, welche glauben, die Seele sei unsterblich und nach diesem Leben gebe es ein anderes Leben, darin alles Gute belohnt, alles Übel gestraft werde, die stellen Gott alle Dinge anheim, geben sie ihm in seine Hand: wie er es von Ewigkeit in sich selbst geredet, gedacht, bestimmt, gemacht hat, dabei müsse es ewiglich bleiben; das nennt man lateinisch „fatum", wir heißen es „ein Geschick von Gott". Wie sich das mit dem freien Willen des Menschen vertrage, darüber können die Alten nit eins werden, haben viel davon geschrieben, besonders bei den Lateinern Cicero und Boethius; den letzteren hat es gar hart angefochten, er hat fünf Bücher davon geschrieben. Es zanken sich auch unsere Gelehrten heutigen Tages viel wegen des freien Willens, machen viel Aufruhr in der Welt, und es ist alles (mit Züchten zu reden) um einen Taubendreck zu tun. Unsere groben Bauern reden besser davon; bei ihren Sprichwörtern, die nit lügen, und wie man es im Lied singt, lasse ich es bleiben: Wenn man dem Kind seinen Willen läßt, so weint es nit. So hat mir mein freier Wille gesagt. Josephus, der Jude, schreibt auch von den gelehrten, geistlichen Juden, den Einsiedlern, die man auf griechisch „Mönche", hebräisch „Pharisäer" nennt, daß sie alle Dinge der ewigen, unwiderstehlichen Ordnung Gottes unterworfen haben: wie Gott es schicke, müsse alles zugehen.

Der Meinung ist auch Plato, daß auch alle unsterblichen Götter von Natur und von ihnen selbst aus nichts, sondern auch vergänglich wie andere Dinge, dagegen allein durch den Willen Gottes unsterblich seien. Und die Stoiker halten dafür, daß unser Verstand gar nichts zum Verstehen dazutue, sondern nur mit sich umgehen lasse wie der Lehm durch den Hafner, wenn derselbige ein Häfelein daraus macht.

Und Plato hat bei der alten Welt den meisten Anhang gehabt, die ganze Welt hat ihn gleichsam für einen halben Gott geachtet, nochmals auch die alten Christen, besonders St. Dionysius, Origenes, St. Augustin und andere mehr haben ihn viel gelesen, auf seine Meinung die heilige Schrift und den Glauben bezogen dermaßen, daß sie ihn für heilig gehalten, auch also genannt haben.

Man hat da nit viel vom Aristoteles zu sagen gewußt. Seit gegen dreihundert Jahren nun haben die Bettelmönche und hohen Schulen erst den Aristoteles hervorgezogen, auf ihn mehr als auf die heilige, von Gott uns gesandte Schrift gehalten, haben ihm die Schlüssel dazu gegeben, haben gemeint, es könne keiner ein Theologus und Doctor der heiligen Schrift sein, der nit ein aristotelischer Heide sei. Und wenn das wahr ist, daß niemand ohne Aristoteles ein Theologus sein und die heilige Schrift verstehen kann, so ist keiner ein Theologus; denn sie verstehen nit ein Wort recht im Aristoteles, wie er es gemeint hat, können ihn noch nit recht nennen, haben ihn nie recht nennen können, haben ihn nie recht gehabt oder gelesen, verstehen weder Aristoteles noch die heilige Schrift, können in beiden nit ein Wort recht, wenn sie auch noch so viele große Kommentare und Glossen darüber geschrieben haben. Sie sind darüber uneins worden, hat immer einer anders denn der andere gesagt, hat sich ein jeglicher auf eine besondere Meinung und Manier verlegt dermaßen, daß einer an einem sein Leben lang zu lernen hat, nichts anderes lesen kann, nichts anderes versteht, die andern alle verachtet, mit ihnen zankt, streitet, kriegt, hadert, demnach sie also durcheinander wie die Haderkatzen zanken: einer ist ein Scotist, der andere ein Thomist, der dritte ein Albertist, der vierte ein Realist, der fünfte ein Occamist; der folgt dem Marsilio, der dem Tartaret nach, dieser dem Bricot; der ist ein Antiquist, der ein Modernus, der des alten, der des neuen Wegs; der geht allein mit Worten um, der andere mit dem, was durch die Worte bedeutet wird. Und es ist kein Aufhören nit. Sie raufen sich, sie schlagen sich drum, sind nimmer in der Sache eins, als wenn sie wider andere Leute Bündnisse machen und es sie nach dem Menschenblut dürstet, wie denn solche Gelehrte und Geistliche (oder wie ich sie recht und bei ihrem Namen nennen soll: Ungelehrte und Geistlose) überall der geistliche Poet König David in seinen Versen, Liedern und Reimen „viros sanguinum", das ist „Bluthunde", nennt.

Was Herzog Ludwig, nachmals Herzog Georg, desgleichen Herzog Albrecht und unser gnädiger Herr Herzog Wilhelm (der den Doctor Sebastian Ilsung und mich deshalb oft gen Ingolstadt geschickt hat) Mühe, Arbeit gehabt, Kosten darauf gelegt haben, damit sie die hohe Schule zu Ingolstadt in Einigkeit hielten, den alten Tand abtäten, auf die rechte Bahn brächten, weiß ich wohl, ist auch männiglich bekannt. Herzog Ludwig hat öffentlich vor seinen Räten gesagt: „Ich habe gemeint, ich wollte mir eine hohe Schule zu Ingolstadt stiften und zurichten, allda ich mir weise, vernünftige, gelehrte Leute auferziehen möchte, die mir, auch Land und Leuten raten und helfen könnten; aber ich sehe wohl, daß sie eher des Rates bedürfen denn wir, und daß es viel nötiger ist, daß man ihnen rate und helfe, als daß sie andern Leuten raten möchten."

Niemand versteht sie, sie verstehen auch selbst einander nit, es versteht keiner den andern, es gibt keiner dem andern etwas nach, sie haben sich nur Auszüge auf ihren guten Wahn und ihr Gutdünken gemacht: was ihnen und den alten Weibern geträumt hat und zur Nacht im Schlaf vorgekommen ist, haben sie hineingeschrieben, haben damit die ganze heilige Schrift, den ganzen Glauben, alle Künste, die ganze Philosophei bis zum Donat gefälscht, wie alles dessen ihre eigenen Bücher und Schriften gut Zeugnis geben. Der Alexander, Petrus Hispanus und der Meister von den Hohen

Sinnen sind ihre Abgötter gewesen, die so grob unverständig geschrieben haben, daß sie ihrer keiner verstanden hat, wenn ihrer hundert und noch viel mehr wären; es hat immer einer eine andere Meinung als der andere, und sie verstehen einander selbst auch nit. Es könnte einer kein besseres Werk tun, als er verbränne ihre Bücher alle auf einem Haufen. Doch sie nehmen selbst schon ab; Gott straft sie mit der Zeit schon, wie man es ihnen (andere und ich längst wohl vor dreißig Jahren und etliche noch länger) geweissagt hat. Sie haben immer nit davon lassen wollen, haben immer ihre Träume gepredigt, sich die Leute abgerichtet und dermaßen geschrieben, daß einer nit wissen kann, ob es teutsch, wälsch oder französisch sei: so grob, ungeschickt, unkundig sind sie in den Sprachen und unverständig in ihrem Wahn und Dünkel. Und sie haben die Welt also geplagt und beunruhigt; sie täten es noch gerne länger, wenn Gott es ihnen nur verhängte und zusähe. Sie haben alle Künste unterdrückt, niemanden, der ein rechter Gelehrter war, aufkommen lassen, ihren Hochmut getrieben mit Kaiser, Königen, Päpsten, Bischöfen, Fürsten und Herren, auch mit Christus und Unserer Frauen. Eustachius, Bonaventura, die alten Barfüßer setzen Unsere Frauen in die Erbsünde; so nehmen die jetzigen Barfüßer sie wieder heraus; herwider werfen die Predigermönche sie wieder hinein. Die Barfüßer haben Franciscum Christo gleichgemacht, wie Prediger Katharina von Hohen Sen. Und jetzo bei unseren Zeiten hätten sie sich unterstanden, einen armen Schneider Christo gleich zu machen und eine Wallfahrt zum heiligen Blut zu Bern in der Schweiz aufzurichten: aber sie griffen es zu ungeschickt an, die Sache fällt ihnen, es geriet ihnen ihr Anschlag nit, Gott wollte es nimmer leiden. So wollen die Karmeliten und weißen Brüder immer unseres Herren Vettern (gegen seinen Willen), seiner Mutter Brüder sein. Wieviel Büberei und Nichtsnutzigkeit, Stolz und Mutwillen zu meinen Zeiten und vorher auch zu Wien in Österreich die Prediger und Holzschuher angerichtet und getrieben haben wider die Künste und Gelehrten, Teutsche und Wälsche, so Kaiserliche Majestät dahin verordnet und gebracht hatte, ist mir gut bewußt, ich bin auch eines Teiles mit und dabei gewesen. Es müßte das kaiserliche Regiment in die Sache sehen und den Bettelmönchen öffentlich sagen: wenn sie nit nachlassen wollten, so würde man sie alle beim Kopf in die Türme

werfen und zum Lande hinausjagen. Sie hätten Sorge, ihr heiliger
Alexander käme ab, sie könnten nichts predigen als von den Poeten. Desgleichen brachten die Barfüßer zu Paris in Frankreich vom
Papst Sixto dem vierten und König Ludwig von Frankreich Brief
und Siegel zuwege, daß man keinen andern Doctor als ihren Scotum (so auf griechisch „Finsternis" heißt) zu Paris lesen, lernen
und halten sollte, wie bisher geschehen war. Da fuhren die andern
darein, fielen alle vom Scoto ab zum Wilhelm von Occam, so zu
München liegt und auch ein Barfüßer gewesen ist und wider obgenannten Scotum geschrieben, alle seine Lehre und Schrift verworfen hat. Ich schweige davon, daß sie noch heutigen Tages Epistel,
Evangelium, Hymnus, Sequenz, Psalm und andere dergleichen
Gesänge (so sie täglich in der Kirche brummen) falsch singen und
lesen, während sie doch auch wohl Weile hätten, daß sie es recht
lernten; sie wollen es aber alles können, in allen Dingen Recht haben, von jedermann wie ihre Väter ungestraft sein, lassen mit sich
nit davon reden. Wieviel Unglück, Zwietracht, Uneinigkeit, Büberei, Ränke und Tücken das Völklein alles untereinander angerichtet hat, das liest man in ihren Büchern; darum werden sie mit
Recht wohl und wahrlich überall von den Gelehrten und Verständigen in der griechischen Sprache genannt „ptochotyranni", das
ist, „die bettelnden Wüteriche". Was die ganze Welt nit vermag,
dessen dürfen sie sich unterstehen und es durchdrücken, wie denn
Kaiser Sigmund dereinst von ihnen gesagt hat. Da er seine Räte
um Rat fragte, wie man eine Mauer um die ganze Welt bauen
möchte, und sie ihm antworteten, es wäre ein unmögliches Ding,
sagte er: „Die Bettelmönche vermöchten es". Er hat sie auch in
seiner Reformation abgeschafft. Die ganze Welt kann und mag ihren Geiz nit erfüllen; denn (wie das griechische Sprichwort sagt)
der Bettelsack ist allzeit leer, hat keinen Boden nit, es kann ihn
niemand füllen. Die vor den Bettelmönchen dagewesen sind, haben gar nichts auf den Aristotelem gehalten, sind auch viel gelehrter und fleißiger gewesen, wie die alten Buchkammern und Libereien das bezeugen. Sie haben sich selbst ein gutes Gesetz gemacht, man darf ihnen nit einreden, muß sagen, was nur sie wollen. Bei den alten Christen ist eine andere Meinung gewesen; die
hätten solche Esel nit gelitten, die mit sich nit davon reden lassen

und in allen Sachen (daß man es auch greift, daß es Büberei ist) nit allein ungestraft, sondern auch unsträflich sein wollen.

Aus dem allen ist gut zu merken und abzunehmen, daß es der Wahrheit entspricht, was die gar alten Philosophen und Poeten schreiben: die Wahrheit liege in einem gar tiefen Brunnen vergraben und die Gerechtigkeit sei am Anfang der Welt gen Himmel geflogen (wie denn auch das teutsche Sprichwort sagt: „Treue ist zu Himmel"), darum, was der Mensch könne, halte, wisse, seine Kunst und Gerechtigkeit sei nur ein Schein und irriger Wahn, wie ihn diejenigen kosten, die das Fieber schüttelt. Es hat nit vergebens Plinius, der große, weiterfahrne Mann, geschrieben: „Nichts ist auf Erden armseliger als der Mensch und herwider nichts stolzer." Es sei Kaiser Nero, wer er wolle, gewesen, so hat er doch viel gewußt, viel gelesen und erfahren: der hat nit so gar unrecht geredet, daß alle Menschen im Herzen Buben und Schalke seien, es sei gar kein Unterschied, als daß einer den Schalk besser könne decken und verbergen als der andere.

Und damit ich gar von diesem Handel komme, lasse ich es bleiben bei dem Beschluß der alten Weisen, die sagen und sprechen, die Allergeschicktesten, Witzigsten, Gelehrtesten, Heiligsten seien die größten Narren und Buben, die am meisten Fürsten und Herren, Land und Leute, alle Welt betrügen (wie denn auch unser teutsches Sprichwort sagt: „Je gelehrter, je verkehrter"); der sei am gelehrtesten, der am besten wisse, daß er nichts könne, und der der Heiligste, der am meisten fühle und empfinde, daß nichts Gutes in ihm sei.

Von den Gelehrtesten dieser Zeit

Dieser Zeit lebten die zwei berühmtesten Künstler, wie bisher lange Zeit nit gewesen waren, Meister des Winkelhakens und dergleichen Künste. Archimedes in Sicilien bei den Königen Hiero und seinem Sohn Hieronymus hat mit seiner Kunst drei ganze Jahre die Hauptstadt Syracusa dem römischen Hauptmann Claudio Marcello gegenüber gehalten. Und Marcellus hätte ihn, als er die Stadt stürmte, gerne errettet; er ließ ein allgemeines Gebot unter den Knechten ausgeben, daß keiner dem Archimedes etwas tun sollte; sie sollten ihn lebendig einbringen. Aber es half nit; er ward von einem Knecht, der ihn nit kannte, im Sturm erstochen. Doch ließ ihn Marcellus ehrlich begraben und ein köstlich Grab bauen, darauf eine Kugel und den Himmel bauen. Hat viele überaus künstliche Dinge erfunden und beschrieben.

Desgleichen hat dieser Zeit getan Eratosthenes am kaiserlichen Hof zu Alexandria, der auch weiter etliche Bücher von den Teutschen und Baiern geschrieben hat. Aber solche köstliche, gute Bücher sind alle verloren worden aus großem Unfleiß der ungelehrten hohen Schulen, Mönche und Pfaffen, die nur ihrem Abgott, dem Bauch, dienen. Der Teufel läßt nit gern solche Bücher aufkommen, unterdrückt sie, wo er kann und mag, weil er von jeher die Wahrheit nit leiden mag; desgleichen den stolzen, geizigen (wie das Sprichwort sagt) Mönchen und Pfaffen tut es gar weh, daß man das Alte also hervorbringt; es will ihnen die Wahrheit nit so wohl in die Küche passen. Die alten heidnischen Philosophen sprechen, wo Geld und Gut, sei nimmermehr eine rechte Philosophei und Kunst; noch viel mehr: wo bei den Geistlichen Geld und Gut ist, da ist kein rechter Glaube noch Gottesdienst. Darum befahl Christus den Seinen, da er sie in die Welt sandte, daß sie weder Geld noch Gut, weder Beutel noch Tasche, weder Kolben noch Stecken mit sich tragen und bringen sollten. Es kann einer nimmermehr ein guter Theologus sein und die heilige Schrift recht verstehen, er sei denn der alten Geschichte wohl erfahren, wie solches auch beweisen die hochgelehrten Doctores der heiligen Schrift Johannes Annius, ein Wälscher und Predigerordens, und Heinrich von Hessen, ein Teutscher. Es hat solches der weiseste und nützlichste unter allen Fürsten der Christenheit (wie Egidius von Rom, der Erzbischof zu Bourges in Frankreich, und Cusa, der römische Kardinal, von ihm schreiben), Kaiser Friedrich der Andere, wohl angezeigt allen Königen und Fürsten, geistlichen und weltlichen, in die ganze Christenheit geschrieben, aber es ist niemandem zu Herzen gegangen.

Es haben auch damals Historien geschrieben zu Rom Caelius, Lucius Sisenna, Claudius Quadrigarius, Valerius Antias. Aber wir haben von diesen allen und anderen mehr die köstlichsten Bücher allesamt mit einander verloren aus Stolz, Geiz und Ungeschicklichkeit der ungelehrten Pfaffen und Mönche, wiewohl es ihnen nit behagt, daß man ihnen die Wahrheit sagt. Sie sind auch im

Grunde schuldig daran, daß jetzo die lateinischen Schulen alle zu grunde gehen, halten keinen redlichen, gelehrten, frommen, ehrbaren Mann nit, geben keinem nichts, tun den Schulen nur Abbruch, reißen, wie sie können und mögen, haben sich auch nur an das Nehmen gewöhnt, fürchten, es werde ihnen zerrinnen; führen auch dermaßen ein Leben, daß sie keinen ehrbaren, gelehrten Mann nit dulden mögen, haben gerne Narren und heillose Leute, die nichts wissen, nichts verstehen, zu aller Büberei helfen, zusehen und stillschweigen. Dieweil Teutschland gestanden ist, sind so vieler geschickter, gelehrter Leute nit gewesen: die müssen halbwegs schier verhungern. Die geistlichen, päpstlichen Rechte gebieten den Stiften und Geistlichen, daß sie gelehrte Leute halten, ihnen eine freie Pfründe geben sollen, damit sie mit dem Chor und Singen unbelästigt seien, aber der Schule und dem Lehren sich widmen mögen, wie denn der Predigerorden pflegt zu tun. Aber die Geistlichen sind so zu Werke gegangen: sie nehmen wohl den Nutzen, machen Ehre und Amt daraus, geben niemandem etwas davon; sie kommen nit in den Chor; denn sie haben Geld, und die armen Schüler, die nit ein Stück Brotes davon haben, verstehen es nit, tun es nit gern, sollten jenen ihren Lohn verdienen; da es ein Gottesdienst ist, sollten ihn billig die Geistlichen selber, die das Geld darum nehmen, ausrichten und desselbigen fleißiger sein. Man hat die Schule überaus versäumt mit dem Singen und viel guter Köpfe verderbt. Aristoteles, gar ein fleißiger Mann, hat von der Kinderzucht ein ganzes Buch geschrieben, will nit, daß man mit schwerem, besonderem Gesang die Kinder verderbe, auch mit allerlei Tonsingen. So nun Gott solchen Mord an den ungelehrten Pfaffen und Mönchen rächen will, schreien sie und wollen andere Leute in die Schuld werfen, fürchten, sie müßten zuletzt selbst singen in der Kirche, wozu sie denn berufen sind und wofür sie Geld nehmen. Wollten sie gerne gelehrte Leute haben und gerne Geld ausgeben, die die Jugend recht unterweisen, sie finden ihrer jetzo mehr denn nie nit; aber sie sind allen Künsten feind und keinem gelehrten, ehrbaren Mann nit hold. Ihr Tun und Lassen zeigt es genug an: wer es nit begreift, nit empfindet, ist ein Stock.
Ich bin aber ein Stück zu tief hineingeraten, weil ich sehe und merke, daß man nur die Unschuldigen für alle Mängel und Gebrechen der Welt beschuldigen will und Schutz und Schirm hält den Wich-

ten, die an allem Unglück schuldig sind und mit denen wir noch Unglück leiden müssen und nichts Gewisseres täglich zu gewärtigen haben als die große Ungnade und Strafe Gottes von ihretwegen, daß man ihnen ihre Büberei nit allein übersieht, sondern ihr auch hilft, sie beschützt und schirmt. Wem es nit gefällt, der lese es nit; ich schreibe Historien, muß die Wahrheit an das Licht und an den Tag hervorbringen. Alle Dinge in der Welt, Vieh und Leute nehmen ab, Früchte, Luft und Erdreich tragen nit mehr so viel, sind nit so fruchtbar als vor Zeiten, es verderben Land und Leute; allein die Bedrückung, Schinden und Schaben, Untreue mehrt sich.

Wie des gemeinen Mannes, des Adels und der Geschlechter Regiment und Freistaat, die Stände des Reiches abgetan sind worden zu Rom und im römischen Reich; wie die Verwaltung in die Hand einer einzigen Person und eines Hauptes, so man Kaiser nennt, gekommen sei

Da nun die ganze Welt durch Gerechtigkeit und Fleiß der Römer zu Frieden gebracht, alle Lande, Wasser und Leute überall ihnen offen und gehorsam waren, hub das Glück an sich zu verkehren und wieder scharf, hart, heftig zu sein...
Zum ersten wuchs im römischen Reich eigener Nutz, Liebe des Geldes und die Jagd nach demselbigen, wie es nun sein mochte; nachmals die Gier und Lust zu herrschen über andere, um Ämter (es wäre recht oder unrecht) Gewalt anzuwenden, derselbigen von selbst zu begehren, unberufen dazu. Wer viel hatte, den zog man am meisten hervor, verwendete ihn am meisten zu den Ämtern. Der schor dann seinen Weizen gar wohl, wollte reich werden, seine Geschenke wohl wieder hereinkommen sehen: das mußte alles der gemeine Mann bezahlen. Demnach, wer mehr hatte, der hatte auch mehr Ehre, Gewalt, Gunst, Ruhm und Förderung. Die Frömmigkeit, alle Ehrbarkeit, Gerechtigkeit und Tugend ließen nach; nichts können denn fromm sein (wie wir auch sprechen), Armut, an wenig sich bescheiden, nit nach Geld, nach Gut, Ehre, Gewalt Tag und Nacht sich reißen ward verachtet, man trieb nur das Gespötte daraus. Aus dem Reichtum, Gut und Geld erwuchs

Hochmut, Stolz, Hochfahrt, Neid, Haß, Krieg, Prassen, Schmausen, Saufen, Fressen, Trinken, Überfluß in Kleidern, Pracht im Bauen und anderem dergleichen, so man wohl geraten kann. Es wollte einer über den andern, keiner der Hinterste sein, einer es dem andern zuvortun; betrügen, lügen, hintergehen, allerlei Liste, Ränke und Tücken kamen in den Brauch. Es war nur Schindens und Schabens; wer viel ausgab, ausschenkte, hatte das meiste Ansehen, die meiste Macht. Dem armen Mann konnte man nit genug stets auflegen; er hatte gar von niemand Hilfe, keinen Trost, keine Rettung; wer nichts denn fromm sein konnte, war arm, mußte dahinten bleiben. Glauben und Trauen, Liebe, Gunst, Freundschaft gegen einander, Gottesfurcht, alle anderen guten Tugenden waren verkehrt, waren unwert; alle Dinge waren feil. Der meiste Teil der Menschen rechnete aus nach ihrem Nutz und Frommen, wie es ihnen denn dienstlich wäre und fromme, Feindschaft und Freundschaft; sie maßen alle Dinge nach eigenem Nutzen aus. Gute Worte und nichts dahinter, viel verheißen, wenig leisten war die Sitte. Das auswendig Erzeigen, mit Worten wohl sich Erbieten, freundlich sich Stellen war viel und wohlfeil; aber das Herz war, wie es mochte. Zwietracht, Uneinigkeit, Auflauf, Empörung, Hinterlist und Betrügerei, Verdrehung des Rechtes, Streit, Zank, Hader mehrten sich. An den Wahltagen, so man eine Versammlung hielt auf offenem Platz, ward ein Zanken und Reißen um die Ämter, geschahen viele Mordtaten, jagte einer den andern im Harnisch mit bewehrter und gewappneter Hand hinweg von dem Markt und von der Schranne, sie schlugen und warfen einander von der Bühne, so man an solchen Wahltagen aufmachte. Wer mehr vermochte, der tat mehr, hatte mehr geistliches und weltliches Recht; was Gott, was die Menschen antraf, ward alles durcheinander vergaukelt und vermischt, jedermann schaute auf seinen Vorteil, suchte sein eigen Lob, Ehre, Lust, Nutz, Macht, Gewalt. Es ging halt alles wie der gemähte Haber durcheinander, wie denn gemeiniglich geschieht, wo die unverständige, unbeständige, närrische Gemeinde, die zu allem Ding, wenn es nur einen Schein hat, zu überreden ist, regiert oder die großen Hansen herrschen und Wenige das Fähnlein führen. Also ging es dieser Zeit zu Rom zu. Es gab viel krumme Köpfe, viel Hirn und Sinn, einer wollte da, der andere dort hinaus; in dem waren sie aber alle eins, daß ein jeder sich selbst mehr denn seinen Nächsten bedachte; einem jeglichen war das Hemd näher denn der Rock. Da war kein Zweifel daran, daß das römische Reich nun nimmermehr in ein gutes, löbliches Wesen, in Ruhe und zu Frieden gestellt, in Einigkeit zusammengebracht werden mochte und konnte, es würde denn durch ein einiges Haupt und Verwalter wie der Leib durch eine einige Seele regiert.

Und dieweil ich an das römische Kaisertum gekommen bin und dasselbige jetzo bei den Teutschen ist, wie die Zeit es mit sich bringt, will ich auf das kürzeste mit wenigen Worten den Anfang und das Herkommen des römischen Reiches und Kaisertums im nachfolgenden Buch überlaufen: wie es angehoben hat, durch wen es gewachsen sei, wie nachmals die Gerechtigkeit und gute Ordnung nachgelassen habe und gealtert sei und jetzo auf dem letzten Gras bei den Teutschen gehe und in jene Welt ziehe; es ist nun nit mehr denn ein Schatten an der Wand und ein bloßer, unnützer Name. Wir sind blind und gar verstockt, fallen von einer Sünde in die andere: es fällt mit uns das heilige römische Reich, es grünt je länger, je weniger, bis es doch gar wird ausdorren.

Hie endet sich das erste Buch der Baierischen Chroniken, geteutscht durch Johannsen Aventinum aus Befehl meiner gnädigen Herren, Herzog Wilhelm und Ludwig, zu Abensberg am Sonntag vor dem neuen Jahr am dreißigsten Tag des Christmonats im Jahr nach Christi Geburt 1527.

Das andere Buch
der Baierischen Chroniken, geteutscht und gemacht durch Johannsen Aventinum von Abensberg
… Der fünfte Krieg der Teutschen am Rhein mit Kaiser Augusto und die größte Schlacht und Schädigung, die Augustus empfangen hat; wie Herzog Erman (aus dem Herzogtum jetzo Braunschweig) Teutschland befreit hat vom römischen wälschen Reich

Zu derselbigen Zeit, dieweil also gegen Aufgang der Sonne um die Donau, Drau und Sau das römische Reich härtiglich bekriegt ward, setzte Kaiser Augustus unten an den Rhein bis an die Elbe den Teutschen (so wohl überwunden, aber noch nit gar unterworfen waren) einen Hauptmann, genannt Quintilius Varus, der nahm Miete und Gabe, war stolz, eigennützig, geil und unverschämt mit den Weibsbildern; das mochten die Teutschen, so sonst zu Kriegen Lust hatten und derselbigen sich sonst freuten, nit leiden noch dulden. Etliche Fürsten und Herren, nämlich Herr Leybs, der Hessen Bischof, Herr Sigmund, ein Sohn Sigengasts, der Sachsen zwischen der Weser und Elbe im Herzogtum Braunschweig Seelsorger, Wermair, ein Hesse, Egkmär, sein Sohn, Sestacker aus Sachsen zwischen der Elbe und Weser, Pferdreiter, ein Bruder Herzogs Milo, mit seinem Sohn Dietrich aus der westfälischen Landschaft machten heimlich einen Bund zusammen, schwuren einen Eid zusammen wider die Römer, wollten ihre Heimat und Vaterland, alle Teutschen vom römischen Reich wieder erledigen; warfen zu einem Hauptmann auf Herzog Erman, so ein Sohn Herzog Sigmairs und aus dem Herzogtum, jetzo Braunschweig genannt, gebürtig war. Sigengast, der Schwiegervater Herzog Ermans, und Blaw, des jetztgenannten Erman leiblicher Bruder, hielten es mit den Römern, entdeckten die Sachen alle Varo, dem römischen Hauptmann, und warnten ihn. Da er aber solche treuliche Warnung verachtete, flohen sie aus Teutschland über den Rhein in das römische Reich.
Aber Quintilius Varus, der oberste römische Feld- und Landeshauptmann, tröstete sich seiner Macht, hatte viel Volkes und die

besten Krieger zu Roß und zu Fuß, so damals unter der Sonne in der ganzen Welt waren, verachtete die Teutschen, hielt sie für grobe, unvernünftige Tiere; saß zu Gericht an öffentlicher Schranne, ließ vor Gericht bieten und vor sich bringen, allda sich zu verantworten, wie Recht wäre, obgenannte Herren, die verdächtigt und ihm angezeigt waren. Da fuhren die Teutschen zu mitsamt ihrem Herzog und Hauptmann Erman, griffen zu der Wehr, sprangen plötzlich an allen Orten im Harnisch herfür, überfielen allenthalben die Römer, stachen sie, schlugen sie nieder zu Boden, erwürgten, was ihnen Widerstand tat. Die Römer, so davonkommen mochten, eilten in ihre Wagenburg und Lager; die Teutschen eilten auch nach. Ihr Hauptmann und Herzog Erman hieb allen Römern, die erschlagen waren, die Köpfe ab, ließ sie allenthalben auf den Zaun, der um das römische Lager ging, stecken, machte ein großes Grauen und Schrecken den andern Römern; stürmte darnach, gewann und plünderte die Wagenburg, erschlug bei einundzwanzigtausend Römer zu Fuß und zu Roß mit allen ihren Helfern, mitsambt allen unteren und oberen Hauptleuten, Waibeln und dergleichen Amtleuten, vertilgte den römischen Namen in Teutschland.

Links: Bild des sächsischen Fürsten Arminius, „den man nennt Herman"; rechts Wandalus, der „in Welschland mit den Römern kriegt, inen großen Schaden zufügt"

Und die Schlacht ist geschehen im Herzogtum Cleve bei der Stadt und dem Forst Duisburg, auf oberländisch Teutzburg; ist vor Zeiten eine Reichsstadt, allda auch Frankfurter Messe gewesen. Kaiser Rudolf hat sie mitsamt Deventer dem Grafen Dietrich von Cleve versetzt und gegeben. Man sagt es noch heutigen Tages, daß daselbst eine große Schlacht gewesen sein solle.

Und diesen großen Schaden von den Teutschen und Herzog Erman hat empfangen der allermächtigste und glückseligste Kaiser Augustus am vierten Tag im Augustmonat, welchen die römischen Bischöfe und Geistlichen für einen unglückhaftigen, verworfenen, gebannten Tag in den römischen Kalender geschrieben haben, daß sich zu ewigen Zeiten das römische Reich und die Kaiser davor hüten, gar nichts an ihm handeln sollten, weder im Frieden noch im Krieg.

Und in obgemeldter Schlacht war ein jämmerliches, erbärmliches, vielgestaltiges Würgen in den Wäldern und Mösern, dahin sich denn die flüchtigen Römer und Wälschen versteckt hatten. Den Rednern, Anwälten und Galgenpredigern ward greulich mitgespielt: einem brach man die Augen, dem andern stach man sie aus, jenem hieb man die Hand ab, diesem das Haupt; eines Anwalts Kopf nahm ein Teutscher in die Hand, schnitt ihm die Zunge in dem Nacken heraus und sagte: „Nun, du Vipernatter, höre nun auf zu wispeln!" Des römischen Reiches, der Stadt Rom, des Kaisers gewaltige Fahnen und köstliche Adler mitsamt andern Fetzen, Fähnlein, Panieren kamen in der Teutschen Hände; die Teutschen eroberten sie, hängten sie zu einem ewigen Gedächtnis auf in ihren heiligen, geweihten Wäldern. Also ward mit dieser Schlacht Groß-Teutschland erledigt von der Gewalt der Wälschen und Römer, und das römische Reich und Kaisertum, so sich bis an das teutsche Meer und die offene See nun erstreckt hatte und immer noch weiter dachte und täglich trachtete, mußte fortan am Gestade des Rheines enden und allda stillestehn, nit fürder nun mehr in große teutsche Lande denken.

Dieses ist der kräftigste, schwerste und größte Schaden und die grausamste Niederlage gewesen, die je das römische Volk erlitten hat; denn das unter allen Kriegsleuten gar miteinander allermännlichste, stärkste Heer, an Ordnung, Zucht, Geschicklichkeit, Übung und Erfahrung mit der Tat und Hand und Anschlägen alles andere römische Kriegsvolk übertreffend, ist wie das Vieh gar mit einander ungerochen darniedergeschlagen und erwürgt und abgestochen worden, daß keiner davon ist kommen. Das schreibt selbst Paterculus, derselbigen Zeit römischer Hauptmann.

Weiter mehrgenannter Herzog Erman (wie denn Tacitus der Römer von ihm sagt) ist ohne allen Zweifel (soll auch also dafür gehalten, von jedermann dafür geachtet, von männiglich genannt werden) ein Befreier Germaniens und teutscher Nation, der nit im Anfang, da es noch klein und schwach war, das römische Volk, Reich und Kaisertum wie andere Könige, Fürsten und Herren, sondern da es am allermächtigsten und glückseligsten gewesen ist, angegriffen und bekriegt hat. Wiewohl er in den Schlachten, die er hernach mit den Römern gehabt hat, bald ob- bald unterlegen ist, ist er doch nie im Streit überwunden und des Krieges müde worden, hat zwölf Jahre unmittelbar nacheinander mit großen Ehren und Macht den Krieg wider die Römer geführt und vollstreckt bis an sein Ende; er ist im siebenunddreißigsten Jahre seines Alters, im zwölften seiner Gewalt von dieser Welt abgeschieden. Es singen und sagen noch von ihm die Teutschen und andere grobe, unwissende, dem römischen Reiche widerwärtige Leute (den griechischen Historien, die allein ihre Sachen groß achten, ist er unbekannt, in den römischen Chroniken nit so gar wohl berühmt), dieweil wir gemeiniglich der neuen Dinge unfleißig sind, nur das Alte ans Licht hervorziehen, demselben fleißiger nachfragen; es gefällt uns besser.

Da diese traurige, leidige, böse neue Mär verkündet wurde und die Botschaft gen Rom kam, schuf Kaiser Augustus, daß man durch die ganze Stadt Rom auf allen Gassen überall allenthalben auf der Mauer Wacht haben sollte, damit kein Aufruhr oder Auflauf wegen der großen Verluste entstünde; er verlängerte weiter allen Landeshauptleuten (wider das römische Recht und alten Brauch) ihre Gewalt, damit Land und Leute, die zum römischen Reich gehörten, von den Hauptleuten (deren nun Land und Leute gewohnt wären, die auch wüßten und daneben erfahren hätten alle Angelegenheiten der Gegenden und der Menschen Bräuche und Sitten) im Gehorsam des römischen Reiches erhalten würden. Über das alles gelobte Kaiser Augustus Ochsen mit vergüldeten Hörnern und (wie damals der Brauch war) große Fasnachts- und Osterspiele oder, wie man sie nennen soll, die höchsten Opfer dem höchsten Gott des Himmels und Erdreichs (so in der römischen Sprache Jupiter, das ist der große Vater und Nothelfer, heißt), wenn er mit seiner göttlichen Macht und Gnade das römische Reich in einen glückseligen Stand und Wesen wieder brächte. Denn Kaiser Augustus war ob dieser Schlacht also erschrocken, daß er etliche Monate nacheinander Haar und Bart wachsen ließ, zu Zeiten den Kopf wider die Türe stieß, mit dem Haupt dagegen lief und schrie: „Ach, Quintili Vare, gib mir mein ausgeklaubtes, frommes Kriegsvolk wieder!" Er hat auch jährlich den Tag, an dem die Schlacht geschehen ist, in Traurigkeit und Klagen begangen und diesem Schaden einen Jahrtag gestiftet.

Eine Beschreibung des alten römischen Reiches

Es muß alles zergehen und zerschmelzen gleichwie der Schnee, dieweil also das alte heilige römische Reich – so das mächtigste in aller Welt unter der Sonnen und, wie Livius schreibt, das gewaltigste an Macht am nächsten nach Gott dem Allmächtigen gewesen, dermaßen, daß jedermann dafürgehalten habe, es sollte in Ewigkeit beständig sein, nimmermehr zergehen mögen – heftig geschwächt und beinahe ganz und gar ausgerottet und untergegangen ist. Wir sehen, hören und greifen es täglich (wenn anders wir nit gar verstockt und blind sind), wie das edle Italien und Wälschland jetzt das armseligste und unglückhaftigste Land ist, das dereinst des allerunüberwindlichsten Volkes, so die ganze Welt bezwungen hat, Erzieherin und Gebärerin, eine Mutter und Heimat aller Menschen gewesen ist. Nun muß es wieder mit der Haut bezahlen, daß es einst die ganze Welt mit Gewalt angetastet, mit wehrender Hand überrumpelt und genötigt hat; und hat es noch nit gar gebüßt und abgetragen, muß noch darum gestraft werden. Es schlagen und raufen sich täglich, lange Zeit, etliche viel hundert Jahre nun her hart darum, teilen es, tragen es mit den Fäusten und Klingen aus der Papst, der Kaiser, Teutsche, Franzosen, Hispanier. Es will ein jeder eine Feder von der Gans haben. Gleichwie um einen Boden zweifelhaften Besitzes, um jedermann freies, lediges, verlassenes Gut und gemeine fahrende Habe, so noch niemand eingezogen hat, reißen sie sich darum; je nachdem ein jeglicher dem andern vorkommt, besser vermag, überhand angewinnt, fällt er darein, zerfleischt es, zieht es an sich, zwackt es, zerreißt es, verwüstet es, verheert es, verödet es.

Ariovist „zu des Kaisers Julius Zeiten, von dem er auch vil Kampffs erlitten, offt für die teutsche Freyheit gstritten"

Von der Verfolgung der Christenheit, von den Heiden geschehen

Nachdem ich aber an der Christen Verfolgung gekommen bin und wie sie ihr Blut vergossen haben und gemartert worden sind, reimt es sich wohl zu diesem Werke, daß ich mit wenigen Worten den Anfang unseres Glaubens anzeige, damit wir eben wohl verstehen mögen, wie fern und weit wir nun von dem Leben, Sitten, Bräuchen und altem Herkommen unserer Vorvordern abgefallen und abgewichen sind.

Fürwahr, entweder der Spruch Plinii oder St. Hieronymi muß wahr sein. Plinius spricht, es liege viel daran, zu welcher Zeit einer geboren werde; denn was zu einer Zeit eine Tugend, sei zu der andern Zeit eine Bosheit. Aber der heilige Hieronymus sagt anders, er spricht: Nachdem das römische Reich und die Kaiser den christlichen Glauben aufgenommen, habe wohl die Christenheit an Mächtigkeit, Gewalt und Reichtum zugenommen, aber an Tugenden und geistlichen Eigenschaften merklich abgenommen; ja die Christen hätten sich an zeitlichen Gütern wohl vermehrt und gebessert, aber in göttlicher Begnadung und in geistlichen Tugenden gemindert.

Der heilige St. Paulus ermahnet, warnet und lehret uns, wie alle die, so ein recht göttliches, christliches Leben führen und gute Christen sein wollen, viel leiden müssen in dieser Welt. Denn dieselbigen müssen allein an Christo hängen und ihres Nächsten Not bei der ihren bedenken, alle andern Dinge fahren lassen, allein auf Christum ihren Trost, Zuversicht und Hoffnung setzen als den alleinigen regierenden Herren und Nothelfer und Seligmacher, der in ihren größten Nöten helfen möge und wolle.

Das mögen die heiligen geistlichen Väter dieser Welt nit leiden. Sie wollen auch des Himmels und der Hölle gewaltig sein, wollen, daß man von ihnen Gnade und Ablaß löse, die Seligkeit und ihre guten Werke (Fasten und Beten, hart Liegen, Messe Lesen) kaufe, ihre angenommene Weise, Kleidung und Läuse auch für heilig halte, oder es müßte einer der ärgste Ketzer sein. Gleichwohl hat das päpstliche geistliche Recht selbst auch bekannt und einst beschlossen, es sei keiner darum kein Ketzer nit, ob er schon glaubt und sagt, der Barfüßer-Orden sei dem Evangelio nit gemäß. Denn dieses Völklein weiß um keine Armut gar nit, bedenkt der Armen Not mit nichten nit, hat kein Mitleid mit dem armen, gemeinen Christenmenschen; es muß ihnen überall nach der Ziffer, nach ihrem Vorsatz und Rechnung gehen; sie mögen nichts leiden, wollen um niemand nichts geben, verachten auch selbst einander, es will immer einer besser denn der andere sein, sie heißen sich selbst einander Buben, haben große Freiheiten von ihren Päpsten erlangt und gekauft, heißen es „mare magnum" ganz wohl recht, das ist das große, wilde, wütende Meer, darin sie, wenn sie es nur möchten und könnten (wie Albertus Cranz, einst Dechant zu Hamburg, in seinen Chroniken, die jetzo erst zu Köln unter dem Namen unseres allergnädigsten Herren Kaiser Karls des Fünften ausgegangen sind, bezeugt), die ganze Christenheit ertränken würden.

Christus, unser Heiland und Seligmacher, befahl seinen Schülern, wenn sie in eine Stadt kämen, so sollten sie zuvor umsehen: wo ein gutes Völklein in der Stadt des göttlichen Friedens begierig wäre, da sollten sie einkehren, vorlieb nehmen und das, was sie hätten, was man ihnen vortrüge, essen und trinken und sich begnügen lassen, nit aus demselbigen Haus kommen, bis sie wieder wegzögen, sollten nit von einem Haus zu dem andern herumziehen wie die gestutzten Hunde, wie das gemeine Sprichwort sagt. Weiter sagt unser Erlöser und spricht, er wolle das Schwert, Mühe und Arbeit in dieser Zeit und nit Frieden in die Welt senden; so wenig hat er uns Mächtigkeit, Ehre, Glückseligkeit und große Würde dieser vergänglichen Welt verheißen.

Die nackten, bloßen, armen, von jedermann verlassenen Leute vermögen kaum die schwere Bürde der Wahrheit (die die Poeten eine grobe Bäuerin heißen) zu tragen und leiden, geschweige denn daß die, so mit Reichtum, Gewalt, Ehre und Würde voran beladen sind, die Wahrheit dulden und tragen mögen. Wie auch die gelehrten Heiden bezeugen, so machen Reichtum und Gewalt wohl viele Schalke, aber niemand frömmer. Und bei den Teutschen ist ein gar altes Sprichwort: „Kein Geld macht keinen Schalk nit fromm". Es beweist es auch Aristoteles, daß alle Menschen, sie seien, wer sie wollen, wo sie ihre Ursache und Gelegenheit zu sündigen haben, so sündigen sie. Daher auch Christus zeitliche Ehre, Würde und Güter dieser Welt Dornen heißt, darinnen die göttliche Gnade ersticke. Von dessen allen wegen sind Viele gewesen, die wohl bekannt haben, der christliche Glaube sei wohl an sich selbst wahr, aber er diene nit, sei nit für Kriegsleute, Fürsten und Herren, es könnten und möchten ihn die, die Amtleute sein wollten, nit halten, er tauge ihnen nit. Der Meinung sind auch etliche alte christliche Lehrer gewesen, und mit diesem Fragestück bekümmerte sich sehr St. Augustin, dieselbigen zu rechtfertigen. Aber Christus gibt gar eine kurze, verborgene Antwort darauf: Bei dem Menschen sei es unmöglich, aber bei Gott wohl und ganz möglich. Der mag ganz wohl einem Fürsten, wie er dem König David getan hat, viele und größere Gnade mitteilen als nirgends keinem Kartäuser nit und dem, der die Sünde von Herzen bekennt und den Arzt anruft, seine Schwachheit und Blödigkeit eher vergeben als einem geistlichen Vater, der hart liegt, alle Tage fastet und betet, meint, er habe viel guter Werke, sei gesund, bedürfe keines Arztes nit, wie denn mit dem offenen Sünder und dem heiligen Vater, dem

Spielmann oder Himmelreicher im Gotteshaus zu Jerusalem geschehen ist. Denn Christus ist darum in diese Welt gekommen, heißt darum Jesus, das ist der Heilmacher. Und Christus ist der gesalbte König und Priester, der mag und will die Sünder berufen, die Kranken gesund machen, den Armen, Elenden aus Nöten helfen und allzeit vor Gott ihr Verteidiger, Mittler und Fürsprecher sein, wie er denn um ihrer Sünde willen sein Blut vergossen hat.

Eusebius, der Bischof, Lactantius, der beredteste Christ und Lehrmeister der Söhne Kaiser Constantini des Großen, und andere hochgelehrte alte Christen mehr, so von unseren Sachen fleißig geschrieben haben, bekennen, daß die Bischöfe und solche Geistliche, die in der Christenheit den Vorrang haben wollen, die meiste Ursache gewesen seien der großen Verfolgung der Christenheit, so durch die Heiden geschehen ist... Wie soll es nun zugehen, was soll man von unserem Brauch und unserer Zeit sagen, wo (wie das gemeine Sprichwort bei uns geht) die Gerechtigkeit Not leidet, die Treue gen Himmel gefahren ist und der Glaube auf Stelzen geht und unsere Hüter nit allein nit wachen, sondern auch, wiewohl bedeckt mit Schafshäuten, Wölfe sind, die Schafe selber fressen, mit großen Mißbräuchen, bösem Leben verwunden und umbringen, die Sünde der Menschen trinken und fressen? Wenn das Haupt schwach ist, sprechen unsere Bauern, sind alle Glieder krank... Solcher aller obgenannter geistlicher Väter Leben hat auch den alten Römern Grund und Ursache gegeben, den verständigen, gelehrten, ungläubigen Heiden, Griechen und Römern, daß sie glaubten, der gemeine, arme Christ wäre auch so, es wäre das Vieh wie der Stall, der Konvent wie der Abt. Ein nissig Haar macht einen lausigen Kopf, gleich wie jetzo bei unseren Zeiten.

Wie kann ein verständiger ehrbarer Mann, der nit ein geborener Christ ist, wenn er unseren geistlichen Stand sieht, sich etwas Gutes von uns denken? Kann er anderes bemerken, als daß es lauter Büberei mit uns sei, dieweil wir solche Geistliche haben, die weder Heiden noch Juden noch Türken gutheißen und leiden können. Ich will von der gemeinen Geistlichkeit schweigen, die ein rauhes, böses, mutwilliges, freches Leben öffentlich wider alle Vernunft und Natur führt; niemand straft sie darum. Ich rede von denen, die (wie sie selbst malen in ihren Kirchen und in ihren Büchern sich rühmen) Säulen der Christenheit sein wollen und meinen, wenn sie nit wären, wäre die christliche Kirche längst unter-gegangen. Wenn anders ein Verständiger oder Gelehrter dieser Leute Schreien in der Kirche hört, ihre Schriften liest, ihren Wandel sieht, kann er nit anders annehmen und bemerken, als daß der meiste Teil stolze, ungelehrte, blutgierige, unduldsame, unleid-liche, geizige, abergläubische Leute seien, Gesellen der Reichen, sie seien Wucherer, Räuber, Diebe, Mörder, öffentliche Ehebre-cher; es gilt ihnen alles gleich, wenn nur der heilige Bauch das Sei-ne davorbringt.

Wie Jerusalem abgewonnen ist worden den Juden

Der allmächtige, gütige Vater warnte das armselige Volk wohl vierzig Jahre vorher mit manchem Wunderzeichen im Himmel, in Lüften, auf Erden, im Wasser, aber sie nahmen's nit wahr, es ging ihnen nit zu Herzen. Er strafte sie mit Hunger, Krieg, Pestilenz, Zwietracht, schickte ihnen auch Leute, die sie vor dem künftigen Zorn Gottes warnten. Aber da half gar nichts wie an allen, die gar verstockt, gar verzweifelt sind; sie kehrten sich an nichts nit.
Man hat's dem Papst und Kardinälen und anderen Geistlichen der Stadt Rom lange Zeit her gesagt, ihre Büberei werde auf die Dauer keinen Bestand haben. Es schreibt St. Bernhard früher lange Zeit wider sie, desgleichen St. Brigitta, die teutsche Sibylle; nachmals bei unseren Großvätern Laurentius Valla, der Kardinal Cusa, Jo-hannes Gerson und Meister Hanns Liechtenberger und viele ande-re mehr, auch Kaiser Maximilian und der jetzige Kaiser Karl der Fünfte, sein Enkel, und zu unseren Zeiten die ganze Welt, auch die Allergelehrtesten der Welt, Wälsche, Teutsche, Franzosen (ich schweige von den alten Kaisern und Königen), die mit ihren Schriften, so noch vorhanden und eines Teils im Druck ausgegan-gen sind, die ganze Christenheit vor obgenanntem Völklein ge-warnet haben. Es sind überaus seltsame Wunder geschehen, nie-mand hat sie beachtet, bis doch Rom diese Zeit, da ich dies schrei-be, unversehener Sache von wenigen Teutschen und anderem kai-serlichen Volk, was unglaublich ist, überfallen und von Stund an gewonnen, in Not und Sturm alles geplündert worden ist. Es sind Papst und Kardinäle gefangen, Kirchen und Klöster entheiligt und beraubt, Mönche, Pfaffen, Nonnen gebrandschatzt, Jungfrauen

genotzüchtigt, Witwen und Eheweiber entehrt worden, und andere unglaubliche jämmerliche Plage ist über Rom ergangen. Das alles ist wohl zu Herzen zu nehmen und zu erbarmen, wiewohl es
gar niemand achtet und kein Mitleid damit hat. Aber ist es an das
Haupt gekommen, wird es über die Glieder auch gehen. Der aller-
christlichste König ist schimpflich darniedergelegen und von den
Teutschen gefangen worden. Er hat mitsamt dem Papst lange Zeit
alle Kriege in der Christenheit angerichtet und sich unterstanden,
das ganze römische Reich, das Kaisertum, die teutsche Nation zu
drücken und zu verderben. Jetzt zahlt sie Gott bei dem Brett, den
christlichsten König und den heiligsten Vater, die alle beide die
Vordersten haben wollen sein. Aber geht es also den Häuptern,
schauen die Glieder auch auf; wird man sich nit bessern, wird es
an die Glieder auch kommen. Man will alle Dinge nur mit Kir-
chengehn und Messelesen ausrichten und tut doch dieweil nit einen Mißbrauch, nit eine Beschwernis ab, dadurch Gott also er-
zürnt ist. Es geschehen seit Kaiser Maximilians Tod her so große
Wunder, so große Veränderungen, daß es, so man's wird aufschreiben, die Nachkommen, wenn anders die Welt so lange steht,
nit glauben werden; und wir jetzo, auch gleich wie die Juden zu
Jerusalem, glauben's nit, fragen nit ein Härlein darnach.
Es ist der beste Kriegsmann in teutschem Lande gar leicht wohl
dreimal von seinem Fürstentum verjagt worden, desgleichen der
König von Dänemark, Schweden, Norwegen mit seiner Hausfrauen, des Kaisers Schwester, haben beide im Elend und großer
Armut sterben müssen. Die allerritterlichsten Franken sind vom
Bund mit Krieg überzogen und niedergeworfen worden. So hat
sich ein schlichter Edelmann, Franz von Sicking, unterstanden,
zwei Kurfürsten, den Pfalzgrafen am Rhein, den Bischof von
Trier, den Landgrafen von Hessen zu bekriegen und hat viel Mutwillens am Rhein lange Zeit getrieben. Die Bauern sind in Schwaben, am Rhein, im Elsaß, in Franken, in Sachsen, zu Salzburg
zweimal aufgestanden, auch im Bistum Eichstätt, haben Städte
eingenommen, Grafen mit ihnen zu ziehen gezwungen, Schlösser
und Klöster geplündert und verbrannt; haben es einen ganzen
Sommer getrieben, bis man sie zur Ruhe gebracht hat. So ist der
christlichste König von Frankreich gefangen nach Hispanien geführt worden, hat seine Söhne verpfändet, damit er sich löste, und

sich viel zu leisten erboten, dessen er sich jetzt weigert nach der Franzosen Art, die lange Zeit her den Kaisern und der teutschen Nation nie einen Glauben gehalten haben. Es hat auch der Türke Rhodus und Griechisch-Weißenburg den Christen abgedrungen, voriges Jahr das Ungarland überzogen, den König erschlagen, Ofen, die Hauptstadt, eingenommen und das ganz geplündert. Heuer in diesem Jahr sind große Wunderwerke in unserem Lande geschehen: der Wallersee, nit weit von Mondsee und unterhalb Salzburg, hat blutfarbige Streifen gehabt, sind nachmals zu einer Kugel worden und gen Boden gefallen; wenn man's zum Feuer gesetzt hat, ist's wie ein schwarzes, gestocktes Blut geworden. So ist Rom im April, wie oben angezeigt, von den Kaiserlichen gewonnen worden. Noch kehrt sich niemand daran, gleichwie die Juden zu Jerusalem. Da nichts an ihnen wollte helfen, wurden sie zuletzt bezwungen, kamen in der Römer, ihrer Feinde, Hand.

Von dem Tod Kaiser Trajani

Ist gar ein frommer Fürst gewesen, hat alle gute Tugend, so man einem Herren wünschen kann, an sich gehabt: im Frieden gerecht, im Kriege männlich. Von seiner Tugend wegen ist er der allerbeste und frömmste Fürst genannt worden; seine Tüchtigkeit hat man hinfüran allen Kaisern mit öffentlichem Geschrei (wie noch der Wälschen Gewohnheit ist) gewünscht. Wenn ein Kaiser erwählt ward, ein- oder ausritt, schrieen Rat und Gemein, Edel und Unedel, Arm und Reich, Laien und Pfaffen, Geistlich und Weltlich: „Glücklicher denn Augustus, besser denn Trajanus!" Er war der erste ausländische Kaiser, weil er nit aus Italien oder von Rom, sondern aus Hispanien gebürtig gewesen ist, dessen König Karl, Kaiser Maximilians Enkel, in den Tagen, da ich das zu Latein geschrieben habe, von den teutschen Kurfürsten zum römischen Kaiser erkoren ward. Gott der Allmächtige und Christus, aller Dinge ein gewaltiger Herr, wolle ihm wohl und gebe, daß er besser denn Trajanus sei, damit er dem zerrissenen heiligen römischen Reich, das in großem Verfall ist, wieder aufhelfe!

Wie man alle alten römischen Kaiser in den Himmel gesetzt und kanonisiert hat

Ich hab' nit der Muße, daß ich mich genug verwundere, daß der römische weise und witzige Rat und Regiment so große Narren gewesen sind, daß sie gemeint haben, sie vermöchten die Gottheit, die sie selbst nit gehabt haben, zu geben, und daß man solche Stockesel gefunden hat, die geglaubt haben, der Himmel werde durch solche Fasnachtsspiele und Possen aufgesperrt...

Von den Räten, Hofgesind und Amtleuten des Kaisers Alexander Severus

Wenn er Hauptleute, Rentmeister und andere Amtleute aufnehmen wollte, so schrieb er ihre Namen auf, sammlete eine ganze Gemeinde, hielt solches dem Volk vor, fragte umher und ermahnte das Volk, ob sie nichts Übles von deren einem wüßten, sollten solches glaublich anzeigen; doch wenn einer auf einen etwas lüge, sollte er's mit der Haut bezahlen. Er sprach, es wäre ein spöttlich Ding, daß dasjenige nit geschehen sollte mit den Hauptleuten, denen Land und Leute, Leib, Ehre und Gut der Menschen befohlen würden, was die Christen mit ihren Pfaffen zu tun pflegten.

Dieser Brauch, die Priesterschaft zu erwählen, ist jetzo bei uns gar abgegangen, es wird nit ein Schatten mehr davon öffentlich gemeldet, wiewohl davon noch in den alten Buchkammern, Briefen und dergleichen Schriften genug Anzeige vorhanden ist und auch gute Urkund und Zeugnis noch heutigen Tages gibt der Weihbischof mit seinen Fragen, so er weiht und Zeugnis begehrt: „Sunt digni? sunt iusti? sind sie würdig, fromm, gerecht?" Aber es ist niemand da, der rechtes Zeugnis gäbe. Ehrlose, die öffentlich bösen Ruf haben, ungebildete junge Leute, die zu nichts nutze sind, zu keiner anderen Sache taugen, von sich selbst aus, ungefordert von den Menschen, von Gott, wider die Ordnung, wider löblichen Brauch unserer Vorvordern und des Glaubens laufen zu, haufenweise wie der Schnee, lassen sich weihen, schmieren und mit Öl tränken. Wird aber einer verworfen, eilt er zuhand gen Rom, allda die heiligen, geistlichen Väter ihre Eseltreiber, Köche und die Alleruntüchtigsten, so Teutschland unwürdig schätzt und wiegt und von dem Altar verjagt und vertreibt, zu Priestern machen, nit ohne große Schmach, Unehre und Schaden der Frommen, die auch dadurch verachtet werden, von welches wegen nun der Name „Pfaff" ein unehrliches und Schmäh-Wort worden ist. Deren eines muß sein: entweder die heiligen, geistlichen Väter halten nichts vom Glauben, sind mit sich selbst nit wohl daran oder sie treiben mit dem gemeinen Mann Gespött und Schindluder, halten andere für Narren. Das Werk zeigt den Meister an, am Gesang kennt man den Vogel, an der Frucht den Baum. Christus der Herr waltet selbst über seinem Volk und errettet es; Petrus ist entschlafen, der Simon (ich spreche schier: der Widerchrist) herrscht gewaltiglich.

Aber ich komme wieder an Kaiser Alexandrum... Oftmals schrie er, wenn er einen strafte, anfuhr und schalt: „Willst du von einem andern das leiden, was du einem andern tust? Willst du, daß man mit dir desgleichen verfahre, wie du mit anderen verfährst?" Er hatte es einst von den Christen gehört und eben gemerkt und ließ, wenn er einen strafte, durch einen geschworenen Ausrufer und Büttel diesen Spruch ausrufen: „Was du nit willst, daß dir von einem andern geschehe, das tue einem andern auch nit." Und diese Lehre gefiel ihm so wohl, daß er sie als seinen Reim hinfüran gebrauchte und allenthalben in der kaiserlichen Feste und in Kirchen, Tanzhäusern, Sälen, Ratstuben und dergleichen Gebäuden anschreiben ließ. Und fürwahr, das ist das höchste Gottesgebot, das in sich alle Rechte, alle Gerechtigkeit und Tugend beschließt, dem wir mit Gelübde verbunden sind und mit allem Fleiß gehorsam sein sollen. Wenn anders wir Gottes des Allmächtigen Kinder sind und lebendige Kirchen und Werber um die Unsterblichkeit und Gottheit, so müssen wir der Not eines andern bei der unsrigen gedenken; denn darin liegt unseres Glaubens und göttlichen Gebotes und göttlicher Weisheit Hauptstück, daß du nit tuest deinem Nächsten dasjenige, was du von ihm nit willst, sondern wessen du verschont willst sein. Wer den Spruch hält und ihm nachgeht, der steht über allem kaiserlichen, geistlichen, weltlichen, Stadt-Recht (wie sie genannt sein mögen), Landsordnung, Landsgebot, die ohne gute Tugend und Sitte (wie Horatius der Poet und Aristoteles der Philosophus bezeugen) vergebens sind und gar nichts Gutes schaffen. Und man hat so viele der Rechte, geistliche und weltliche, päpstliche und kaiserliche, die man auf den hohen Schulen liest und die so schwer sind (von den anderen schweige ich), daß sie niemand lesen mag, niemand verstehen kann als gar wenige, welche jedoch (wiewohl sie gute Rechte haben) dermaßen leben, daß ihnen männiglich feind ist und übel redet von ihnen ihrer Ungerechtigkeit wegen und daß mehr denn ein gemeines Sprichwort von ihnen im Brauch ist. Man spricht gern: „Juristen die bösesten Christen"; „Je gelehrter, je verkehrter"; „Viele Briefe, wenig Gerechtigkeit".

Von den Christen und einer großen Verfolgung der Christenheit, die etliche die siebente heißen

Zu dieser Zeit ist aufgekommen die offene Beichte und Buße, wie die alten gelehrten Christen und Historienschreiber dieses bezeugen; die heimliche (wie itzo) ist erst lange hernach in die Christenheit eingedrungen, wie dessen selbst auch gutes Zeugnis gibt das päpstliche Recht, Meister Peter von den Hohen Sinnen, St. Eustachius, Bonaventura, ein Barfüßer und Kardinal. Des hochgelehrtesten Mannes Erasmi von Rotterdam geschweige ich jetzo, der ein ganzes Buch wider die jetzige Beichte geschrieben hat und in Druck ausgehen lassen, darin er beständig anzeigt, daß sie bei den alten Christen nit in Brauch gewesen noch von Gott und Christo unserm Herrn aufgesetzt sei. Und unsere ungelehrten Mönche, Pfaffen und hohen Schulen irren sich, wenn sie alles das, was von den alten Christen von der offenen Beichte und Buße geschrieben worden ist, auf ihre heimliche Ohrenbeichte beziehen.

Von der großen Verfolgung der Christenheit unter Kaiser Treboniano

Darnach kam in das Papsttum Stephanus der Erste, da man zählte nach Christi Geburt 256 Jahr. Wider diesen Papst schrieb Cyprianus, der heilige Märtyrer, Bischof und Lehrer. Denn es entsprang damals eine große Uneinigkeit unter den Christen von wegen der Taufe derer, die zuvor von den Ketzern getauft waren und sich kehrten zu der Gemeine der Christenheit. Stephanus der Papst nahm sie schlechthin alle an, legte ihnen nur die Hände auf den Kopf, sagte, sie wären zuvor getauft und bedürften der Wiedertaufe nit. Darwider war heftig Cyprianus, hielt zwei Concilia und gemeine Versammlungen der Christenheit in Afrika und auf Grund deren Meinung und Beschluß schrieb er wider Papst Stephanum, was noch alles vorhanden ist, ... man sollte alle die, so schon von den Ketzern getauft wären, wieder taufen. Dieser Meinung fiel auch zu Dionysius, Bischof in der Hauptstadt Alexandria. Doch verwarfen sie darnach nit so gar der anderen Meinung, ließen sie ihnen auch frei zu, dieweil die anderen sie nur auch bei der ihren bleiben ließen und keinen Zank darum anhuben und die Einigkeit der Christen zertrennten, ließen einen jeglichen auch in dem Fall mit Frieden und im Namen Gottes nach seinem Gutdünken handeln, wie es denn ein jeglicher gegen Gott verantworten sollte.

Desgleichen war damals unter den Christen auch in anderen Sachen Zwietracht, nämlich im Kelch im Amt der Messe: etliche gebrauchten allein Wasser, etliche allein Wein, die dritten Wein und Wasser. Die Kindertaufe schoben etliche hinaus, etliche tauften sie von Stund an den ersten Tag und wann man's begehrte. Den Kranken, meinte Cyprianus, wäre genug, daß man sie nur besprengte mit dem Wasser, nit gar untertauchte. Man ließ damals einem jeglichen sein Gutdünken in diesen Sachen, man war nit darum uneins.

Wie Kaiser Maxentius und Constantinus aneinander gerieten

Die alten Römer haben für die größte Verräterei gehalten, so einer wider seinen Herrn, wider seine Heimat und Nation einem Fremden zuzog, wie unsere Teutschen dem König von Frankreich. Ist es eine Verräterei, wenn einer einen einzigen Menschen verrät, so ist es viel mehr, wenn einer eine ganze Nation, sein Vaterland, so viel an ihm ist, verläßt und zu desselbigen öffentlichem Feind abfällt, während von jenes wegen ein jeglicher Leib und Leben einsetzen soll, wie alle alten Heiden sagen und alle Römer getan haben. Es steht auch in den alten baierischen und teutschen Rechten, daß ein jeglicher, es sei wer der wolle, geistlich, weltlich, ein Fürst, ein Bischof, der sich mit seiner Nation oder seines Königs

Feind nur verbündet (geschweige ihm zuzieht), Leib und Leben verwirkt habe; ich werde mehr davon melden im dritten Buch.

Wie sich der König von Persien aufbäumen wollte wider das römische Reich

Daß man von Papst Silvester und Kaiser Constantino sagt, daß er die Kirche beschenkt habe, ist alles ein erdichtetes, falsches, läppisches, sich selbst widerwärtiges Märlein. Mich wundert, daß es solch' große Narrenköpfe gibt, die solchem Geschwätz glauben, und so unverschämte Schelme, die es zu sagen wagen, während es doch auch der allerheiligste Vater, der Papst Pius der Andere, solcher alten Geschichten erfahren, als alter Weiber und Rockenspinnerinnen und Giftmischerinnen Abenteuer verspottet. Es hat auch längst dawider geschrieben Laurentius Valla, desgleichen Nikolaus von Cusa, Kardinal und Bischof zu Brixen, und viele andere gelehrte Christen mehr. Auch hat es Kaiser Ludwig, so zu München begraben liegt, aus kaiserlicher Macht, selbst wenn es schon wahr wäre, widerrufen.

Von den Versammlungen zu Sardica usw.

Und St. Hieronymus beklagt sich, daß aus Zank mit Mutwillen häufig und oft einem seine Meinung verdreht wird aus Neid, die man wohl leiden möchte, wenn man freundlich, christlich handeln wollte, wie es sein sollte. Auch Cassiodorus zeigt es an. Wenn es zu unserer Zeit auch geschähe, dürfte man so viel Menschenblutes nit vergießen; man hat der Leute sonst zu wenig; es wäre besser, man machte ihrer mehr; es werden die Leute schon noch zerrinnen.

Von den Gelehrten dieser Zeit

St. Hieronymus hat ein ganzes Buch geschrieben von den Zwölfboten her bis in das vierzehnte Jahr Kaiser Theodosii, das ist nach Christi Geburt dreihundertvierundneunzig Jahr, darin er alle gelehrten Christen und Lehrer setzt, ihr Leben beschreibt, ihre Bücher nennt; es sind alle sehr gelehrt gewesen und fast alle Märtyrer, wohl bei hundertundfünfzig. Ihre Bücher sind schier alle verloren, daher offenbar wird die Torheit und Unwissenheit unserer ungelehrten Mönche und Pfaffen, so nur vier Lehrer der heiligen Christenheit setzen, gleich als wenn die Welt nit weiter wäre und Christus nit weiter regiere, als die lateinische Sprache geht, zumal auch Hieronymus von Ambrosio nit so gar viel hält, von Augustino noch weniger, vom Gregorio gar nichts gehalten hätte, der erst lange hernach gewesen ist.

Und nach diesen Hochverständigen haben alle rechten Künste und gründlichen Schriften mitsamt dem heiligen römischen Reich einen großen Stoß erlitten, sind gefallen in den Kot und untergegangen und mehr denn tausend Jahre her begraben gelegen. Erst jetzo zu unserer Zeit werden sie wieder lebendig, nicht zum Dank ihrer Todfeinde, die nichts Geistliches an sich haben denn Platten und Kutten und mehr Gewalttat als irgend ein Wüterich mit den Leuten ihres Gefallens getrieben haben: es hat männiglich ihrem unbegründeten Geschwätz zuhören, demselbigen Glauben schenken, darauf sich verlegen müssen, sie haben alle Künste von der heiligen Schrift bis an den Donat und das ABC mit ihrem unnützen Geschwätz verderbt, haben kein Wort recht schreiben, recht lesen, recht verstehen können.

Von der Uneinigkeit der Christen

Und wie Sokrates, Sozomenus, Cassiodorus und andere alte Christen schreiben, so sind Feiertage, Fasttage und dergleichen mehr nur aus Gewohnheit aufgekommen, demnach sie nit in allen Landen gleich sind. Die Zwölfboten haben sie nit aufgesetzt; denn Gott hat uns gefordert zu der Freiheit und nit der Furcht, daß wir ihm frei, ungezwungen, ohne alles Gebot, aus freiem, frischem Gemüt von ganzem, lauterem Herzen anhangen und unseren Nächsten alles Gute erweisen; denn genötete Freude tut selten gut. Da fuhr St. Martin und andere Bischöfe zu, wollten nit drein verwilligen, daß man die Leute würgte von Glaubens wegen; man sollte sie unterweisen mit der Zeit und nit verderben an Leib und Seele.

Aber jetzo können unsere Bischöfe nichts denn würgen und töten. Es ist nit genug, daß sie sonst gar nichts Gutes tun, wie das ihrem

Stand zugehört, sie müssen auch mitsamt den Sünden der Menschen Blut fressen und trinken und sich gar darin baden, daß an ihnen erfüllt werde der Spruch Davidis des Königs: „Ihre Füße sind schnell, zu vergießen das Menschenblut." Wenn einer schon widerruft, lassen sie ihn dennoch nit ledig, strafen ihn dennoch nichtsdestoweniger, was der Papst nie getan hat und auch sein Recht nicht vermag, da er denen, die umkehren und den Irrtum bereuen, Barmherzigkeit beweist und sie wieder in ihre Ehre setzt.

Von den Christen

Dieser Zeit waren auch schon große Uneinigkeiten unter den Christen, besonders den Bischöfen. Am ersten von Origenes wegen: etliche wollten ihn für einen Ketzer halten, die anderen für einen guten Christen… Den anderen Aufruhr machten die ungelehrten Mönche und Pfaffen wider St. Hieronymus. Der verdolmetschte die ganze Bibel, das alte Testament aus dem Brunnen und Grund der Wahrheit der jüdischen Sprache; demnach war dieselbige Verdolmetschung gar ungleich der alten Bibel, die bisher die ungelehrten Mönche und Pfaffen gebraucht hatten. Da war das Feuer im Dach, wie dies denn St. Hieronymi Schriften, noch vorhanden, bezeugen. Er wehrte sich redlich der stolzen, ungelehrten Mönche und Pfaffen, heißt sie zweibeinige Esel und dergleichen mehr, sagt ihnen die Wahrheit flugs heraus. Jetzo gebrauchen wir im Latein seine Verdolmetschung des alten Testaments, ausgenommen die Lieder Davids des Königs, so wir den Psalter heißen. Es wollen auch jetzo desgleichen rasend werden und machen viel Aufruhr in der Christenheit die ungelehrten Mönche und Pfaffen, weil man das neue Testament aus der griechischen Sprache nach der Wahrheit und dem rechten Grunde verdolmetscht hat. Das im alten Latein ist alles unverständig und unrichtig; es ist schier kein halbes Blatt nit, das nit einen großen Mangel habe. Nach wollen die stolzen, ungelehrten Mönche und Pfaffen die Leute nur überreden, St. Hieronymus habe es ins Latein gebracht; sie sollten solches Leuten sagen, die sich auf Lügen nit verstehen.

Das dritte Buch

der Baierischen Chroniken, geteutscht zu Regensburg nach Christi Geburt, als man zählet tausend fünfhundert und im einunddreißigsten Jahr durch Johannsen Aventinum aus Befehl meiner gnädigen Herren, der Fürsten in Baiern etc., II. des Brachmonats

Eine gar kurze Vorrede in das dritte Buch der Baierischen Chroniken Johannsen Aventini

Oben in dem ersten Buch dieses Werkes hab ich auf das kürzeste beschrieben des alten löblichen Hauses der Baiern Herkommen, Bräuche, Land und Leute, daneben auch insgemein gezeigt, was die Teutschen allenthalben in der Welt vor Christi Geburt Treffliches gehandelt haben; darnach desgleichen im andern Buch sind enthalten die ehrlichen Taten und Kriege unserer Vorvordern, der alten Teutschen, bis zum fünfhundertsten Jahr Christi unseres Gottes und Herren. Aber nun in diesem dritten Buch werde ich allein der Baiern Geschichte vorbringen und hebt erst an das baierische Zeitbuch; denn vor Christi Geburt haben, wie oben im andern Buch angezeigt ist, die Römer, weiland Herren der ganzen Welt, unsere Lande und Heimat zum römischen Reich gebracht, haben die alten eingebornen Landleute erwürgt, vertrieben, verjagt, haben diese Lande bis in das fünfhundertundfünfunddreißigste Jahr mit Gewalt innegehabt. Nach dieser Zeit sind die Baiern wieder aufgekommen und der Römer allmählich Herr geworden, sind aus dem alten Baiern vom Nordgau aus dem böhmischen Wald über die Donau in das alte römische Reich über die alten Christen hergefallen, haben sich und ihre Vorvordern also wieder an den Römern gerächt: also kehret sich das Blättlein um, also geht's in dieser Welt zu, eins auf das andere. Wir haben nun diese Lande bei tausend Jahre (nit viel mehr) mit guter Ruhe ersessen; wenn aber der Türke also zu uns herankriechen und allmählich heranrücken und wachsen will und wir solches nit bedenken und zu Herzen nehmen (wie denn leider bisher geschehen ist), müssen wir wieder, fürchte ich (Gott gebe, daß ich fehle; ich will gerne in diesen Worten gelogen haben), diese Lande räumen und uns wieder über die Donau in's alte Baiern auf den rauhen Nordgau und in den finstern Wald aufmachen. Also führt Gott der Allmächtige das Glücksrad, also geht es, wie er's treibt.

Aber ich komme an die Historien und hebe also in Gottes Namen, dem gar alten königlichen Haus in Baiern, desselbigen Fürsten etc., meinen gnädigen Herren, auch Land und Leuten zu Ehre, Preis, Lob und Wohlfahrt, das dritte Buch an.

Wie die Baiern Regensburg gewannen

Es war der Zorn Gottes und eine Plage von Gott über die Christen und Römer gekommen. Vor dreißig Jahren hatte es ihnen St. Severin selbst alles geweissagt, desgleichen Salvianus, Erzbischof zu Marsilien, den Christen im ganzen römischen Reich geschrieben. Aber es half nichts, es besserte sich niemand, niemandem ging es recht zu Herzen. Da mußte es auch also gehen. Wer Latein kann, der lese des obgenannten Bischofs acht Bücher, so erst das vorige Jahr im Druck hat ausgehen lassen zu Basel der hochgelehrte Herr und der Rechte Doctor Johannes Brassicanus, römischer, böhmischer, ungarischer königlicher Majestät Rat und Diener und der hohen Schule zu Wien bestellten Lehrer der Rechte. Man findet in obgenannten Büchern den rechten Grund, warum es vor Zeiten den Christen und dem alten römischen Reich so übel gegangen ist.

Es ist zu fürchten, es werde uns auch nit besser gehen, tut man die Mißbräuche nit ab und bessert sich nit. Denn, wie obgenannter Bischof sagt, es ist nit genug, daß man die geschehenen Dinge einschreibe, man soll auch daneben die Ursache anzeigen, warum es Gott verhängt, daß es also übel steht, also übel zugeht.

Wie die Baiern Christen geworden sind

Und St. Ruprecht… zog in das Baierland herauf, zu verkünden Christum. Und ward zu Regensburg gar ehrenvoll empfangen von dem baierischen Fürsten, Herzog Dieth dem Dritten. Und öffentlich, heimlich, auf den Gassen, in den Häusern kehrte er großen

Fleiß daran (das war allein seine Arbeit), ermahnte, lehrte, hielt stetig an, ließ nit nach, daß die Baiern den christlichen Glauben annahmen. Die Herzogin Regendraut hatte vorher ihren Gemahl, Herzog Diethen, abgerichtet, daß er überall den Glauben im Land predigen ließ, desgleichen ihre Schwäger, Herzog Ott und Herzog Diethwald.

Die Predigt St. Ruprechts

Und St. Ruprecht verkündete und sagte öffentlich häufig und oft diese und dergleichen Meinung den ungläubigen Baiern, Edlen und Unedlen, Reichen und Armen, Männern und Frauen, Jungen und Alten vor:

Alle Menschen allzuhauf, sie seien, wer sie wollen, begehren aus Eingebung der Natur reich und selig zu sein, dasselbige zu werden und ein gutes Leben zu haben. Niemand, so viel ihm möglich ist, so weit es sein mag, will betrogen oder enttäuscht werden oder will armselig sein. Wir begehren alle wohl zu leben: einer heißt das hiesige gute Leben, der andere die Seligkeit das höchste Gut, also daß wir alle von angeborner Art und Natur dermaßen begehren, wie wir dasselbige erlangen; wir denken und fragen nit weiter, sind ganz und gar darob ersättigt, haben zu keinem andern Ding größeres Verlangen, haben ganz und gar genug daran, es ist uns ganz und gar wohl damit. Aber man halte, man nenne, man taufe solches, wie man wolle, so mag es anderswo und in keinem andern Ding gar nit sein als in dem Obersten und Höchsten, so man darum „Gut" oder „Gott" nennt. Die alten heidnischen Poeten schreiben, wie Gott allein dem Menschen unter allen andern Tieren sein Angesicht aufgerichtet habe über sich gegen den Himmel. Desgleichen haben unsere alten gelehrten Geistlichen, die alten teutschen Druden, auch unsere Vorvordern, die alten Teutschen, dahin unterwiesen, daß ein unsterbliches und ein anderes Leben nach diesem Leben sein werde. Wir sind von Gott dem Allmächtigen allhie: nach demselben müssen wir uns richten, demselbigen nachtrachten, es sei denn, wir wollen arme, unselige, sterbliche Leute bleiben, ewiglich sterben und verderben. Wir müssen uns stets zu dem Himmel und zu Gott kehren und durch Tugend und Gerechtigkeit zurückkommen, damit nit unsere angeborne Begierde, die von Gott und der Natur uns eingepflanzt ist, betrogen werde und vergebens sei. Deswegen muß der heidnische Glaube an viele Götter notwendigerweise falsch, erlogen und von den Menschen erdichtet sein. Keiner, der ein wenig Verstand hat, kann und mag solches leugnen. Es ist mancherlei in der Heiden Glauben ungeschickt und sich widerstreitend: ein jedes Land, ein jedes Volk, ein jedes Dorf und schier ein jedes alte Weib will einen besonderen Gott und Nothelfer haben. Es sind mancherlei Bräuche, die gar schwer zu halten sind, mit seltsamen grausamen Opfern, auch an Menschenblut, und desgleichen mit Fasnachtsspielen, die nit allein an bestimmten Feiertagen das gemeine Volk nit zu den Tugenden und Gerechtigkeiten weisen, sondern zu aller Bosheit und allem Übel reizen; denn mit ihren seltsamen Bräuchen und Gottesdienst geben sie Ursache zu sündigen. Darum sind dieselben Götter nichts anderes als Gespenster, die leider die Leute zur Nacht schrecken, lauter verdammte Teufel und Feinde Gottes und aller Menschen, die sich unter dem Namen der einstigen größten Könige für Nothelfer ausgeben und sich besondere Gottesdienste aufgerichtet haben. Sie vergönnen den Menschen nit den Himmel und die Gnade Gottes, weil sie verstoßen sind, sie machen den Menschen einen Nebel vor die Augen, verblenden sie, geben sich für Götter aus und Nothelfer; wenn man meint, sie helfen, so sind sie am allerschädlichsten dem Menschen; sie können nichts als trügen. Vielen Herren dienen ist schwer. Wo viele Hirten sind, wird übel gehütet. Eine einzige Seele regiert alle Glieder des Leibes, verrichtet unzählige, sich widerstreitende Menschenwerke allein, sieht, hört, empfindet, schmeckt, geht, steht, gedenkt, vernimmt, versteht, ißt, trinkt, badet, wacht und feiert auch im Schlaf nit. Desgleichen eine einzige Sonne erleuchtet die ganze, außerordentlich weite Welt, teilt mit ihrem Lauf die Zeit des Jahres aus, bringt mit ihrer Wärme alle Frucht hervor, macht alle Dinge zeitig und wieder lebendig. Zu gleicher Weise und gar nit anders regiert ein einziger Gott, Herr und Schöpfer allein gewaltiglich das ganze Werk der Welt, das Gestirn, den Himmel, alle Menschen, alle Geister, Wasser, Luft, Feuer und Erdreich, was schwebt und lebt ob allen und in allen Dingen überall an allen Orten und Winkeln der ganzen Welt. Er ist überall gegenwärtig, teilt den Menschen seine Gnade und Barmherzigkeit mit, zeigt ihnen das wahre Licht, nimmt von ihnen die Finsternis, damit sie wissen, wo sie hingehen sollen, sich nit anstoßen noch fallen mögen und tuen, was recht und gut ist. Von all deswegen ist allein der Glaube wahr und recht, der einig und einerlei in der ganzen Welt, bei allen Menschen ist, der den einigen Gott des Himmels als den höchsten, besten, gnädigsten Vater anbetet und anruft, der dann den Menschen den Weg zum Himmel, zu der Gottheit und Unsterblichkeit weiset und aufsperrt. Und derselbe Glaube ist der allerleichteste und nützlichste, befiehlt uns auch nichts als daß wir eines Andern Not bedenken bei der unseren, daß wir dermaßen mit einander handeln, wie wir denn wollen, daß man uns mitspiele, daß ich den andern damit verschone, womit ich verschont will sein, dem andern nichts tue und erweise, was ich von einem andern nit leiden noch haben will. Das ist der Grund der Gerechtigkeit und christlichen Glaubens, das ist das Hauptstück göttlicher Gebote und des wahren Gottesdienstes, womit Gott vor allen Dingen geehrt will sein, daß man ihm also dienen soll. Der hat das große Opfer getan, den großen Gottesdienst vollbracht, die große Huld und Gnade bei Gott erworben, der sein unschuldiges Herz und seinen Willen Gott seinem Schöpfer hingibt und aufopfert. Es ist wohl wahr, Gott ist von seiner Natur ein gar barmherziger Vater gegen diejenigen, die ihn allezeit suchen und nach ihm fragen, ihn vor Augen haben; aber er ist ein gerechter Richter wider alle, die seiner nit sehr achten, nit viel nach ihm fragen, ihm nit wohl vertrauen; er ist selbst der Lohn derer, die gerecht und recht mit ihm dran sind und seine obgemeldeten Gebote halten.

Er gibt wohl etlichen der Seinen Land und Leute, große Gewalt und Königreiche, macht sie auch hie zu großen Herren (man meint sonst, solche Gaben wären nit von ihm, sondern vom Teufel hie), doch dem meisten Teil der Seinen gibt er's nit, sondern versagt's ihnen. Denn wenn er solche Gewalt und Reichtum allen geben sollte, so geschähe es gar leicht (wie denn alle Menschen von Natur, von Jugend auf zu dem Bösen mehr geneigt sind), daß entweder die Menschen nichts anderes von Gott begehrten oder erwarteten oder gar miteinander seiner vergäßen, wenn sie also alles genug hätten, was sie allhie begehrten. Denn es ist am Tag und ist wahr, daß Reichtum, Gewalt und Ehre dieser Welt vergänglich und unbeständig sind; sie schlüpfen gar leicht hinweg, und zuletzt zergehen sie wie der Leib, der sterblich ist, machen stets meistenteils, wie wir sehen, die Leute böse und nit fromm, wie denn das gemeine, alte Sprichwort ist: „Kein Geld macht den Schalk fromm"; es betrügt wohl unter dem Schein der Vorsehung den Menschen und verführt ihn, es ist ihm nichts als Dornen, daran er sich sticht und verwundet. Es haben die gar Weisen, Gelehrten und Vernünftigen genug zu schaffen, wenn es ihnen glücklich nach ihrem Sinne geht, daß sie sich dessen nit übernehmen, geschweige denn, daß der gemeine, unverständige, unerfahrene, ungelehrte Mann seinem Mutwillen, Lust und Glück einen Zügel sollte anlegen und sich mäßigen können. In Widerwärtigkeit und Armut ist Geduld die höchste Tugend, die uns gen Himmel zu Gott muß führen und geleiten; dieselbige zeigt an, ob wir bei Gott bleiben oder nit und ob wir uns auch in der Not an Gott halten und von unserem Herren nit abtrünnig werden.

Der oberste und einstige Gott, von dem alles Gute hie ist, der hat euren guten Nachbarn und Freunden, den Franken, sobald sie christlichen Glauben angenommen haben, großen Sieg, Ehre und Gut und weite Königreiche verliehen dermaßen, daß sie reicher und gewaltiger an Macht geworden sind. Aber die Römer, die allezeit dem christlichen Glauben wie die Hunde sich entgegengestellt haben, den stets gerne ausgerottet hätten, die auch alle andern Aberglauben und Abgötter der ganzen Welt außer allein Christum gerne angenommen haben, mußten es mit der Haut bezahlen, daß sie sich an christlichem Glauben vergriffen und verschuldet haben.

Nichts ist Seligeres, nichts ist Reicheres denn ein Christ. Er trägt und hat all sein Gut bei sich, kann nichts verlieren, ist ein Herr aller Dinge, es vermag ihm nichts Böses zu widerfahren; denn die Gottheit ist sein Lohn, seine Erbschaft ist der Himmel, sein Reichtum die Tugend. Darum, liebe Herren und Freunde, lasset am Galgen und in der Hölle die Teufel und bösen Geister, erkennet die echte und rechte Wahrheit, nehmt sie an, greift nach dem Glauben, darinnen die Menschen, die das sterbliche, gebrechenvolle Leben verlassen, unsterbliche und ewige Götter werden. Darum sage ich, wie alle Kaiser, Könige, Fürsten, Päpste, Bischöfe, Pfaffen und wir alle im Himmel Bürger, gute Freunde, Herren und Brüder durcheinander mögen werden."

Und so überredet St. Ruprecht die Baiern, daß sie ihren alten Aberglauben verließen, den alten heidnischen Glauben an viele Götter abtaten, Christen wurden und sich taufen ließen.

Von den Gebräuchen der alten teutschen Christen

Unsere Vorvordern, die alten Christen, waren fromme, rechte, geistliche Leute, meinten, wir wären die rechten lebendigen Bilder, Gemälde und Kirchen Gottes, darinnen Gott selber und der heilige Geist wohnet; hielten es auch ganz für Wahrheit, unser Gemüt wäre ein Kämmerlein, unsere Brust eine Kirche, unser Herz ein Altar des heiligen Geistes. Darum ehrten und zierten sie solche Gotteshäuser nit mit Geld, Gemälden und Gold, was alles weltliche, ungeistliche Dinge sind, wodurch die wahre Geistlichkeit entehrt wird, sondern putzten sie auf mit Gerechtigkeit, Demut, Gutwilligkeit, Mildigkeit und Liebe gegen die Armen: das hielten sie für den rechten Gottesdienst. Sie hielten es auch für gewiß, glaubten es im Herzen, daß sie hier keine bleibende Stätte hätten, nur Gäste wären und bald hinaus und davon müßten. Von all deswegen machten sie gar schlichte Gebäude, die nit viel kosteten und nit hoch zu stehen kamen, sie bauten weder sich selbst noch Gott und seinen Heiligen köstliche und zierliche Häuser, sondern ließen sich genügen an gar kleinen, engen, finsteren Kirchen und Häusern, wenn es nur nit auf sie regnete und die Sonne nit auf sie schien; sie hatten noch nit Pfarreien, es gab kein Stift noch nit, weder Mönche noch Kapellen noch Weihbischöfe.

Die Bischöfe waren nur Prediger, gingen zu Fuß herum, predigten überall, hatten weder Land noch Leute, weder Märkte noch Dörfer, es war kein Stift, kein Dom, kein Chorherr, kein Kloster noch nit wie jetzo, wie denn noch ein gemeines Sprichwort ist: „Die Alten haben finstere Kirchen und lichte Herzen gehabt; jetzo haben wir schöne, große, lichte, gemalte Kirchen, aber finstere Herzen."

Es hatten die Alten gar kein Gepränge nit mit ihrem Gottesdienst, man hatte nit goldene Gewänder, köstliche Infeln und Stäbe von Gold, Silber und Edelgestein, darin man jetzo umherschwänzt und prangt wie an einem Tanz. Man hatte Gott vor allen Dingen und seine zehn Gebote vor Augen, und wo man den Armen Not leiden sah und man helfen mochte, da kehrte man allen Fleiß vor, da war man ehrgeizig; sie suchten gar keine Lust, weder mit dem Gesicht noch mit dem Gehör; man hatte weder Orgel noch Pfeifen, weder Gold noch Silber, weder Seide noch Gemälde in den Kirchen, sie ließen sich an Wenigem genügen, fragten nit nach Gut noch Geld, brauchten mit nichten keinen Überfluß nit. Wenn man es alles recht nach der Not der Natur rechnet, so läßt sich einer an einem Kleinen genügen.

Es war noch in den ersten Christen kein Geiz, kein Stolz, keine Begierde nach Geld und zeitlichen Ehren; demnach war damals die größte Einigkeit unter den Christen, es wollte keiner mehr sein denn der andere, jeder betrachtete seines Nächsten Nutzen und Ehre. Wer um und an hatte, der meinte, er wäre reich.

Die Pfarrer, Bischöfe und Geistlichen waren fromme, züchtige, keusche Leute, lagen den Büchern ob, warteten der göttlichen Schrift aus. Das Volk teilte seinen Seelsorgern den Zehnten mit, die Seelsorger und Bischöfe und Geistlichen teilten weiter mit den Armen und Notdürftigen, deren Namen der Bischof und die Geistlichen in ein Büchlein geschrieben hatten. Man hielt es allda für ein großes Laster, Schmach und Unehre für alle Christen, wenn man einen, da wir alle Brüder seien, betteln und Not leiden ließ, wie denn dessen gutes Zeugnis geben die alten Landesordnungen, gemeinen Versammlungen der Christenheit, Landgebote der alten Kaiser, Könige und Päpste, die in unseren Buchkammern noch vorhanden sind. Man mußte damals alle Jahre in einem jeglichen Lande zusammenkommen, eine gemeine Versammlung haben, Geistliche und Weltliche, Arme und Reiche. Man hielt eine gemeine Landschaft, da hielt man stark auf die zehn Gebote, fragte fleißig darnach; wer dawider getan hatte, ward nach allen Ungnaden gestraft. Man findet noch solche Versammlungen beschrieben in unseren alten Stiften; ich werde ihrer etliche hernach setzen in diesem dritten und im vierten Buch.

Aber jetzo treibt man nur das Gespötte mit den zehn Geboten, während sie doch das natürliche und göttliche Recht sind, allen Menschen in ihr Gewissen, Herz und Vernunft von Gott und der Natur eingepflanzt, dabei es kurz bleiben muß, und wenn halt die ganze Welt dawider strebte, wie es auch der Heide Aristoteles lehret, es gebe immer ein natürliches Recht, man halte es oder man halte es nit. Man liest viele Gebote überall im Reich, in Städten,

auf dem Land, die von Kaisern, Königen und Fürsten ausgegangen sind, darin man, wenn anders man die Wahrheit sagen darf, des gemeinen, armen Mannes Not, demnach einen gemeinen Nutzen gar nit betrachtet, sondern nur etlicher Weniger Geiz, Stolz, unchristliches, unnatürliches Leben fördert. Ich höre kein Mandat noch habe ich eines gelesen, darin man ernstlich befohlen hätte, daß man die zehn Gebote hielte und diejenigen, so solche übertreten, nach dem Willen und Befehl Gottes, auch nach Ausweisung des natürlichen Rechtes strafen würde. Alle Geschäfte, die von Gott gegeben sind, die ganze Natur, alle göttlichen Verheißungen, Zeichen, Briefe und Sakramente, auch alle Gottesdienste sind auf die zehn Gebote gegründet, geordnet und gerichtet; wenn man die zehn Gebote nit hält, so ist das Andere lauter Fasnachtsspiel (das ist „hypocrisis", wie es die heilige Schrift im Griechischen nennt), man predige, man singe, man schreie, man pfeife, wie man wolle, in der Kirche. Es brummen nur die Mönche in der Kirche in den großen Kappen und schreien wie die Esel; die bestellten Schüler wissen nit, was es ist. Es erfrieren dieweil die Armen, die vor der Kirche sitzen und liegen, sie leiden Hunger, Durst und Kälte: hießen die Mönche sie dieweil in ihr Refektorium gehen sich zu wärmen, gäben ihnen zu essen, dienten ihnen zu Tisch, wie Christus getan hat, das wäre der rechte Gottesdienst, den Gott haben will und auch die Natur erheischt (wie man bei den gelehrten Heiden findet). Wenn sie halt so viel Brummens in der Kirche haben, das ist alles meistenteils ihres Gewinnes wegen aufgesetzt, was ihr Wagen und Pflug ist. Daher kommt aller Zorn Gottes, alle Plage über die Welt, daß man die zehn Gebote nit hält; darum verhängt Gott auch, daß man seine Heiligtümer, seine gegebenen Zeichen und Sakramente also verachtet und enthert, dieweil wir es also dulden und leiden, daß die, die sie reichen, und die, die sie nehmen, sich so gröblich daran versündigen, daß man es greift und sieht.
Die alten Väter, das päpstliche geistliche Recht, die allgemeinen Versammlungen der Christenheit haben beschlossen: wenn ein Priester eine Köchin im Haus habe, mit der er verdächtig sei, und er halte Messe, so sei er im Bann, desgleichen der, der eine solche Messe höre. Ist das göttliches und natürliches Recht (wie man es denn nit leugnen kann), so sind wir alle im Bann, es sei denn, man wolle eine faule Ausflucht suchen und sagen, es sei in der gemei-

nen Versammlung der Christenheit zu Kostnitz abgeschafft worden.

Wenn wir als fromme Christen alle die göttlichen zehn Gebote hielten, uns derselben befleißigten, nit einer den andern verachtete, einer dem andern täte, was ihm lieb und nützlich wäre (wie es denn billig sein sollte), so stünde es besser um uns, es würde nit also durcheinander gehen wie der gemähte Haber, eines oben, das andere unten, es würden nit also Krieg und Zwietracht unter uns selber sein, daß wir einander selbst verderben müssen. Der Türke würde uns nit also strafen gar nach seinem Gefallen und mitten in unsere Lande fallen und hereinrumpeln, unsere Könige erschlagen, die Hauptstädte plündern, das Volk wie das Vieh hinwegführen. Wenn wir uns der Gerechtigkeit und der zehn Gebote Gottes so sehr befleißigen würden, als wir nach närrischen Dingen, die uns auch zuletzt nur schädlich sind, strebten, tobten, wüteten, nähme die christliche Gerechtigkeit nit also mit Gewalt ab, würde unser Glaube mehr zunehmen und grünen, würden wir nit also in einen kleinen Winkel gedrängt, es würde uns auch nit also Unglück und aller Unfall überfallen und regieren; wir würden ihre Herren sein, und sie müßten sich regieren lassen. Den Grund der wahren Gottesfurcht haben wir längst verloren und haben nun kaum einen Schatten davon. Man achtet keiner Tugend, keiner Frömmigkeit, keiner Ehrbarkeit und Gerechtigkeit mehr; gehässig und neidisch gegen einander sein, einander verachten, heimlich übel reden, täuschen, betrügen, bescheißen ist nur ein lang hergebrachter Brauch, nichts auf Ehre, nichts auf Glauben noch Vertrauen halten ist die höchste Geschicklichkeit, Weisheit, Frömmigkeit. Die rechte Gottesfurcht hält man nur für eine Torheit.

Aber es hört nit jedermann gerne die Wahrheit. Ich komme wieder an dasjenige, davon ich von der Bahn weg nebenhinaus gefahren bin.

Hier endet sich das dritte Buch von den alten Fürsten in Baiern und folgt hernach das vierte. Geteutscht zu Regensburg nach Christi Geburt tausendfünfhundert und im einunddreißigsten Jahr aus Befehl meines gnädigen Herrn Herzog Ludwigs etc. von Johannsen Aventin.

Das vierte Buch
der Baierischen Chroniken
Vorrede in das vierte Buch

Im dritten Buch hab' ich die alten baierischen Fürsten und Könige von König Atzels Tod bis auf Kaiser Karl nach der Länge beschrieben; nun in diesem Buch, wie es die Zeit erheischt, werde ich setzen die fränkischen Kaiser, Könige und Herzoge, die Baiern regiert haben bis auf die Sachsen und Kaiser Otto den Ersten, geboren aus Sachsen.

Das dritte Buch enthält in sich dreihundertundzweiunddreißig Jahre, dieses vierte hundertundsechzig, in welcher Zeit die Fürsten, geboren aus Frankreich, Baiernland innegehabt haben, wiewohl die Alten Kaiser Karl und seine Vorvordern aus den alten Fürsten von Baiern herleiten und demnach die Könige und Kaiser in Frankreich und teutschen Landen von Pipin bis auf König Konrad, geboren aus Hessen, die baierischen Könige nennen darum, daß sie aus dem gar alten Haus in Baiern hie sind dergestalt, wie hernach folgt.

Das Herkommen Kaiser Karls

Herzog Dieth der Erste, Herzog in Baiern, wie oben auch gemeldet ist, hat auch einen Sohn gehabt, heißt Markgraf Utel oder Hutel. Denselben, nachdem er ein großer Kriegsmann war, setzten die Könige Dietrich und Diethbrecht in Frankreich zu einem Markgrafen gen Antorf wider die Dänen, Friesen und Sachsen, so noch ungläubig waren und stetig ins Reich und über die Christen fielen. Er ließ einen Sohn, hieß Haunprecht, der nahm zu der Ehe Jungfrau Pluethild, König Lauters des Ersten von Frankreich Tochter; bei der erzeugte er Markgraf Ruegeitz. Der hinterließ weiter einen Sohn, St. Arnolph, Markgraf zu Antorf, nachmals Bischof zu Metz. St. Arnolphs Sohn ist Markgraf Angis, Herzog in Brabant; der hatte zur Ehe Frau Geba, die eine Schwester St. Gertrauds und eine Tochter Herzog Pipins des Andern aus Brabant war. Diese Eheleute zogen miteinander auf einen Sohn, den nannten sie nach seinem Ahnherren von der Mutter Pipin; das ist Pipin, der dritte Fürst in Brabant. Sein Sohn ist Herzog Karl, sein

Enkel ist König Pipin in Frankreich, ein Vater dieses Kaisers Karl.

Von der Geburt Kaiser Karls

Kaiser Karl ist geboren worden, als man zählt nach Christi Geburt siebenhundertundzweiundvierzig Jahre zu Karlsberg auf dem Schloß am Wirmsee, drei Meilen oberhalb München (wie denn die Inwohner das noch sagen, auch das bezeugt ein ganzes Buch, vom Kaiser Karl handelnd und zu Weihenstephan im Kloster auf dem Berg bei Freising noch vorhanden), allwo dieser Zeit König Pipin, sein Vater, Hof hielt. Und dieser Karl ist erzogen worden zu Ingelheim bei Mainz, allda ihn unterwiesen hat in griechischer und lateinischer Zunge der gelehrteste Mann derselben Zeit mit Namen Paulus von Pisa.

Wie König Karl mit seinem Bruder teilte

Und als König Karl sechsundzwanzig Jahre seines Alters erreichte, starb sein Vater König Pipin. Er hatte noch einen Bruder mit Namen König Karlmann, mit dem teilte er Frankreich zu Paris. Er nahm ein ganz Westfrankreich, was unterhalb von Paris liegt bis nach Hispanien hinan, und das Oberland am Rheinstrom, nämlich Mainz, Worms und Aachen; da krönte man ihn. Seinem Bruder Karlmann fiel für seinen Teil zu das ganze Niederland bis an Paris hinan; er ward gekrönt in der Stadt Soisson, nit weit, etwa acht Meilen von der Stadt Reims, da man jetzo den König von Frankreich krönet.

Es wollten die Brüder nur uneins sein; ihre Mutter, die Königin Bertha, hatte genug zu schaffen, daß sie sie bei Einigkeit erhielt. Es ward darum ein Reichstag gen Worms gelegt an den Rhein; da ward viel verhandelt, wie man in guter Einigkeit die zwei Könige und Brüder erhalten möchte, daß sie nit wider einander gerieten und Land und Leute das entgelten müßten. Die Königin zog selbst zu ihrem Sohn König Karlmann, dem gab man die Schuld, er wäre lieber allein Herr gewesen. Aber Gott fand ein rechtes Mittel in der Sache: König Karlmann lebte nit lang und starb im vierten Jahr nach seines Vaters Tod. Und es ward König Karl allein gewaltiger Herr über ganz Frankreich.

Carolus Magnus der erst Teutsche Keyser.

Karl der Große, die erste realgeschichtlich erfaßte Herrscherperson – und das letzte in der Reihe der Amann'schen Holzschnitte

Von dem ersten Krieg König Karls

Den ersten Krieg hat König Karl geführt wider Herzog Haunold in Gasconien. Den hat er gar vertrieben und nach Italien verjagt; da ist er seiner Untreue wegen gesteinigt worden, und Gasconien ist der Krone Frankreich zugeeignet worden. Allda hat mehrgenannter König Karl seinen Sohn König Ludwig hingesetzt.

Von dem andern Krieg König Karls

Mit den Sachsen und Westfalen, die noch ungläubig waren, hat König Karl bis in das dreißigste Jahr gekriegt. Der sächsische Fürst, König Weitchund, hatte seinen Unterschlupf in Dänemark: wenn König Karl ihn mit Krieg überzog, so entrann er zu dem König nach Dänemark; sobald König Karl wieder aus dem Land kam, so brachte Herzog Weitchund wieder ein Volk zusammen und rückte wieder heran. Das haben sie bis in das dreißigste Jahr miteinander getrieben ohne Unterlaß; alle Jahre haben sie einen Feldzug miteinander gehabt. König Karl war ein unerschrockener Fürst; ihm grauste nit darob, wenn er schon zuweilen unterlag, und er hatte überall, in Italien, Frankreich, Hispanien, in teutschen und windischen Landen, zu schaffen und zu kriegen; nichtsdestoweniger gab er nit nach: sobald die Sachsen wieder umfielen, war er von stundan da und strafte sie wieder, ließ nit nach, zog von einem Krieg in den andern, jetzo gar nach Hispanien und Italien hinein, jetzo heraus nach Polen, Dänemark und Ungarn. Doch zuletzt ward der sächsische Krieg also gestillt: Herzog Weitchund ließ sich taufen und König Karl gab ihm seine Tochter zu der Ehe; wer gewonnen oder verloren hatte, davon war nit die Rede; es waren alle Sachen tot, ab, vergeben und vergessen. Doch mußte allweg der zehnte Mann mit Weib und Kind aus dem Land und dahin ziehen, wohin ihn König Karl versetzte. An ihrer Statt setzte er ehrbare, tapfere Leute aus andern Landen, die Gewalt hatten, ohne alles Urteil, wo sich einer nur anmerken ließ, daß er nit den Glauben hielt, ihn heimlich an den nächsten Baum zu henken. Daher kommt das westfälische Gericht. Also sind die Sachsen gedämpft worden, und König Karl stiftete etliche Bistümer in Sachsen.

Der dritte und vierte Krieg König Karls, wider König Desiderium in Wälschland

Diesen Krieg habe ich oben im dritten Buch beschrieben; es will nit von Nöten sein, daß ich ihn hie wieder hersetze. Den vierten hat er geführt wider Herzog Rathgot in Friaul in Italien, der wollte König sein. Bern gewann er mit dem Sturm, fing den Herzog und ließ ihm den Kopf abschlagen.

Der fünfte Zug König Karls, nach Hispanien

Nachdem König Karl ganz Wälschland gestillt hatte, zog er mit großem Volk nach Hispanien über den Runcival und wollte dasselbige auch sich untertänig machen und es zu Gehorsam bringen; es hatten's ungläubige Sarrazenen inne, die gaben ihm Geiseln.
Und da also nach erlangtem Sieg König Karl wieder über den Runcival zog, empfing er großen Schaden von dem Landvolk: das hatte sich im Gebirge und in den Wäldern verborgen; die fielen hinten unversehener Dinge in das Heer und den Troß und das Ge-

päck, das nahmen sie alles und versteckten sich wieder in den Wäldern und engen Gebirgen. Es fiel auch gleich die Nacht ein. Es wurden allda erschlagen etliche fränkische Herren, nämlich Herr Erhard, des Königs Karl Truchseß, desgleichen sein Hofmeister Anselm, Herzog Rueland aus Bretanien und Herzog Naimar aus Baiern. Wer der Herzog gewesen sei, davon findet man gar nichts in unseren Stiften, die Franzosen tun Meldung von ihm; denn die regierenden Fürsten in Baiern hatte König Karl, wie oben im dritten Buch gründlich beschrieben ist, gefangen und entsetzt. König Karl konnte sich an den Feinden nit rächen; sie hatten sich alle im Gebirge verschloffen und in den finsteren, großen Wäldern.

Der sechste Krieg

Den sechsten Krieg führte König Karl wider die Bretanien, die wollten abgefallen sein. Da schickte König Karl über sie seinen Küchenmeister mit Namen Hathilf, der zwang sie, daß sie Geiseln mußten geben und aufs neue König Karl schwören.

Der siebente Krieg

Es lag noch ein Herzogtum unterhalb Rom im Gebirge ob Neapolis, das gehörte in das langbardische Königreich, das wollte auch König Karl haben. Darum überzog er denselbigen Fürsten mit Namen Hergeis und machte ihn sich gehorsam: der mußte ihm seinen eigenen Sohn zu Geisel und alle Jahre fünfundzwanzigtausend Dukaten geben.

Der achte Krieg, wider die Baiern, und wie er Baiern wieder einnahm

Wie und wann König Karl seine nächstgeborenen Freunde und Vettern, die Herzoge in Baiern, gefangen, in ein Kloster verstoßen und versperrt habe, ist oben im dritten Buch genug dargelegt. Es hatte jedermann Sorge auf diesen Krieg, aber er ward ganz leicht gestillt ohne allen Schwertschlag. Die alten Fürsten und Herren und alle, so es mit ihnen hatten, wurden alle aus Baiern verschickt. Und König Karl schickte nach Baiern seine Räte und Hauptleute, Graman und Ödagker, die forderten eine Landschaft gen Regensburg. Da schwur ganz Baiern dem König Karl und nahmen ihn an zu einem rechten, natürlichen Herren und Erben des Landes Baiern.

Der neunte Krieg, wider die Haunen und Äbern im Land unter der Enns hinab

Die Haunen und Äbern, Bundesgenossen Herzog Thessels, die zogen mit zwei Heeren wider König Karl: das eine fiel in Friaul ein und in die Gegend, so man jetzo Venediger Herrschaft nennt; das andere wollte nach Baiern und rückte bis an die Enns. Da kamen entgegen die Hauptleute König Karls, der Graman und Ödacker, und erschlugen die Feinde. Die andern Haunen, die noch daheim waren, wollten diesen Schaden und diese Niederlage an den Baiern rächen, brachen wieder auf mit großem Volk und zogen daher nach Baiern. Die zwei obgenannten königlichen Hauptleute brachten die Baiern auf, zogen den Feinden entgegen, schlugen sie in die Flucht und drängten sie in die Donau; was davonkam, mußte schimpflich mit großem Schaden und Unehren wieder heimziehen.

Der zehnte Krieg, wider die Winden im Lausnitzer Land und der Gegend, dsoman jetzo die Mark Brandenburg nennt

König Karl zog selbst in das Land, so wir jetzo die Mark Brandenburg nennen; es saßen damals Winden darin, die hieß man die wilden Winden. König Karl machte zwei Brücken über die Elbe und zog ins Land. Der windische Fürst ergab sich und empfing Lehen vom König Karl. Der zog bis nach Polen an die Weichsel und machte sich alle windischen Lande gehorsam.

Wie König Karl selbst nach Baiern zog; der elfte Krieg, wider die Haunen

Nach dem zog König Karl mit großem Volk, als man zählte nach Christi unseres Herren Geburt siebenhundertundneunzig Jahr, nach Baiern gen Regensburg. Allda ratschlagte er; denn er wollte aus dem Land Österreich und der Krone Ungarn (damals aus

Haunerland) die Haunen und Äbern vertreiben. Er hat Mette, das Kloster, gestiftete an der Donau oberhalb Deggendorf. Dann zog König Karl mit Heereskraft an die Enns, richtete sich daselbst zu Wasser und zu Land wider die Haunen, wollte mit drei Heeren die Haunen angreifen, machte von Schiffen eine Brücke, die konnte man mit Seilen und Ankern anhängen und anschließen und wieder ablösen und führen, wann und wo man auf der Donau hin wollte.

Das nächste Jahr darnach fielen die haunischen Fürsten, nämlich König Talman, ein Sohn König Sigurds, in Kärnten ein wider die Schlaven, tat großen Schaden, brannte und raubte. Aber im Abziehen eilte ihm Herzog Tamwitz, der Herzog aus Kärnten, nach mit den Winden und etlichen Baiern, schlug ihn und erlegte ihm viel Volks. Kaiser Karl der zog mit drei Heeren in der Haunen und Äbern Land (jetzo Österreich unter der Enns und die Krone Ungarn); die Sachsen und Friesen zogen auf der linken Seite gegen Mitternacht und Böhmen wärts, die Franken, Baiern und Schwaben, auch die Langbärder auf der andern Seite hinab (er, der König, fuhr auf dem Wasser), raubten, brannten, schlugen die Feinde, legten große Ehre ein, ertränkten der Feinde viele in der Enns. Und unterhalb Wien an der Raab gewannen die Unsern großes, unsägliches Gut, viel Vieh, Pferde, Ochsen, Kühe, Schafe. Und um St. Martins Tag kam König Karl wieder gen Regensburg und hatte nun die Feinde bis an die Raab verjagt; die Andern heroben hatten sich ergeben. Und die Andern schickten ihre Botschaft zu König Karl gen Regensburg, begehrten Waffenstillstand und einen Frieden; man kam darin überein.

Das nächste ganze Jahr hernach hielt König Karl zu Regensburg einen Reichstag, als man zählte nach Christi Geburt siebenhundertundzweiundneunzig Jahr. Nichtsdestoweniger hatte er viel Volks bei einander, das lag zu Feld um die Enns. Sie lagen stille, die Feinde hielten sich auch in Ruhe, man hätte gerne Frieden gemacht, es wollte aber nit sein. Und König Karl blieb das ganze Jahr zu Regensburg. Allda ward wider ihn und seinen Sohn Karl eine schwere, große Verschwörung gemacht von seinem eigenen Sohn mit Namen Pipin, den er außerhalb der Ehe erzeugt hatte. Er hatte kein Volk bei sich, es lag alles im Feld um die Enns unterhalb Linz; aber aus den Gnaden Gottes des Allmächtigen ward solches Übel verhindert. Die Bundesgenossen und ihre Anschläge waren dem König Karl kundgetan durch einen armen Pfaffen, einen Walhen mit Namen Wardhilph; dem gab König Karl St. Dionysii Kloster bei Paris zum Lohn und machte ihn daselbst zum Abt. Seinen Sohn Pipin ließ er scheren und verschickte ihn in das Kloster St. Gallen, damals in Schwabenland liegend, jetzo in der Schweiz.

Und König Karl meinte, er wollte machen, daß man vom Rhein in die Donau auf dem Wasser möchte fahren und von einem Meer in das andere, hielt's für ein köstliches, nützliches Ding und eine große Sache, wenn er's zuwegen möchte bringen. Darum, dieweil er zu Regensburg still lag, den nächsten Sommer hernach ließ er bei Weißenburg auf dem Nordgau einen großen Graben graben und wollte die Altmül und Rätza zusammenlassen. Die Altmül fällt in die Donau bei Kelheim, die Rätza in die Rednitz zwischen Weißenburg und Schwabach und Roth, dieselbige rinnt in den Main zu Bamberg, der Main zu Mainz in den Rhein. Man arbeitete den ganzen Sommer daran, aber es war alles vergebens: was man bei Tag grub, fiel zu Nacht alles wieder ein. Und im Herbst, als man zählte nach Christi Geburt siebenhundertunddreiundneunzig Jahr, zog König Karl, nachdem er nun bis in das vierte Jahr nacheinander in Baiern gewesen war und zu Regensburg mit seinen weiblichen Angehörigen und mit drei Söhnen, König Pipin, König Karl und König Ludwig, Hof gehalten hatte, hinauf gen Weißenburg wärts und wollte beschauen, was man gearbeitet hatte. Es war umsonst, er mußte es alles abschaffen. Er fuhr mit seinem Weib und Töchtern und Söhnen auf der Rätza in die Rednitz, von dannen mußten die Leute die Schiffe in den Main ziehen, von dannen auf dem Main gen Frankfurt. Daselbst blieb er den Winter und hielt allda ein Konzilium. Die Pfaffen und Mönche waren uneins von der Bilder, auch Christus des Herren wegen, ob er der Menschheit nach auch ein natürlicher Sohn Gottes wäre.

In Baiern ließ Karl als einen Landeshauptmann seinen Schwager Herzog Gerold aus Schwaben, der sollte den Krieg mit den Haunen vollführen und sie gar austilgen.

Wie der Name der Haunen und Äbern in Österreich und Ungarn ausgetilgt ist worden

König Pipin, König Karls Sohn, die Hauptleute Graf Haimo aus Baiern, Weihprecht, ein Franke, Ponmar, ein windischer Hauptmann, Herzog Heinrich aus Friaul, Herzog Gerold, König Karls Schwager, ein Schwabe, zogen mit großem Volk in der Haunen Landschaft, taten um die Raab unterhalb Wien eine große Schlacht mit den Haunen und Äbern, fingen den König der Haunen, Sigur, und die besten Hauptleute, schlugen die Feinde in die Flucht, gewannen großes Gut, Land und Leute, nützten den Sieg aus und rückten für und für.

Es waren auch die Haunen unter einander uneins. Nachdem König Sigur unterlegen war, verjagte ihn sein eigenes Volk; er floh zu seinem Eidam, Herzog Thudun, der ließ seinem Schwiegervater König Sigur in einem guten Wein Gift geben und ward zu einem König erwählt. Und dieweil also der Schwiegervater und Eidam uneins waren, zogen unsere Leute für und für, nahmen ihre feste Landwehr, so sie den Ring heißen (der jetzo vielleicht die Schütt heißt), ein, fanden allda groß Geld und Gut. König Thudun mitsamt Herzog Zot ergaben sich dem König Pipin und aus desselben Befehl mußten sie in eigener Person zu König Karl ziehen; allda wurden sie getauft und mit großem Gut und Ehren wieder heim in ihr Land (jetzo die Krone Ungarn) geschickt.

Aber König Thudun hielt keinen Glauben und fiel wieder um. Doch König Pipin kam über ihn um Erla in Ungarn (so Agria im Latein heißt und ein Bistum ist, bei sechzehn Meilen von Ofen gen Mitternacht wärts, da er Hof hielt) und erschlug ihn im Feld. Die Haunen und Äbern warfen einen andern König auf, hieß König Cheia; aber er ward erschlagen. Und die Unseren nahmen das Land alles ein bis hinab an die Drau, bis da sie in die Donau fällt, um welche Reviere vor fünf Jahren König Ludwig vom Türken erschlagen ist worden. Die Haunen sammelten sich wieder (es war König Pipin zu seinem Vater, König Karl, gegen Aachen gezogen), taten dieweil eine Schlacht mit Herzog Gerold, königlichem Hauptmann in Baiern, und Herzog Heinrich aus Friaul und Kärnten und erschlugen beide Fürsten, den Gerold und den Heinrich. Da kam König Pipin wieder, zog mit großem Volk über die Haunen, erschlug alles, was sich nit ergeben wollte, nahm alles auf beiden Seiten der Donau bis an die Sau und Theissa hinan ein und besetzte die gewonnenen Lande und Leute mit Winden und Baiern. Der haunische Herzog Zot, der sich zuvor ergeben hatte, der hielt den Glauben und blieb mit den Seinen im Land; der andere Adel ward aller erschlagen. Und der Bischof von Salzburg, mit Namen Arn, der mußte hinab in das gewonnene Land ziehen, mußte allda den Glauben predigen und Kirchen bauen und weihen; der ließ allda Herrn Dietrich, seinen Chorbischof, der mußte predigen, taufen, weihen.

Copaun, der Haunen und Äbern König, der ließ sich taufen mit den Seinen, und man nannte ihn in der Taufe Theodorus.

Und also ward glücklich dem Krieg, so acht Jahre gewährt hatte, sein Ende gegeben und Baiernland erweitert bis an die Sau und Siebenbürgen hinan. Allda wurden an die Grenze gesetzt die baierischen Markgrafen mit Namen Guethrum, Wernher, Albereich, Gotfrid. Und König Karl machte aus Baiern ein Königreich, wie die alten Briefe das bezeugen und hernach mehr verstanden wird werden.

Also haben die Baiern die Haunen vertrieben. Nach hundert Jahren werden die Ungarn kommen, werden die Baiern auch vertreiben. Den Ungarn, die erst sechshundert Jahre die Lande innegehabt haben, liegt jetzo der Türke auf dem Hals. Also zergehen alle Dinge, muß eine Nation die andere strafen.

Der zwölfte Krieg, wider die Böhmen

König Karl schickte seinen Sohn Karl nach Böhmen; der erschlug den böhmischen Herzog, Zecho genannt, und brachte Böhmen zu der Krone Frankreich. Wie die Winden ins Land Böhmen gekommen sind, ist oben im dritten Buch angezeigt. Es haben am ersten die Baiern, von denen es noch den alten Namen behält, darin gehaust und nachmals ein altes schwäbisches Volk, hießen die Markmannen.

Wie König Karl Kaiser ward und das Kaisertum nach Teutschland brachte

Es regierte dieser Zeit das römische Reich und Kaisertum ein Weib, mit Namen Irena, hauste zu Konstantinopel, hatte sich des Reiches nach ihres Hauswirts, Kaiser Constantini des Vierten, und ihres Sohnes, Kaiser Constantini des Fünften, Tod unterwunden und regierte gewaltiglich. Sie schickte auch ihre treffliche Botschaft zu König Karl nach Teutschland gen Aachen, ging einen ewigen Frieden mit ihm ein und bestätigte ihm den Titel wie ihr Hauswirt und Sohn, daß er sich kaiserlichen Hauptmann der Stadt zu Rom und Vogt des heiligen römischen Reiches schriebe. Und König Karl gebrauchte diesen Titel: Karl, von Gottes Gnaden König der Franken und Langbärder, Hauptmann und Verwalter der Stadt Rom.

Aber die Römer und Papst Leo schickten nach König Karl und brachten ihn gen Rom. Es zog Papst Leo selbst heraus nach Teutschland durch Regensburg, allwo man noch zwei Kapellen zeigt, die er geweiht sollte haben, eine auf dem Gewölbe am Tanzhaus (ist der Trainer), die andere außerhalb der Stadt auf dem Cagrau (ist des von Prüfling oder des von Castl).

Darnach, als man zählte von Christi Geburt achthundert Jahr, machte sich König Karl im Winter auf, zog mit großem Volk nach Italien gen Rom und ward allenthalben mit großen Ehren empfangen: wenn Gott selber gekommen wäre, hätte man ihm nit größere Ehre erbieten mögen. Und nachdem ein Weib sich des Reiches unterwunden hatte, was ein unerhörtes Ding war, vermeinten die Römer, sie hätten Macht und gutes Recht, einen Kaiser zu erwählen, weil das Reich von ihnen hie wäre und den Namen von ihnen hätte; es hätte König Karl auch sonst alle Lande heroben im Niedergang inne, die zuvor gen Rom gehört hätten. Von des alles wegen an dem heiligen Weihnachtstag, als man anhub zu zählen von Christi Geburt achthundertundein Jahr, erwählten der römische Papst Leo der Dritte, Rat und Gemein König Karl, ihn und alle seine Nachkommen am Reich in teutschen Landen (wie das päpstliche und geistliche Recht sagt) auf ewige Zeiten nun füran zu einem römischen Kaiser. Und da König Karl an diesem hohen Fest in St. Peters Kirche zum Gottesdienst ging und dabeistund und das Confiteor mit dem Papst gebetet hatte, da eröffneten Jung und Alt, jedermann, geistlich und weltlich, die Wahl und schrieen ihrer Art nach plötzlich auf in der Kirche in ihrer Sprache: „Carolo Augusto a Deo coronato, magno et pacifico imperatori Romanorum, vita et victoria!", das wäre auf unsere Sprache: „Wir wünschen langes Leben und Sieg und geben Glück dem heiligen, geweihten und von Gott selbst gekrönten, dem großen und friedlichen römischen Kaiser Carolo."

Darnach ward nach dem alten Brauch der Römer Kaiser Karls Bildnis in der Kirche öffentlich aufgestellt; wer da vorbei ging, mußte sich bücken davor. Und es ward auch in einem Konzil beschlossen (das alles zeigt das päpstliche und geistliche Recht selbst an), daß Kaiser Karl und alle seine Nachkommen am Reich alle Bischöfe und Äbte, auch den Papst selbst zu Rom erwählen und bestätigen sollten, welches hernach lang im Reiche gebraucht ist worden, wie man noch weiter in dieser Historie zu vernehmen hat.

Mich dünkt, es sei von nöten, daß ich allhie den Brief verteutsche, den einst der heilige Vater Papst Hadrianus der Vierte an die drei geistlichen Kurfürsten geschrieben hat, dessen ich oben im dritten Buch auch gedacht habe.

„Das teutsche Reich – schreibt der Papst Hadrianus – hat, nachdem es das geringste und ärmste war unter allen Königreichen, es um den heiligen Stuhl zu Rom verdient, daß es nun hinfüran zu ewigen Zeiten das heilige römische Reich geheißen soll werden und ein Haupt sein über alle andern Königreiche. Der römische Bischof hat der Teutschen König Karl befördert zu solchem (nach Gott) höchstem Stand, hat ihm den höchsten Namen gegeben und ihn genannt einen römischen Kaiser dermaßen, daß nun hinfüran zu ewigen Zeiten ein jeglicher teutscher König römischer Kaiser und Schutzherr des heiligen Stuhls zu Rom sein sollte." Solches und anderes dergleichen mehr schreibt Papst Hadrianus zu den drei Erzbischöfen am Rhein, Trier, Mainz, Köln.

Also haben die Teutschen bisher das Kaisertum siebenhundertunddreißig Jahre innegehabt, und hat also Kaiser Karl durch seine Guttat und Geschicklichkeit das Kaisertum nach Teutschland gebracht. Die alten Römer und Wälschen sind allwege abgesagte Todfeinde der Teutschen gewesen; jetzo haben sich alle Sachen verkehrt: sie fliehen zu den Teutschen und suchen Rat und Hilfe bei ihnen.

Es hat auch der sarrazenische König aus Persien, mit Namen Aron, seine Botschaft bei Kaiser Karl gehabt und hat ihm einen lebendigen Elefanten geschickt.

Und nachdem dieser Zeit Kaiser Karl kein Weib hatte und das römische Reich im Aufgang eine Witwe regierte und keinen Erben hatte, hätte er gerne gar gehabt das ganze römische Reich, wollte demselbigen wieder aufhelfen und es in seine vorherige Würde gebracht haben. Da bedachte er sich in seinem Sinn, schickte seine treffliche Botschaft, Jesse, den Bischof von Amiens aus der Picardei, und Helmguet, einen fränkischen Fürsten, gen Konstantinopel zu der Kaiserin und begehrte sie zum Sakrament der heiligen Ehe. Sie war willig und wollte es getan haben. Aber die griechischen Fürsten, die verdroß es; sie fingen die Kaiserin, setzten sie ab (ließen die Botschaft Kaiser Karls zusehen), verschickten sie auf die Insel Lesbos und erwählten zu einem römischen Kaiser den Fürsten Nicephorum, einen Hauptmann, der sollte den Teutschen das römische Reich heroben mit Gewalt und wehrender Hand wieder nehmen.

Wie Kaiser Karl wieder nach Baiern zog und das gewonnene Land (damals das Aberdland und Haunengäu genannt von den Haunen und Abern, jetzo Ungarn und Österreich) besichtigte

Als man zählte von Christi unseres Herren Geburt achthundertunddrei Jahre, als nun der Kaiser Karl von Rom nach Teutschland gekommen war, zog er wieder von Aachen aus im Frühling durch Mainz herauf nach Baiern gen Regensburg. Nachmals besichtigte er auch das Land, daraus er die Haunen vertrieben hatte, zog hinab bis an die Sau, wo sie in die Donau rinnt, und teilte dasselbige Land aus unter den baierischen Adel und die Klöster und Stifte, die noch da unten um Wien ihre Güter, Weinberge, Städte und Leute haben. Dem Bischof von Salzburg, Bischof Arn, gab er es, daß er daselbst Erzbischof sollte sein. Er wollte nit weiter über die Sau in die Bulgarei ziehen und vermeinte, die Bulgaren würden still sitzen, nachdem er die Haunen also vertrieben und ausgetilgt hätte. Die Sau besetzte er wohl mit baierischem Volk. Nachdem er die Grenze gegen die Bulgaren geschützt hatte, zog er herauf gen Salzburg im Weinmonat.

Allda kamen zu ihm des griechischen Kaisers Botschafter, Michael, ein Bischof, Peter, ein Abt, Callistus der Kanzler, und machten einen ewigen Frieden mit dem Kaiser Karl dergestalt, daß nun hinfüran zu ewigen Zeiten Kaiser Karl und alle seine Nachkommen im teutschen Reich sollten sich nennen „der alten Stadt Rom römische und lateinische Kaiser im Niedergang", Kaiser Nicephorus mit seinen Nachkommen „Kaiser des neuen Rom und der Griechen im Aufgang"; was unterhalb Neopolis in Italien liegt, sollte gen Konstantinopel, das andere Rom zugehören, desgleichen Dalmatien und was oberhalb der Sau, desgleichen was in Hispanien liegt. Der Vertrag ward mit Brief und Siegel aufgerichtet, gen Rom geschickt und vom Papst Leo gesiegelt.

Darnach zog Kaiser Karl gen Ötting am Inn: daselbst hatte er seine Kurzweil mit Fischen und Jagen. Allda kam vor ihn Bischof Ätto von Freising und klagte über den Abt Leitfrid aus dem Chiemsee, er, der Abt, hätte ihm, dem Bischof, drei Kirchen entfremdet, Willing, Hegling, Perg. Kaiser Karl setzte ihnen einen Tag gen Aibling zwischen Rosenheim und München; allda war damals das Hofgericht und Rentmeisteramt in Oberbaiern. Und es verhörten die Sache die Hofräte, mit Namen Arn, der Bischof von Salzburg, Ernbold, der Hofmeister, Ortprecht und Albereich, die zwei Landrichter. Der Bischof von Freising gewann das Recht; es mußte ihm der Abt die obgenannten Pfarren wieder geben.

Der dreizehnte Krieg Kaiser Karls, wider Dänemark

Der nordmannische König Gottfried, so den Winkel Teutschlands gegen Mitternacht und Nord (darum man sie dieselbige Zeit Nordmannen hieß) regierte (er hatte inne ganz Dänemark, Nordwegen, Schweden, Gotland, Seeland, Eisland, Finnmark und Alles, was daselbst gegen Mitternacht liegt), der wollte Herr und König in teutschen Landen sein: er wäre ein guter, rechter, alter Teutscher, Kaiser Karl wäre ein halber Wälscher und Franzose, hätte wälsche Sitten, Glauben und Bräuche angenommen, verderbe ganz Teutschland: das sollte frei sein. Darum wollte er sein Vaterland wieder befreien von den Wälschen und Franzosen, die mit ihren angeborenen Lastern die alten Tugenden, Glauben und Trauen der Teutschen erstickten. Demnach zog er mit großem Volk nach Sachsen und schlug sein Geläger an der Elbe auf. Es hatte Kaiser Karl etliche sächsische und teutsche Herren, Ritter und Knechte verjagt, die waren alle zu König Gottfried geflohen. Kaiser Karl richtete sich auch mit ganzer Macht zu, eilte nach Sachsen und ließ sich auch an der Elbe nieder. Sein Sohn König Karl, der zog auch mit großem Volk über den Rhein zu Niemagen (jetzo in Geldern) und eilte dem Vater zu. Desgleichen tat der andere Sohn König Ludwig, der brachte gar aus Gasconien und Hispanien viel Volks heraus an den Rhein und zog zu Neuß unterhalb Köln über den Rhein, dem Kaiser, seinem Vater, zu.

Und da also die Heere zusammenkamen, rückte König Gottfried mit allem seinem Volk hinter sich nach Dänemark gen Schleswig (ist jetzo ein Herzogtum) an die Grenze; doch wurden hin- und herwider stets Boten und Räte geschickt, die sollten die Herren aussöhnen. Und es ward etliche Tage ein Stillstand des Krieges gemacht und ein Tag benannt, an dem sollten beide Fürsten, Kaiser Karl und König Gottfried, zusammenkommen und sich über alle Sachen freundlich mit einander unterreden. Da nun der Tag kam, erschien König Gottfried nit; er wollte dem Kaiser nit vertrauen (der wäre ein halber Wälscher und Franzose, die nit Glauben und Treue hielten), wohl aber schickte er seine Räte. Es war auch König Gottfried noch ein ungläubiger Heide. Doch ward die Sache zum Frieden gebracht durch beider Fürsten Räte: die Überläufer und Gefangenen wurden von beiden Teilen überantwortet und ledig gelassen, ein jeder sollte nach seinem Glauben und seinen alten Bräuchen leben, es sollte einer des andern Feinde für Feinde, Freunde für Freunde halten.

Und also zog Kaiser Karl wieder gen Aachen; allda hauset er den Winter.

Weiter von dem Herzog Theodorus der Haunen aus Baiern und seinem Sohn Abram

Dieser Zeit kam obgenannter Herzog der Haunen Theodorus selbst zum Kaiser Karl und klagte ihm über die Winden, unter denen er saß, die wären ihm gram und hätten von alters her einen Groll gegen alle Haunen. Er begehrte an den Kaiser, daß er ihn mit den Haunen, die noch übrig geblieben waren und die er (der Kaiser) des Lebens gefristet hätte, dahin setzte und ihm ein Land übergebe, wo lauter Baiern und Teutsche wohnten. Das tat der Kaiser und übergab ihm die Gegend oberhalb der Raab bis gen Petronell bei Wien, allwo dieselbige Zeit lauter Baiern und Teutsche wohnten, die Kaiser Karl dahin gesetzt hatte; hinab wohnten Winden, Baiern und Teutsche durcheinander wie jetzo auch, nämlich in den Städten Teutsche und Ungarn, auch in etlichen Winden.

Und nit lange hernach starb Herzog Theodorus und hinterließ einen Sohn, hieß Abram; der empfing Lehen von Kaiser Karl und ließ sich taufen an St. Matthäus des heiligen Evangelisten Tag an der Vischa zu Vischerg'mund unterhalb Wien zwei Meilen. Man taufte dieselbige Zeit nit alle Tage wie jetzo.

Von einem Reichstag Kaiser Karls und der Teilung unter seinen Söhnen

Als man zählte nach Christi Geburt achthundertundsechs Jahre, hielt Kaiser Karl zu Diedenhofen an der Mosel unterhalb Metz einen Reichstag. Dahin kamen zwei Herzoge von Venedig, Willer und Beatus, und Paulus, der Vogt von Jadera, der Hauptstadt in Dalmatien, desgleichen derselbigen Stadt Bischof mit Namen Donatus und schwuren Kaiser Karl und dem römischen Reich.

Und damit nit nach seinem Tod unter seinen Söhnen Zwietracht (wie gerne geschieht) entstünde, machte auch Kaiser Karl auf diesem Reichstag eine Verfügung, ordnete seinen letzten Willen und teilte alle Lande seinen drei Söhnen in drei gleiche Teile. König Ludwig schrieb er zu Hispanien, Gasconien, Aquitanien, die Provence, Languedoc, Marseille, Savoyen ohne Tours, die Stadt, da St. Martin liegt. Aber Italien, Istrien, Dalmatien, Haunengau (itzo die Krone Ungarn), Baiern, Österreich, Kärnten, Steiermark,

Schwaben (ausgenommen Augsburg) mitsamt dem Lechrain, alles was diesseits der Donau gegen Mitternacht im Sundergau liegt mitsamt Ingolstadt und Lauterhofen auf dem Nordgau teilte er König Pipin, seinem älteren Sohn, zu. Das andere alles, nämlich Paris, Lyon und was man jetzo die alte Krone Frankreich nennt und Teutschland, gab er seinem dritten Sohn König Karl. Derselbige war der Ältere und hatte dazu in seines Bruders Königs Ludwig obgenanntem Teil die Stadt Tours, in seines Bruders Königs Pipin Teil Augsburg; der hatte in seines Bruders Königs Karl Teil Ingolstadt und Lauterhofen. Und es ward also darum geteilt, daß ein Bruder dem andern desto füglicher und gehöriger zu Hilfe möchte kommen, wenn ein jeglicher in seines Bruders Teil auch Land und Leute, die ihm geschworen, und Häuser hätte, da er sich aufhalten und unterkommen möchte.

Weiter gebot Kaiser Karl und befahl seinen Söhnen, daß sie brüderliche Liebe gegen einander hielten, eins blieben, einer dem andern hälfen, mit ihren Feinden zankten und kriegten; es sollte keiner dem andern in sein Teil ziehen, die Überläufer nit annehmen, nichts in des andern Teil kaufen noch auf anderlei Weg an sich bringen, noch sollten die Untertanen von einem Teil in den andern ziehen. Wo einer mit Tod abging und männlichen Samen hinterließ, der sollte seines abgestorbenen Vaters Teil erben; wo einer aber ohne männliche Leibeserben abstürbe, sollte es nachgeschriebenermaßen gehalten werden: stürbe König Pipin, so sollte König Karl erben Augsburg und alles, was unterhalb des Lechs herab liegt gegen der Sonne Aufgang, Wälschland diesseits des Wasserflusses Po gegen uns, dazu was an dem Venediger Meer liegt mitsamt dem Herzogtum Spoleto zunächst bei Rom, König Ludwig sollte haben, was oberhalb des Lechs liegt und an das langbardische Meer bis an Neapolis stößt; stürbe aber König Ludwig ohne Erben, so sollte von demselbigen Teil haben die Provence, Savoyen, Arelat, Marseille, Toulouse, Languedoc und Hispanien König Pipin, Aquitanien und Gasconien König Karl, der der Ältere war; und wenn derselbige ohne Leibeserben abginge, sollte von seinem Teil erben, was französisch wäre, König Ludwig, was teutsch und windisch König Pipin.

Der vierzehnte Krieg Kaiser Karls und von einem Riesen

Nach diesem obgenannten Reichstag zu Diedenhofen saß Kaiser Karl zu Schiff, fuhr auf der Mosel in den Rhein, darnach auf dem Rhein gen Niemagen (jetzo im Lande Geldern; war dieselbige Zeit eine kaiserliche freie Reichsstadt). Doch schickte er seinen Sohn König Karl wider die Winden, hießen die Zörbitz, wohnten in der Mark, jetzo Meissen genannt. Mit denen tat König Karl eine Schlacht an der Elbe, erschlug in der Schlacht den windischen Herzog mit Namen Meilduch und baute zwei feste Städtlein in der windischen Mark (jetzo Meissen), eines an der Saale, das andere an der Elbe, Naumburg und Dresden. Es überzog König Karl auch die Winden, Zecho genannt, im Lande Böhmen wohnend, mit Krieg.

Dieser Zeit lebte ein Riese und Recke, hieß Ainher, war ein Schwab, gebürtig aus dem Thurgau (jetzo Schweiz), der watete überall über die Wasser, brauchte über keine Brücke zu gehen, zog sein Pferd bei dem Schwanz hernach, sagte allewege: „Nun, Gesell, du mußt auch hernach." Der kämpfte auch in diesen Kriegen Kaiser Karls wider die Winden und Haunen: er mähte die Feinde gleichwie das Heu mit einer Sense ab, hängte sie an den Spieß und trug sie über die Achsel wie Hasen und Füchse. Und da er wieder heimkam und ihn seine guten Gesellen und Nachbarn fragten, was er ausgerichtet hätte, wie es ihm im Krieg ergangen wäre, sagte er voll Unmut und Zorn: „Was soll ich viel von diesen Fröschlein sagen? Ich trug je sieben oder acht am Spieß über die Achsel. Weiß nit, was sie durcheinander quakten. Ist der Mühe nit wert gewesen, daß der Kaiser so viel Volk wider solche Kröten und Würmlein zusammengebracht hat; ich wollte es viel leichter zuwege gebracht haben!" Diesen Riesen nannte man darum Ainher, daß er im Kriegen schier einem ganzen Heer gleichkam und ebensoviel ausrichtete. Es flohen ihn die Feinde, Winden und Haunen, meinten, es wäre der leidige Teufel selber.

Der fünfzehnte Krieg Kaiser Karls, wider die Sarrazenen

Dieser Zeit fielen die Sarrazenen aus Hispanien in die Insel Korsika, Sardinien und Wälschland. Kaiser Karl hatte zuvor Streitschiffe machen lassen in Flandern am großen teutschen Meer zu Bouillon in der Stadt und schickte drei Hauptleute gegen die Sarrazenen zu Land und zu Wasser, die schlugen die Sarrazenen auf dem Meer und ertränkten sie mitsamt den Schiffen.

Der sechzehnte Krieg, wider die Venediger

Der griechische Kaiser Nicephorus brach den Frieden, schickte seinen Hauptmann Nicetus mit einer Flotte auf Venedig zu und wollte Dalmatien und dieselbe Gegend wieder einnehmen. Pipinus, Kaiser Karls Sohn, legte sich vor Venedig. Da machte mit ihm der griechische Hauptmann einen Stillstand des Krieges und fuhr darnach wieder heim gen Konstantinopel. Es kam Paulus, ein anderer Hauptmann, aus Griechenland vor Venedig: die Unsern taten eine Schlacht mit ihm, lagen ob und trieben ihn in die Stadt Venedig hinein. Die Venediger hielten weder dem griechischen noch dem römischen Kaiser Treue, wären lieber selbst Herren und frei gewesen und stellten dem Hauptmann aus Griechenland nach seinem Leben. Da er solches vernahm, fuhr er wieder heim gen Konstantinopel. Und da König Pipin, Kaiser Karls Sohn, sah die Untreue der Venediger, belagerte er sie auf dem Land und auf dem Wasser, zwang sie, daß sie sich ergaben und Kaiser Karl schwören mußten, und fing den Herzog Willer.

Der siebzehnte Krieg, wider die Nordmannen oder Dänemärker und Winden

Obgenannter König Gottfried aus Dänemark brach den Frieden, den er (wie oben angezeigt ist) mit Kaiser Karl gemacht hatte, fiel mit zweihundert Streitschiffen in Friesland ein, brachte alle Winden an dem offenen Meer auf seine Partei und rühmte sich, er wolle sein Feldlager vor Aachen, wo Kaiser Karl Hof hielt, aufschlagen und an der Mosel um Trier sein Hofgericht halten; er wolle nit leiden, daß ein halber Wälscher und Franzose Teutschland innehaben sollte; die alten Teutschen, die Cimbern genannt, seine Vor-vordern, wären aller Wälschen Todfeinde gewesen, denselben wollte er nachfolgen.

Da solches Kaiser Karl vernahm, schickte er eilends hin nach Sachsen gegen Dänemark seinen älteren Sohn König Karl und zog mit großem Volk hinten nach, rückte auf Dänemark zu, ließ sich an der Elbe nieder, vermeinte allda König Gottfried und den Nordmannen eine Schlacht zu liefern und Dänemark, den ganzen Winkel daselbst gegen Mitternacht, zu Gehorsam zu bringen, und richtete sich mit aller Macht zu solchem Vornehmen. Aber Gott wollte es vielleicht nit haben: es kam eine große Pestilenz in das Heer, und die Leute fielen recht wie das Vieh dahin. Die Feinde zogen auch ab. Und König Gottfried ward an der Falkenbeiz er-stochen von seinem eigenen Sohn; denn dessen Mutter hatte der König von sich getan und hatte sich an eine Metze gehängt.

Und die Nordmannen oder Dänemärker erwählten zu König Hai-ming, des erstochenen Königs Gottfried Bruderssohn; der schick-te seine treffliche Botschaft zu Kaiser Karl, bat um Gnade, be-gehrte Frieden und erlangte ihn auch.

Von den Botschaften der ungläubigen Könige zu Kaiser Karl

Das sind die namhaftigen Kriege, so Kaiser Karl geführt hat und ich auf das kürzeste erzählt habe; denn wollte man es alles nach der Länge schreiben, es wäre zu lang; Weile und Zeit müßten mir zerrinnen. Denn was für ein trefflicher Kriegsmann er gewesen sei, zeigen die großen Botschaften an, die von der ganzen Welt zu ihm geschickt worden sind; alle Könige hatten Sorge und ein Auf-sehen auf ihn.

Die griechischen Kaiser von Konstantinopel, damals sehr mächtig, schickten ihre Botschaft nach Teutschland gen Aachen zu Kaiser Karl und begehrten Frieden. Desgleichen der großmächtigste sar-razenische König Aron, König in Persien, Syrien und Ägypten, schickte seine treffliche Botschaft heraus zu Kaiser Karl mit seltsa-mer, großer, kunstreicher Schenkung von Zelten, Seidengewand, Uhren, Leuchter, daran der ganze Himmel war, alles gut Gold, desgleichen seltsame Tiere, die dorten im Lande sind. Kaiser Karl schickte dem König von Persien die besten, sehr scharfen Hunde, desgleichen Hengste und Zelter und Maultiere. Er führte auch die Botschaft der Perser auf die Auerochsen Jagd, daß sich die Sarrazenen darob verwunderten; mit den Hunden schickte er auch etliche teutsche Jäger ganz nach Persien, da zogen sie mit den Hunden auf die Löwenjagd im Beisein König Arons. Der verwunderte sich hoch über der Teutschen Lebendigkeit und Mannheit und über der Hunde Kühnheit und meinte und sagte, es gäbe keine mutigeren und hübscheren Leute als die Teutschen, und wiewohl man viel in der Welt überall von Kaiser Karl sage und singe und ihn jedermann fürchte, so wäre es doch viel mehr, als man sagt. Und gab nach dem allen Jerusalem frei und das heilige Grab an Kaiser Karl; wiewohl er, König Aron, es innehatte und gewaltiger Herr da war, so schickte er dennoch den geistlichen Herren und Vater, Herrn Thomas, Patriarch zu Jerusalem, und etliche der Mächtigsten aus dem heiligen Land mitsamt dem Abt Felix vom Ölberg und einem geborenen Teutschen, der Prior auf dem Ölberg war, jetzo Jörg hieß und vorher teutsch Angelwold geheißen war: die mußten mitsamt den Schlüsseln Land und Leute Kaiser Karl übergeben und ihm an Statt von Land und Leuten schwören. Und König Aron aus Persien unterhielt ihm, dem Kaiser, das Land auf seinen eigenen Aufwand und Kosten. Kaiser Karl schickte diese Botschaft auf dem Meer wieder heim. Wiewohl jener König ungläubig war, nichtsdestoweniger hielt Kaiser Karl mit ihm, desgleichen mit andern ungläubigen Königen Frieden an und schickte seine ehrwürdige Botschaft zu ihnen, damit die Christen, die unter solchen Ungläubigen säßen, dessen genießen und desto besser gehalten würden. Es schickte auch Kaiser Karl jährlich eine große Summe Geldes den armen Christen zu gut, die unter den Ungläubigen saßen. Es hatten die Ungläubigen Sorge auf ihn, er würde die ganze Welt wieder zum römischen Reich bringen.

Wie König Karl, der ältere Sohn Kaiser Karls, in Baiern starb und zu Otting am Inn begraben liegt

Es wurden im Königreich Baiern die Haunen, Äbern und Winden (die damals allda wohnten) uneins. Da hatte Kaiser Karl auf die Bulgaren, die unterhalb der Sau sitzen, Sorge, sie würden, durch solche Zwietracht gereizt, über die Sau ins Reich fallen; denn sie hatten erst den griechischen Kaiser Michael in die Flucht geschlagen und auch seinen Schwiegervater Nicephorus mit allem seinem Volk darniedergelegt; da hatte Kaiser Karl Sorge, sie würden sich als ungläubige Leute solcher großer Siege überheben und in das Königreich Baiern einfallen. Darum schickte er seinen älteren Sohn König Karl, der verhörte die Sache, hielt gutes Gericht und stillte alle Dinge. Der haunische Fürst Thuedun und der Äbern Herzog Canzauch und die windischen Herren mußten selbst in eigener Person zu Kaiser Karl gen Aachen ziehen.

Und König Karl hauste zu Ötting, jagte allda, ward im Winter siech, lag allda krank und starb am vierten Tag im Christmonat an St. Barbara Tag, als man zählte von Christi Geburt achthundertundelf Jahre. Er liegt zu Ötting begraben, das dieselbe Zeit ein königlicher Hof und Palatium war, wie die alten lateinischen Briefe anzeigen, darin man oft zuletzt diese Worte findet: „datum in palatio regio Ötingae". Es liegt daselbst auch König Karlmann begraben, wie bald hernach angezeigt wird werden.

Wie alle Könige der Welt ein Aufsehen auf Kaiser Karl hatten

Die größten Könige und Kaiser in der Welt hatten Kaiser Karl groß vor Augen, schickten alle ihre trefflichen Räte mit großen, seltenen Geschenken zu ihm und begehrten Frieden von ihm. Es sind noch die Briefe vorhanden, darinnen die Könige aus England, Schottland, aus Hispanien, Gallicien und Portugal Kaiser Karl ihren Vogt, Patron, Schutz- und Schirmherren, sie sich seine Lehenleute nennen. Die allergroßmächtigsten sarrazenischen Könige aus Persien, Arabien, Ägypten, Afrika, Barbarei haben ihm ihrer Länder köstliche und seltsame Früchte, Tiere, Gut und Geld, Edelgestein, allerlei Ware, allerlei Gattung geschickt. Der von Persien schickte ihm aus dem heiligen Land jährlich alle Erträgnisse desselbigen zu. Die römischen Kaiser Constantinus der Vierte, sein Sohn Leon der Vierte, sein Enkel Constantinus der Fünfte, Papst, Rat und Gemeine der Stadt Rom machten ungebeten, von sich selbst aus König Karl zu einem obersten kaiserlichen Hauptmann der Stadt Rom und Vogt des heiligen römischen Reichs in Italien. Die griechischen Kaiser Irena, die Kaiserin, der Kaiser Nicephorus, Michael, Leon der Fünfte erlangten durch große Bitte, Schenkung und Anhalten Frieden und Bündnis von Kaiser Karl; sie hatten Sorge, er würde auch das neue Rom, das ist Konstantinopel, zum alten Rom und dem römischen Reich haben wollen.

Von Kaiser Karls Kriegsordnung

Auf das Kriegsrecht und -regiment hat er scharf gehalten. Wenn ein Kriegsmann oder Knecht, er wäre, wer er wollte, hoch oder nieder, etwas Gutes tat, ließ er ihn nit unbelohnt, sondern versah ihn mit Pfründen oder Pfarren oder Kriegslehen sein Leben lang. Damals hieß man die Kriegslehen im Latein „beneficia" und „parochias", das ist Pfründen und Pfarren. Wie man jetzo die geistlichen Lehen heißt, dermaßen wurden sie bei den Alten Kriegslehen genannt; sie wurden niemandem denn den Kriegsleuten ihr Leben lang geliehen. Die Unfleißigen im Kriege schalt er und hielt sie für zage und ehrlose Leute; sie durften nimmer unter die Knechte, er verbot ihnen den Krieg.

Im sächsischen Krieg halfen zwei schlichte Fußknechte nebeneinander die Dämme vor einem festen Städtlein zerreißen und hauten die Tore auf; durch solche ihre redliche Tat ward die Stadt gewonnen.

Kaiser Karl (der allezeit im Kriege selbst lag mit seinem eigenen Leib, auch bisweilen mit seinen weiblichen Angehörigen, und dessen Hofhaltung und Behausung gemeiniglich bei den Kriegsleuten, Rittern und Knechten im Feld war), hatte allerwege eine besondere Aufmerksamkeit auf die, so etwa eine redliche Tat täten, die ließ er nit ungeehrt und unbelohnt: er berief demnach die zwei obgenannten Knechte und verlieh ihnen die Landeshauptmannschaft im Gebirge um den Rhein gegen Wälschland zu. Auch zwei andere junge Kriegsmänner, wiewohl unehelich, nachdem sie sich redlich vor Andern in einer Schlacht hielten, nahm er in die Kammer zu sich und nahm sie auf zu seinen Trabanten, daß sie seines Leibes warten sollten.

Es war seine Gewohnheit, daß er allerwege zu Mitternacht aufstand und selbst die Wache beaufsichtigte. Und da er zwei junge Herren, von fürstlichem Namen geboren, die dieselbige Nacht vor seinem Zelt wachen sollten, schlafend fand, ging er vor, sprach nichts und ließ sie schlafen; er ging mit gar wenigen in der Stille, schaute die Wagenburg, das Geläger und Feld, schaute, ob alle Sachen recht ausgerichtet würden. Zu Morgens früh hielt er eine Versammlung, fragte des Rechtes herum und hub an den jungen Herren am ersten an, fragte sie nach dem Urteil, was der verschuldet und verwirkt hätte, der das Haupt der Welt, den römischen Kaiser, verwahrlost, übersehen und in die Hände der Feinde (so viel an ihm wäre) aus seinem Unfleiß übergeben hätte. Die jungen Herren sagten, er hätte den Tod wohl verdient und sollte seinen Kopf verlieren, und fällten also unwissentlich über sich selbst das Urteil.

Aber Kaiser Karl tat ihnen am Leib und Leben nichts, zeigte ihren großen Unfleiß an, daraus das ganze römische Reich, Land und Leute mitsamt dem Kaiser in große unwiederbringliche Nachteile gekommen sein möchte, schalt sie, ließ sie heftiglich mit Worten an und wies sie aus dem Feld: sie sollten nimmer unter die Krieger und zu Rittern und Knechten ins Feld kommen.

Es war damals ein großer Gehorsam im Reich; es schonete ein Kaiser weder Könige noch Fürsten; man hielt große Zucht und Ehrbarkeit.

Im Kriege durfte niemand den Bauern, so das Feld bauten und jedermann, die ganze Welt nährten, etwas nehmen denn Heu, Stroh, Kraut, Holz, Wasser.

Das Zutrinken war unter den Kriegsleuten damals und im Feld streng verboten. Wenn Kaiser Karl einen Vollen im Feld erwischte, so mußte er darnach Wasser trinken.

Die Kriegsleute mußten den Kriegseid, im Latein sacramentum militare genannt, dermaßen schwören, daß sie nach Gott am fleißigsten dem Kaiser wollten mit aller Andacht und Untertänigkeit dienen und Leib und Leben für den gemeinen Nutzen einsetzen. Wer ohne besondere Erlaubnis und schriftlichen Ausweis wegzog, hatte den Kopf verwirkt. Wer nit in den Krieg ziehen wollte, der

Lehen vom Reich hatte, dem nahm er die Lehen und verlieh sie andern, die Krieger waren und die Kriege suchten.

Die Kriegssteuer, so man dieselbige Zeit „Heeresschuld, Heeresbann, Fahnenlehen, Königssteuer" nannte, ließ er weder Geistlichen noch Weltlichen nach; auch die Kirchen mußten sie geben; er befreite niemand davon. Wer Lehen vom Reich hatte, mußte von einem Metzen fünf Pfennig alle Jahre geben, wenn er nit in den Krieg ziehen und solches verdienen wollte oder mochte. Man ließ es keinem nach, er wäre alt, krank oder geistlich; denn solche Steuer ließ man liegen, wenn man nit kriegte; kriegte man, so zahlte man die Knechte davon. Es wurden die Armen, so kein Lehen vom Reich hatten und sich mit ihren Händen und ihrer sauren Arbeit nähren mußten, nit beschwert.

Die gemeine Priesterschaft lebte dieselbe Zeit gar ehrbar, sie begnügten sich mit einem Kleinen; Fasten, Beten, Schreiben, Lesen war diese Zeit ihr Brauch; sie lebten nur von den Zehnten; von denselben mußten sie nichts leisten. Aber die Stifte, so Lehen, Felder, Wiesen, Äcker, Weingärten, Dörfer, Höfe, Mühlen, Kalköfen, Ziegelhütten und dergleichen Gült und Güter hatten, waren nit frei.

Es hatte auch Kaiser Karl aller Lehenleute des Reiches, desgleichen der Stifte und Klöster von Frauen und Männern Hausrat, Vieh und Eigenleute aufschreiben lassen. Nach Menge des Volkes, der Güter, des Hausrats und der fahrenden Habe ward die Kriegsschuld oder Kriegssteuer darauf geschlagen und einem jeglichen eine Zahl Knechte oder Geldes, Kriegswägen, Rosse, Lieferung, Kleidung, Wehr und Harnische, Brustharnische, Eisenhüte, Schwerter, Schilde, Spieße, Armbrüste und desgleichen Hauen, Schaufeln, Körbe, Sägen, Hacken, Hellebarten, Äxte, Zimmerhacken, Eisenhacken etc. nach Gelegenheit von eines jeglichen Vermögen aufgelegt.

Von dem Rechtsbuch Kaiser Karls

Das alte fränkische Rechtsbuch, „Lex salica" im Latein genannt, hat er verbessert und hat befohlen, daß man darnach richtete; es ist noch vorhanden in den alten Stiften. Und er hat Frankreich in elf Kammergerichte geteilt: Vienne in der Provence, Lyon, Sens,

Rouen, Reims, Besançon in Hochburgund, Mainz am Rhein, Trier an der Mosel, Köln unten am Rhein, Cambrai im Niederland und Regensburg an der Donau. Alle Jahre dreimal mußten die Bischöfe und Grafen zusammenkommen im April, im Weinmonat und Jänner, allda die Leute verhören, am ersten allwege die Armen, Witwen und Waisen, dieselben mit einem vernünftigen frommen Beistand versehen und kurz Recht ergehen lassen. Die Reichen und Gewaltigen sollte man, wenn sie etwa sich nit bescheiden ließen und Frieden halten wollten, zu ihm abfertigen.

Daher kommen die Höfe der Bischöfe gen Regensburg und der Grafen, Kaiser, Könige und Fürsten, so das Kammergericht an der Donau haben müssen zu Regensburg halten. Es ist der königliche Hof im Osten bei St. Benedikten Kapellen gewesen; es heißt allda noch „an des Königs Hof" und „das Burgtor". Bei St. Jakob ist das kaiserliche Schloß gelegen; es heißt da noch ein großer, alter Turm, wo vor Zeiten ein Tor gewesen ist, „der Kaiserturm" und allda „im Arnolds-Winkel" von Kaiser Arnold. Der Herzoghof ist noch da, Reichenberger Herberge ist der Markgrafen von Cham und Vohburg, Waldenbach der Burggrafen von Riedenburg gewesen, der Turm bei der hölzernen Brücke der Grafen von Windberg, das Barfüßerkloster der Grafen von Bogen, Vögte des Stiftes von Regensburg. In St. Jakobs Kloster hat gehaust der Burggraf von Regensburg, geboren aus dem Geschlechte der Grafen von Scheiern, Ratzenhofen und Abensberg. Es hat sich jetzo alles verändert.

Es hat auch Kaiser Karl durch das ganze Reich ein Gewicht, ein Maß, eine Elle, eine Münze gemacht.

Von der Maut und dem Zoll, vom Zutrinken, von andern guten Sitten und bösen Bräuchen, von dem Kämpfen sind auch besondere Satzungen vorhanden. Aber es ist besser, ich zeige es nit an: man triebe jetzo nur das Gespött daraus.

In geistlichen Sachen hat er diese Ordnung gemacht:

Am ersten sollte jedermann ein christliches Leben führen; es sollte kein Jahrmarkt an einem Feiertag sein; kein Laie sollte mehr denn dreimal im Jahr das hochwürdigste Sakrament des Leibes und Blutes Christi empfangen.

Man sollte nit mehr denn nachfolgende Tage feiern außer dem Sonntag, nämlich Weihnachten, Neujahr, den Obersten, Lichtmeß, Ostern, Himmelfahrttag, Pfingsten; im Sommer allein St. Johannis zur Sonnenwende, St. Peter und Paul; im Winter St. Martin, Andreas, Stephan, St. Johannis des Zwölfboten und der unschuldigen Kindlein Tag.

Bei seinen Zeiten haben die Bischöfe in Baiern zu Reisbach in Niederbaiern an der Vils eine gemeine Versammlung gehalten und haben die nachfolgenden Stücke beschlossen, als man zählte von Christi Geburt siebenhundert und neunundneunzig Jahre am zwanzigsten Tag des Jänners:

Man soll in den Kirchen nit klappern oder spazieren gehn; keiner soll aus der Kirche gehen, es sei denn aus. Man soll keinen vor dreißig Jahren weihen; dessen Leben und Sitten soll man zuvor eigens fleißig erforschen. Am Mittwoch und Freitag sollen die Geistlichen nit Fleisch essen noch Wein trinken, ausgenommen die Tage von Weihnachten bis auf Epiphanias, von Ostern bis auf Pfingsten und die Feiertage unserer lieben Frau, St. Johannis Sonnenwende, die Zwölfbotentage, St. Michael und St. Martin, oder wenn zu einem ein guter Freund käme; wer im Krieg, auf dem Land, am Hof oder krank ist und dergleichen, dem ist kein Maß mit Essen und Trinken gesetzt. In der Fastenzeit steht es in eines Jeglichen Willen, was einer essen oder trinken soll; nur vor dem sollte sich ein Jeglicher hüten, daß er sich nit voll anfresse oder ansaufe. Ein Jeglicher soll gewöhnliche Kleider tragen, wie der gemeine Brauch ist. Kein Bischof, Abt oder Geistlicher soll die Güter der Edelleute an sich ziehen oder bringen. Der Zehent soll in vier Teile geteilt werden: der erste ist des Bischofs, der andere der Pfaffen, der dritte der armen Leute, von dem vierten soll man die Gebäude der Kirche unterhalten. Witwen, Waisen, Lahme, Blinde und arme Leute soll der Bischof nach allem seinem Vermögen schützen; man soll niemand betteln lassen, eine jegliche Stadt und Gegend soll ihre armen Leute aushalten. Die Starken sollen sich mit ihrer Arbeit behelfen. Man soll keines unbekannten, ungewissen Heiligen oder Märtyrers Gedächtnis halten und begehen. Zauberer, Segner, Wahrsager sollen ihre Unschuld beweisen mit einem glühenden Eisen und brennheißem Wasser: wenn ihnen dieselbigen unschädlich sind, so sie es mit bloßen Händen tragen oder diese dareinstoßen, soll ihre Unschuld genügend bezeugt sein. Es soll keiner eine Gugel tragen, er sei denn ein Mönch oder es sei kalt. Kein Mönch soll eine Pfarre haben. Kein Bischof, kein Abt, kein Prälat soll Güter oder Kirchen an sich bringen und ziehen, die Lehen vom Reich oder dem Adel gewidmet sind.

Das und anderes viel mehr ist allda beschlossen worden; es ist nit von Nöten, daß ich es alles erzähle. Aus dem mag man abnehmen, was dieser Zeit für Leute gewesen sind und was für Bräuche sie gehabt haben. Dergleichen Versammlungen sind im ganzen Reich, in allen Landen gehalten worden, zu Frankfurt am Main, zu Mainz am Rhein. In dieser Versammlung in Baiern sind gewesen Bischof Alm von Seben (jetzo Brixen), Arn, der Erzbischof von Salzburg, Ato, der Bischof von Freising, Waldrich, der Bischof von Passau, St. Simprecht, der Bischof von Augsburg, und nachfolgende Äbte: Urolph, Abt zu Niederaltaich, Leitfrid, Abt vom Chiemsee, Abt Johann von Tegernsee, Hatto, Abt von Schlehdorf und Benediktbeuern, Wolfdregt, Abt von Kremsmünster, Anno, Abt von Münchsmünster, die Priester und Pfarrer Meginhart, Cuntzo, Leitprand, die Erzpriester Adlhart, Aurich, Paldrich, Oswald, Amon, Ellinot, die Evangelier Hiltpert, Wolfdregt, Derihilf.

Es hat auch Kaiser Karl das Erzbistum, so von Lorch an der Enns Herzog Utel gen Passau verlegt hat, weiter von Passau gen Salzburg gebracht; das ist geschehen Anno Christi siebenhundert und achtundneunzig Jahre, und es hat solches Papst Leo der Dritte bestätigt. Der erste Erzbischof ist gewesen Arn, hochgelehrt in der heiligen Schrift. Also schreibt der Papst zu den baierischen Bischöfen Alm zu Seben (jetzo Brixen), Atto, Bischof zu Freising, Adelwein, Bischof zu Regensburg, Waldreich, Bischof zu Passau, Sintprecht, Bischof zu Neuburg und Staffelsee und von Augsburg: Dieweil St. Ruprecht, ein Apostel und von Gott zu den Baiern gesandt, mit seinen Gesellen Haunold und Geisler zu Salzburg liegen (sagt der Papst), sei es billig, daß da auch das Erzbistum sei; darum sollten es ihm die andern Bischöfe nit für übel haben, daß er ihnen den von Salzburg vorgesetzt und zu ihrem Oberen erhöht habe.

In diesem des Papstes Brief, so mir mein gnädigster Herr Kardinal zu Salzburg gezeigt hat, finde ich weiter, daß Salzburg vor Zeiten auch Pöding von den Teutschen genannt ist worden und daß es die Römer Juvavia genannt haben; Ptolemäus nennt es nach seiner Art auf griechisch, nit den Römern, sondern den Teutschen nach, Pedicon; es heißt daselbst noch ein Dorf und Berg Pöding.

Es erwuchs bald ein Krieg zwischen dem Erzbischof Arn von Salzburg und dem Patriarchen von Aquileja Ursus: dieser wollte, Kärnten gehöre in sein Bistum, denn ehe die Langbärder in Wälschland eingefallen wären, hätte es ihm zugehört. Der Erzbischof Arn von Salzburg antwortete, es hätte vor alten Zeiten seinen Vorvordern zugehört; das bewies er mit Papst Zachariae, Stephani und Pauli Briefen. Kaiser Karl entschied die Sache dermaßen: dieweil der Wasserfluß Drau mitten durch das Land Kärnten rinne vom Niedergang zum Aufgang, sollte gen Aquileja gehören, was jenseits des Wassers gen Mittag zu liegt, das andere auf der andern Seite gen Salzburg.

Er hat viele andere Satzungen, Geistliche und Weltliche betreffend, gemacht, als: daß die Mönche und Pfaffen fleißig dem Unterricht obliegen, wohl und recht die Bücher schreiben und die Knaben und jungen Leute lehren, daß man den gesunden, starken Bettlern und Streunern nichts geben soll. Darum (wie oben vom Zehnt angezeigt ist) sollte man alle geistliche fahrende Hab und Güter, auch das Einkommen der Kirchen, in den reichen Kirchen in drei Teile (zwei den Armen, den dritten den Geistlichen), in den armen gleich, unter die Armen und Geistlichen, teilen. Man soll niemand leichtfertig in den Bann tun, auch niemand in die Kirchen begraben. Die Bischöfe sollen selbst predigen. Die Geistlichen sollen nit eigennützig oder geldsüchtig, Fresser und Säufer sein, sollen in kein Wirtshaus, in keine offene Taferne nit gehen, kein verdächtiges Weib um sich haben und überhaupt gar keine Gemeinschaft mit den Weibern haben. Wo nit, sollten sie sich der Weihe begeben und ihrer Würde und Freiheit entsetzt werden, sollten sich aller weltlichen Sachen entschlagen. Kein Dieb, kein Totschläger sollte in einer Kirche eine Freistatt haben; man sollte ihrer begehren; wo man sie nit überantworten wollte, sollte man sie mit Gewalt herausnehmen. Wo aber je der Abt und Bischof sie nit übergeben wollte, soll er für alle Schäden einstehen und gut sein, damit das Übel gestraft und dem Beleidigten um seine Schäden Genüge getan und sie ihm abgetragen werden bis an sein völliges Genügen. Und wo ein solcher schädlicher Mann davonkäme und entrinne, sollte der Bischof oder Abt einen Eid schwören, daß es ohne seinen Willen und sein Wissen geschehen sei.

Fleißig hat er die Leute angehört allezeit, auch wenn man ihn angekleidet hat. Keinem, weder Geistlichen noch Weltlichen, hat er mehr denn eine Pfründe, ein Land- oder Fahnlehen des Reiches überlassen. Er sagte, er müsse andere mehr auch versehen, es bedürfe das Reich mehr denn eines.

Wie er es mit der Wahl der Bischöfe gehalten hat

Er hat keinen nit leicht zu einem Bischof gemacht, er habe ihn denn zuvor gekannt, daß er fromm und gelehrt sei gewesen; er hat genau darauf geschaut, daß sich keiner einschleiche, der habsüchtig und stolz ein unmäßiges Leben führe.

Seine Hausfrau Kaiserin Hildegard und das ganze Hofgesinde bat für einen ihrer Kapläne; da antwortete er: „Ich hab' es schon einem armen, aber geschickten Mann bestimmt; es gehört sich für einen Kaiser, daß er halte, was er zusagt, nit lüge, daß er nit die, so er nit kennt und von denen er nit weiß, ob sie geschickt und tauglich seien, Gott dem Herrn aufdränge und den Heiligen auf den Hals setze."

Den Bischof von Mainz ließ er mit heftigen Worten an, weil er sich einen güldenen Bischofsstab, mit Perlen und Edelgestein besetzt, dem kaiserlichen Szepter nicht ungleich, hätte machen lassen; er schrie laut: „Seht unsere Schafhirten und Seelsorger an, die das Kreuz des armen Christus (wie sie von sich aus auch angeben) tragen sollten; sie verlassen die armen Schäflein, wollen den Kaisern gleich sein und sie übertreffen mit aller Pracht."

Einem, dem er ein Bistum an St. Martinstag verliehen hatte, da derselbige guter Dinge und fröhlich darum war, seinen guten Freunden ein Mahl gab und sich also voll Wein trank, daß er den Gottesdienst verschlief, nahm er das Bistum wieder, sagte, dieweil er sich den ersten Tag nit enthalten hätte mögen, würde er, wenn er ruhig in seinen Stand käme, nichts tun, denn Gott erzürnen.

Einem Andern nahm er desgleichen ein Bistum wieder; denn als derselbige, da ihm Kaiser Karl das Bistum verliehen hatte und er vom Hof herabging, vor Freuden von der Erde ohne weiteres auf den Gaul sprang und solches Kaiser Karl aus dem Fenster sah, rief er ihn wieder, nahm ihm das Bistum wieder und sprach: „Ich sehe wohl, daß du ein guter Reiter und stark bist; ich bedarf deiner am Hof und im Kriege, daß deine Stärke, dein Name und deine Mannhaftigkeit jedermann bekannt mag werden; lasse die Schafe und die Herde den Verzagten und Schwachen."

Von Kaiser Karls Bauten

Viele gemeine Bauten hat er aufbauen lassen, nämlich das Stift unserer Frauen zu Aachen gegenüber seinem Palast, den er dermaßen mit Sälen, Gemächern, Fürsten- und Herrenhäusern hat umgeben lassen, daß er aus seiner Kemenate in alle Gemächer hat sehen mögen. Die Marmorsäulen hat er sich von Ravenna aus Italien herausführen lassen. Danko, ein Mönch von St. Gallen, hat die Glokken gegossen.

Die Kirchen, die baufällig waren, mußten die nächsten Bischöfe und Äbte aufbauen; daß solches desto förderlicher geschähe, hat er den nächsten Grafen oder Pfleger darüber zu einem Baumeister gesetzt.

Die alten Brücken, Überfahrten, Fähren und Wege, so nit große Kosten und Mühe machen durften, hat er seinen Amtleuten befohlen zu machen. Was aber neu gewesen und großer Kosten bedurft hat, haben die Bischöfe und Äbte mitsamt dem Adel insgemein machen müssen. Im Latein werden die Bischöfe „pontifices" genannt darum, daß sie die Brücken haben müssen machen. Er hat keinen befreit, der Lehengüter vom Reich, von Land und Leuten gehabt hat.

Zu Mainz hat er eine Brücke über den Rhein gebaut, die war fünfhundert Klafter und Schritt (so weit jemand ausgestreckt schreiten mag) lang; zehn Jahre lang hat das ganze ihm zugehörige Europa daran bauen müssen. Er meinte, sie sollte ewiglich stehen. Aber im nächsten Jahr, ehe er starb, schlug das wilde Feuer vom Himmel darein und verbrannte sie in drei Stunden, daß man nit ein Härlein, nit ein Blöcklein mehr davon gesehen hat. Er wollte sie steinern wieder machen lassen: da starb er zuvor.

Zwei kaiserliche Paläste und Festen hat er vom Grund aufgebaut, die eine zu Ingelheim bei Mainz, die andere zu Nymwegen, jetzo bei Geldern.

Zu beschützen das Reich hat er große Streitschiffe lassen zurichten wider die Sarrazenen von Mittag und wider die Nordmannen aus Dänemark von Mitternacht. An alle schiffreichen Wasser in Frankreich, in wälschen und teutschen Landen, da sie in das Meer fallen, hat er Streitschiffe und Krieger auf das Wasser gelegt; soviel möglich war mit menschlicher Vernunft zu retten, hat er das ganze Reich in Frieden gestillt und vor Einfall der ungläubigen Feinde bewahrt, auch zukünftiger Zeit.

Die Nordmannen fielen aus Dänemark in Westfrankreich ein, die Sarrazenen und Mohren aus der Barbarei in Italien und Gallien; aber Kaiser Karl wehrte ihrem Eindringen obgenannter Gestalt. Was er von den Feinden fing, maß er nach seinem Messer: was länger denn sein Schwert war, mußte sterben; denen ließ er den Kopf abschlagen. Darum haben ihm obgenannte Feinde, dieweil er lebte, nit viel Schaden getan.

Von Kaiser Karls Hausfrauen

Vier Eheweiber hat Kaiser Karl gehabt. Die erste vermählte ihm, dieweil er noch jung war, seine Mutter Bertha; die hieß Irmgard und war des langbärdischen Königs Desiderii in Italien Tochter, eine Schwester der Herzogin aus Baiern, Frauen Leitpyrg, Herzog Thessels des Dritten Gemahlin. Aber Kaiser Karl schied sich von ihr, schickte sie ihrem Vater nach Wälschland wieder heim und nahm eine Schwäbin zu der Ehe, die hieß Hildegard. Bei der erwarb er drei Söhne, Karl, Pipin und Ludwig, und ebensoviele Töchter, Ruetraud, Bertha, Geisl. Da ihm die Schwäbin Hildegard starb, nahm er eine Fränkin, die hieß Fastrad. Die gewann ihm zwei Töchter, Hyltraud und Ruthaid. Da Frau Fastrad von dieser Welt schied, nahm er wieder eine Schwäbin mit Namen Leitgard; bei der hatte er kein Kind. Er hat auch sonst viele Kinder außerhalb der Ehe gehabt, nämlich bei Frau Garwind, seinem Anhang, einer Sächsin, die Tochter Adeltraud; bei einem andern Anhang, mit Namen Regenpirg, hat er gehabt zwei Söhne, Drug und Haug; das dritte uneheliche Weib hat ihm getragen einen Sohn mit Namen Dietrich. Er hat außerdem noch einen unehelichen Sohn gehabt, von dem oben gesagt ist; wer seine Mutter gewesen sei, findet man nit.

Seine Schwester Geisl, auch seine Mutter Frau Bertha hat er allezeit in großen Ehren gehalten; diese liegt nit weit von Paris bei ihrem Hauswirt König Pipin zu St. Denis. Seine Schwester Geisl
liegt zu Kochel am Kochelsee, da vor Zeiten ein Frauenkloster gewesen ist; das ist von den ungläubigen Ungarn verbrannt worden.

Von Kaiser Karls Kinderzucht

Mit großem Fleiß hat er seine Kinder erziehen lassen, hat allweg
daheim mit ihnen gegessen, ist nirgends hingezogen, wo nicht die
Söhne mit ihm reiten, die Töchter hernach auf einem Wagen haben
fahren müssen; sie haben alles lernen müssen, womit er umgegan-
gen ist. Die Söhne hat er im Reiten, Harnisch, Wehr und Jagen
von Jugend auf geübt; die Töchter haben spinnen und nähen müssen; er hat sie nit feiern lassen. Und wiewohl dieselbigen gar schön
gewesen sind und mannbar und einen bösen Ruf gehabt haben und
er es wohl gewußt hat, hat er dennoch bei seinen Lebzeiten keine
verheiratet und hat mit den Töchtern kein Glück gehabt, wiewohl
er sonst sehr glückhaftig gewesen ist. Er sagte, er möchte ihrer nit
geraten und sie nit von sich tun, er hätte sie so gewohnt, daß ihm
die Weile nach ihnen lange werden würde. Sein Kanzler Eginhard
hat ihm um eine gebuhlt, die hat er ihm auch zu der Ehe gegeben;
es soll noch ein Geschlecht in der Pfalz bei Heidelberg von ihr
vorhanden sein.
Er hat vor seinem Tod nur drei Kinder verloren, zwei Söhne, Karl
und Pipin, und die Tochter Ruetraud. Seine Enkel, seines Sohnes
Pipin Kinder, hat er mit den seinen erzogen: Bernhard, Pipins
Sohn, machte er nach seinem Vater zum König in Italien; Pipins
Töchter Adlhait, Haidel, Guntrad, Bertrad, Dietrad erzog er unter seinen Töchtern.

Von fremden Leuten aus anderen Landen

Er hat auch große Lust gehabt zu geschickten Leuten, so aus anderen Landen und Nationen gewesen sind; die hat er wohl und ehrlich gehalten und hat so viele am Hofe gehabt, daß es Etlichen
Zorn erregt hat: sie haben darob gemurmelt und gefürchtet, er
werde das ganze Reich verderben.

Von den Armen

Gegen die Armen ist er sehr mild und ehrenreich gewesen. Nach Syrien, nach Ägypten, in die Barbarei und wo er vernahm, daß die Christen große Not litten und in Armut lebten, schickte er jährlich eine merkliche Summe den armen Christen zu Gut, weswegen er denn mit allen ungläubigen Königen der Perser, Ägypter, Sarrazenen und der Barbarei wohl einig war und mit ihnen Frieden hielt, damit solches die armen, unter den Ungläubigen sitzenden Christen etwas genießen sollten.

Vom Essen und Trinken Kaiser Karls

Im Essen und Trinken ist er gar mäßig gewesen und voraus im Trinken. Er hat einen großen Unwillen und ein Grauen ob den Trunkenen und Vollen gehabt und hat es verboten, daß einer trunken werden soll. Sein gewöhnliches Mahl sind nur vier Gerichte gewesen ohne das Gebratene vom Wildbret: da hat er gern gegessen; die Jäger haben es ihm an den Bratspießen vortragen müssen. Er hat auf ein Mahl nit mehr denn drei Trünke getan und hat unter dem Mahl nit getrunken; im Sommer gebrauchte er Obst für den Durst und tat nur einen Trunk. Er hat gar selten Gäste gehabt und Einladungen gehalten; allein an den sehr großen Feiertagen lud er Leute und deren viele ohne Zahl ein. Dieweil man aß, mußte man ihm Historien vorlesen und der alten Könige Geschichten. In der Fastenzeit aß er früher, als der gemeine Brauch war, von der Tischdiener wegen. Dieselbige Zeit mußte man erst zu Abend nach der Vesper essen, wenn es nahe an drei Uhr gen Nacht war, das ist um neun Uhr des ganzen Tages, und jetzo um drei Uhr nach Mittag; dieselbige Zeit teilte man einen jeglichen Tag in zwölf gleiche Stunden.

Ein Bischof tadelte den Kaiser darum, daß er zu früh esse und die Fastenzeit nit halte. Der Kaiser aß dann um neun Uhr, befahl aber dem Bischof, daß er weder esse noch trinke, bis die Diener zu Tische sässen; mit denen sollte er essen und in gleicher Weise fasten. Da währte das Essen bis in die geschlagene Nacht hinein, und der Bischof wäre schier Hungers gestorben; er ließ den Kaiser nachmals in der Fastenzeit essen, so frühe er wollte. Und von dannen ist es gekommen, daß man die Vesper früh singt in der Fastenzeit; denn es ist geboten, daß man erst nach der Vesper (das ist, wenn die Sonne untergehen will und es nun Abend ist) essen soll; aber wir verstehen es unrecht und singen die Vesper morgens früh, damit wir nur nach der Vesper essen.

Das findet man auch bei den Alten, daß am ersten nur den Geistlichen geboten ist gewesen, die haben siebenzig Tage fasten müssen, darum heißt man es noch „die verbotene Zeit" und „Herrenfasnacht". Aber solche Bräuche sollten gehalten werden nach der Art der Zeit und Menschen: *tempora mutantur et nos mutamur in illis.*

Die Laien haben am ersten nur drei Tage gefastet und haben am Sonntag, Dienstag und Donnerstag Fleisch gegessen. Es ist ein altes Sprichwort: die Zeit bringt Rosen, man muß sich nach der Welt und Zeit richten, den Mantel kehren, wie der Wind hergeht.

Von Kaiser Karls Fleiß

Zu Nacht legte er allweg unter das Haupt ein Täfelein: wenn ihm etwas für Land und Leute Nützliches einfiel, merkte er es von stundan auf. Er stand gemeiniglich um Mitternacht auf, war eine Weile auf, bedachte, was er ausrichten wollte den Tag, und beschaute auch das Gestirn, dessen er gar kundig war und woran er seine Lust hatte. Im Sommer schlief er zu Mittag gemeiniglich zwei oder drei Stunden. Zu morgens, wenn man ihn ankleidete, ließ er jedermann herein, verhörte die Leute und fertigte sie ab: so ungern ließ er die Zeit unnütz hingehen. Was er wollte, daß man den ganzen Tag tun sollte, schrieb er auf Zettel und gab sie denen, so solches wissen mußten.

Von Kaiser Karls Leib und Stärke

Er ist ein langer, gerader Fürst und eines großen Leibes gewesen, sieben Schuh lang (wie sein Kanzler und Eidam Eginhard schreibt), hatte einen runden Kopf, große lichtgraue Augen nach der Teutschen Art, war eines fröhlichen und wohlgestalteten Angesichts, einer großen Nase. Im Alter ist er ganz grau gewesen, ist ihm wohl und ehrlich angestanden. Er hat einen kurzen, dicken

Hals gehabt und einen großen Bauch, der ihm doch nit übel angestanden ist und den man nit merken hat mögen, nachdem er sonst gerade, große Gliedmaßen von Natur gehabt hat. Er hat auch einen stäten, starken Gang und einen überaus männlichen Leib gehabt, eine laute Rede, doch nit gar gemäß seiner Größe und ein wenig zu klein zu einem solchen großen Leib. Er sei gestanden, gegangen, gesessen, so hat er ein herrliches und fürstliches Aussehen gehabt. Er ist gar einer gesunden Natur und Art und bis in die vier letzten Jahre nie krank gewesen; da hat ihn der Schüttelfrost oder Fieber oft überfallen; im letzten Jahre hat er einen bösen Fuß gehabt und hat hinken müssen. Und er hat in diesen Schwachheiten nur seinem Wohlgefallen nach gelebt und ist den Ärzten etwas gram gewesen, weil sie ihm das gebratene Fleisch, das er am allerliebsten aß, immer verboten.

Von Kaiser Karls Kleidung

Mit Kleidern und Schuhen hat er sich allweg gehalten nach der teutschen Art, so dieselbige Zeit im Brauch war: nit viel köstlicher denn der gemeine Mann trug er Hemd und Joppe oder Leibrock; die mußten ihm überall am Leib anliegen und nit weiter noch größer denn die Glieder sein, verbrämt mit Seide. Ein rauhes Brusttuch und leinene Hosen trug er allweg. Das oberste tägliche Kleid war ein grauer (wie damals der teutschen Kriegsleute Brauch war) Mantel, schier wie ein Meßgewand gemacht, wie man's in alten Bildwerken noch sieht und voraus zu Mauerkirchen, wo Herzog Heinrich der Erste und sein Feldhauptmann, Graf Rath, stehen, von Gips gebrannt; Kaiser Maximilian, hochlöblichen Gedächtnisses, hat es der Seltsamkeit wegen abmalen lassen. Kaiser Karl hatte allweg sein Messer an der Seite; der Knopf und das Heft war von Gold oder Silber wie der Gürtel. Wenn etwa ein großes Fest war oder von fremden Landen etwa Botschaft kam, so legte er sich (doch auf teutsche Manier) ein goldenes Stück an oder eines von Perlen gestickt, desgleichen hing er ein Schwert an die Seite und trug eine Krone auf seinem Haupt. Fremder Nation und anderer Manier Kleidung, wenn sie auch köstlich war, verachtete er ganz. Zu Rom hat er nur zweimal und auf großes Bitten und Anhalten des Papstes Hadriani des Ersten und des Papstes Leonis des Dritten nach wälscher und römischer Art einen großen, weiten und breiten Rock (wie noch der Ratsherren in Italien und zu Venedig Brauch ist) angetan, darüber einen wälschen Mantel, und große, weitmaulige Schuhe wie die Pantoffeln getragen. Er hat sich unterstanden, die neue Kleidung ganz auszurotten in teutschen Landen und die gar alte hervorzubringen; die ist dermaßen gewesen, wie oben angezeigt ist.

Man trug dieselbige Zeit Bundschuhe, wie denn noch ein Sprichwort von dem Bundschuh vorhanden ist und Herzog Eckart „mit dem Bundschuh" genannt wird. Der Bundschuh ist Feldgeschrei und Losung im Kriege gewesen. Diese Schuhe hatten auf beiden Seiten Riemen, drei Ellbogen lang, die flocht und schnürte man um die Beine und die leinenen Hosen, die damals im Brauche waren, herum, kreuzweis wie ein Gatter, und band sie also ans Bein. Es hatten auch die leinenen Hosen Binden von mancherlei Farbe, mit denen man sie vorher auch ans Bein band, und darüber legte man erst die Bundschuhe an. Das oberste Kleid war ein viereckiger, grauer, zweifacher Mantel, an den Seiten offen; man hing ihn an die Achsel, hinten und vorn ging er auf die Füße. Die Teutschen und die Franken nahmen, nachdem sie gemeiniglich unter den Wälschen und Franzosen zu kriegen pflegten, derselbigen kurze, geschlitzte Mäntelein und Röcklein an. Da solches Kaiser Karl sah, ward er zornig und schrie: „O ihr Teutschen und freien Franken, wie seid ihr doch unbesonnen und unbeständig! Daß ihr deren Kleidung, die ihr bestritten und überwunden habt, deren Herren ihr seid, annehmt, ist kein gutes Zeichen und bedeutet nichts Gutes: ihr nehmt ihnen ihre Kleider, so werden sie euch euere Herzen nehmen. Was sollen diese wälschen Flecken und Hadern? Sie decken nit den ganzen Leib, lassen ihn wohl halb bloß, sind weder für Kälte noch für Hitze, weder für Regen noch für Wind gut, und wo einer im Feld (mit Züchten zu reden) ein Bedürfnis muß verrichten, bedecken sie einen nit, und es erfrieren einem die Beine." Er ließ demnach ein Landgebot ausgehen, daß man solche Kleider der Franzosen in Teutschland weder kaufte noch verkaufte.

Im Winter trug er gemeiniglich nach dem gar alten teutschen Brauch einen Wolfspelz oder aus Fuchshäuten oder auch Schafhäuten gemacht. Und da er in Friaul einen Winter lag und sah, daß die Teutschen von den venedigischen Kaufleuten ausländische, köstliche Felle kauften und darin einherprangten, mußten sie eine Zeit lang also bekleidet, wenn es gleich regnen wollte, auf die Jagd reiten! Da führte er sie mit Fleiß durch dicke Stauden und Dornen, damit solche Kleider nit allein durch den Regen verdorben, sondern auch zerrissen würden. Und darnach führte er sie wieder heim und sie mußten von stundan bei dem Kamin essen. Da wurden die Kleider erst noch einmal verdorben durch die Hitze des Feuers; er zog mit Fleiß das Essen lang in die geschlagene Nacht hinein. Seinen Wolfspelz ließ er trocknen zu Morgens an der Luft. Und als die Teutschen mit ihren köstlichen Fellen, die nun alle verdorben waren, wieder vor ihn kommen mußten, zeigte er seinen Pelz und sagte: „Ihr läppischen Leute! Welches Kleid ist nun nützlicher, das meine, das mich einen Schilling kostet, oder das eure, darum einer ein ganzes väterliches Erbe verschwendet hat?"

Von Kaiser Karls Kurzweil

Mit dem Gejaid hat er (nach der alten Teutschen Art) oft seine Kurzweil gehabt. Er hat auch gern im warmen Wildbad gebadet, darum er zu Aachen gemeiniglich Hof gehalten hat, welche Stadt von dem warmen Wildbad auf römisch „Aquae Graneae" genannt worden ist von Serenus Granius, dem kaiserlichen und römischen Landeshauptmann Kaiser Hadriani, als man zählte nach Christi Geburt hundertundfünfundzwanzig Jahre. Er hat gern viele Leute mit sich baden lassen und hat mit Umherschwimmen seine Kurzweil gehabt.

Von seiner Geschicklichkeit in den Künsten

Er ist sehr beredt gewesen, auch aus dem Stegreif, in beiden Sprachen, der lateinischen und der teutschen; die griechische zu lernen hat er sich auch unterstanden, doch hat er dieselbige besser verstanden denn reden können.
Auf die sieben freien Künste hat er immer große Mühe gelegt, viel darauf gebaut, davon gehalten. Darum hat er bei sich am Hof gehabt derselbigen Zeit den gelehrtesten Mann Albewein, einen Engländer, der etliche Bücher und Gespräche, die er mit Kaiser Karl gehalten, von der Kunst des Wohlredens und die Wahrheit zu

suchen, auch alle Sachen auszurechnen (im Latein „*Oratoria*" und „*Logica*" genannt), geschrieben hat; sie sind noch vorhanden. Kaiser Karl hat die Beschreibung und Karte der ganzen Welt in einen silbernen Tisch gestochen gehabt. Die Kunst des Rechnens und von der Natur der Zahl, so griechisch „Arithmetica" heißt, hat er überaus wohl gekonnt und ist auch in der Art und Natur der Gestirne ganz geübt gewesen. Die Musik hat er gefördert bei den Lateinern; denn während allerlei Gesänge in acht Töne und Weisen geteilt werden und die Lateiner damals nur die vier gebrauchten, hat er auch die andern vier von den Griechen genommen und in der Lateiner Gebrauch gebracht. Denn griechische Botschaften, so oft zu ihm von den Kaisern zu Konstantinopel geschickt wurden, mußten ihm jeweils singen in der Kirche auf ihre Weise.

Derselbige Gesang gefiel ihm wohl, und seine Singer mußten nach derselben Art auch Gesänge machen und von ihnen die Maße und Art des Gesanges nehmen und lernen.

Die in den freien Künsten wohl geübt und verständig waren, hat er gar lieb gehabt, sie beschenkt, aus ihnen Bischöfe gemacht. Er wünschte oft, daß er nur zwölf geschickte Pfaffen, wie St. Hieronymus und St. Augustinus gewesen seien, im ganzen Reiche haben möchte. Da sagte sein obgenannter Lehrmeister Albewein, da ihn dieser Wunsch verdroß, zu ihm einmal, ein guter, frommer Herr wollte zwölf solcher Geistlichen haben, während Gott der Allmächtige in so langer Frist nit mehr denn zwei bisher hat haben können!

Seine angeborene, das ist teutsche Sprache hat er am meisten geredet und am Hofe gebraucht und hat sie gefördert. Er hat den vier Winden und den Monaten (wie etliche schreiben) neue Namen gegeben, nämlich „Nord, Süd, Ost, West", wiewohl mich dünkt, diese Namen seien lange vorher bei den Teutschen im Gebrauch gewesen. Die Namen der Monate sind diese: den Jänner hat er den „Wintermond" genannt, den andern „Hornung", den Märzen den „Lenz", den April den „Ostermond", den Mai den „Wonnemond"; „Brachmond" behält den Namen, desgleichen der „Heumond"; den August hat er den „Erntemond", den Herbstmond den „Widmond" genannt; der „Weinmond" behält noch seinen Namen; den wir jetzo „Wintermond" heißen, hat er den „Herbstmond" genannt, den Christmond den „Heiligen Mond".

Er hat auch eine besondere Grammatik über die teutsche Sprache gemacht und derselben Maß und Art der lateinischen geben wollen, damit man sie auch durch etliche Regeln lernen möchte, nit allein durch den Gebrauch; er hat ihr ihre rechte Art gegeben, wie man ein jegliches Wort recht schreibe, recht hintenaus ende, dehne und zusammensetze. Ich habe etliches solches Teutsch gelesen in den alten Schriften, aber es ist schwer zu verstehen. Es sind ihm darin etliche teutsche Geistliche nachgefolgt, nämlich der Erzbischof von Mainz, mit Namen Raban, und Walahfrid, der Abt von Sankt Gallen, Haimo, der Bischof von Hildesheim, und Herr Hermann der Lahme, ein Graf von Feringen in Schwaben, die haben die ganze Bibel in solches Teutsch gebracht: das ist einem, der nit wohl verständig der Sprache ist, unverständlicher denn die lateinische, aber sie ist durchweg artig und wohl verteutscht.

Item er hat auch die teutschen Gesänge, die von den alten Helden der Teutschen gemacht sind, zusammen in ein Buch bringen lassen und hat ihrer etliche auch selbst gesetzt; aber sie sind meistenteils verloren und hernach durch etliche gefälscht worden.

Die Künste, die aus Unfleiß seiner Vorvordern gar schier verfallen waren, hat er, wie er sich rühmte, wieder aufgerichtet und hat die zwei Gelehrtesten, die zu derselbigen Zeit lebten, aus Schottland zu sich gefordert, mit Namen Clement und Albewein. Den andern Albewein, einen Engländer, hatte er bei sich am Hof. Albewein den Schotten schickte er gen Pavia, seinen Gesellen Clementem gen Paris, Albewein den Engländer gen Tours, da Sankt Martin liegt. Einen gelehrten Teutschen, der Waldo hieß und Abt in der Reichenau war, den schickte er auch gen Paris. Da mußten sie die hohe Schule halten und einrichten, und er gab ihnen aus der Kammer Sold und stiftete ihnen Pfründen. Die mußten umsonst die Knaben der Edeln und auch andere lehren. Kinder der Armen, die geschickt waren, unterhielt er selbst, wie denn (hochlöblichen Gedächtnisses) Kaiser Maximilian zu Wien in Österreich und zu Freiburg im Breisgau etlichen armen, geschickten Jünglingen (die ich wohl gekannt habe) getan hat, auch Herzog Georg und sein Vater, Herzog Ludwig von Landshut, zu Ingolstadt dergleichen Stiftungen aufgerichtet haben. König Ludwig aus Frankreich unterhielt zu Paris bei meinen Zeiten der armen Schweizer Kinder und Söhne. Aber ich komme wieder an Kaiser Karl.

Da er nun solche Schule gestiftet hatte, kam er gen Paris: da mußten ihm die jungen Knaben und Gesellen, so er dem Clemens dem Schotten und Waldo dem Schwaben befohlen hatte, Briefe und Verse, desgleichen auch Schriften bringen; er wollte doch sehen, was sie gelernt hätten. Da fand er, daß der Armen Kinder ihr Bestes getan hatten, die der Reichen und Edlen hatten der Wollust des Leibes gewartet und sich nit viel um die Bücher gekümmert. Da stellte er die Armen gesondert auf die rechte Seite und sagte zu ihnen: „Habt Dank, meine Söhne, ihr habt meinem Befehl Genüge getan und seid mir gehorsam gewesen; ihr müßt große Herren werden, die besten Pfründen und größten Bistümer müssen euer sein; ich will euch an den Hof nehmen und zu Räten und Hofmeistern machen." Darnach kehrte er sich auf die linke Seite zu den Reichen und Edlen und sprach zu ihnen zorniglich: „Ihr Zarten und Ungeratenen tröstet euch des Reichtums und Adels eurer Vorvordern, habt die kaiserliche Majestät geunehrt, seid ihrem Gebot ungehorsam gewesen und habt sie verachtet. Gott soll mein Zeuge sein: bessert ihr euch nit, so sollt ihr von uns nichts denn schwere Strafe und Ungnade zu erwarten haben, damit sich andere daran stoßen."

Er hat auch die ganze Bibel neuen und alten Testaments, so durch die Abschreiber lange Zeit her vielfältig gefälscht und immer falsch abgeschrieben wurde, aus der hebräischen und griechischen Sprache wieder auf den rechten Grund bringen lassen und hat ein offenes Landgebot, das noch vorhanden ist, in das ganze Reich ausgehen lassen, daß man solche Bücher überall annehme und hinfüran in allen Kirchen brauche, damit man nit Gott erzürne, wenn man so unfleißig in der Kirche ist, wider die rechte Art der Sprache unverständlich und falsch geschriebene Bücher gebraucht und (wie man spricht) wie die Nonnen den Psalter singt, die nit wissen, was es ist. Den Gottesdienst, den man noch jetzo mit Gesang und Lesen in der Kirche übt, hat er also geordnet durch seinen Kaplan, Herrn Paulus Warnefrid, der zu denselbigen Zeiten der gelehrteste Wälsche war.

Er hat auch viele Konzilien gehalten zu Arles, zu Châlon in Hochburgund, zu Reims und Tours in Westfrankreich und zu Mainz, damit er die Geistlichen in Ordnung hielte und der christliche Glaube mit den Werken, nit allein mit den Worten bekannt würde.

Von Kaiser Karls Tod

Sein Kanzler Eginhard gibt viele Zeichen an, die seinen Tod angezeigt haben sollen; aber solches will sich mit unserem wahren christlichen Glauben nit vertragen, der allein auf Christum sehen soll als einigen regierenden Fürsten und Herren des Himmels, Erdreichs und der Hölle. Und als man zählte von Christi Geburt achthundert und dreizehn Jahre, merkte Kaiser Karl, daß er nit so lange mehr möchte leben: so plötzlich nahm er ab. Damit kein Krieg und keine Uneinigkeit nach seinem Tod entstünde, forderte er einen Reichstag gen Aachen und berief dahin auch seinen Sohn, König Ludwig aus Gasconien, den machte er zum römischen Kaiser nach sich, und er beschloß auch, daß nun hinfüran zu ewigen Zeiten Aachen die Hauptstadt in Frankreich sein sollte, wo man alle fränkischen Könige und künftigen Kaiser krönen sollte, wie denn bis auf den heutigen Tag noch der Brauch ist.
Darnach schickte er seinen Sohn König Ludwig wieder nach Gasconien. Er jagte und suchte seine Kurzweil mit Jagen den ganzen Herbst hernach. Als er im Winter wieder gen Aachen kam, da ergriff ihn im Christmond heftig das Fieber; er wähnte, er wollte es vertreiben mit Fasten und Hunger, wie zuvor, und trank nur, aber es mehrte sich nur die Krankheit desto stärker. Und am siebenten Tage, nachdem er ganz gelägerhaftig worden war, gab er seinen Geist auf um die dritte Stunde des Tages an dem achtundzwanzigsten Tage des Jänner, im zweiundsiebenzigsten Jahre seines Alters, des Reiches im siebenundvierzigsten, nach Christi Geburt achthundert und vierzehn Jahre, im siebenten Jahre der kaiserlichen Steuer. Er hatte nichts befohlen, wie oder wohin man ihn begraben sollte: man legte ihn gleich zu Aachen in Unserer Frauen Kirche, wo er noch begraben liegt und man sein Grab sieht und zeigt und wohin zuweilen große Wallfahrt gewesen ist.

Wie man Kaiser Karl in die Zahl der Heiligen geschrieben hat

Als man zählte nach Christi unseres Herren Geburt tausend einhundert und sechsundsechzig Jahre, hat der heilige Vater Papst Hadrianus der Vierte, aus England gebürtig, zu den Zeiten Kaiser Friedrichs des Ersten Karl den Großen, den ersten teutschen Kaiser, der das Kaisertum zu den Teutschen gebracht hat, kanonisiert und in die Zahl der Heiligen geschrieben und geboten, daß man nun hinfüran seinen Tag feiern und ihn unter andern Heiligen ehren und sein Gedächtnis jährlich halten soll.

Von dem Vermächtnis und Testament Kaiser Karls

Seinen letzten Willen hatte er vor drei Jahren schon gemacht. Alle kaiserliche fahrende Habe, Gold, Silber, Edelgestein, Kleider, Becher, Tische, Harnische, kurz alle kaiserliche Zier und Hausrat hat er zuerst nach Brauch der alten und kaiserlichen Rechte in zwölf gleiche Teile geteilt. Seinen Kindern und Erben hat er zuerst vermacht nur einen Teil aus den zwölfen, desgleichen einen aus den zwölfen seinem Hofgesinde. Die übrigen zehn Teile hat er alle armen Leuten vermacht und weiter in einundzwanzig gleiche Teile geteilt nach der Zahl der einundzwanzig Bistümer, die damals im ganzen Reiche waren; die Erzbischöfe mußten solches unter die Armen und Notleidenden in ihren Bistümern austeilen.

Er hatte einen ganz goldenen Tisch und drei ganz silberne Tische: im ersten war gestochen das alte Rom, im zweiten das neue Rom oder Konstantinopel, im dritten die ganze Welt; sie kosteten ihn gar viel Geldes. Er hieß sie auch verkaufen und vermachte das Geld dermaßen, wie oben angezeigt, den Armen.

Von den Erzbistümern damals im Reich

Die Erzbischöfe waren Testamentsvollstrecker und mußten das Vermächtnis ausführen, das Gut und den kaiserlichen Schatz und alle fahrende Habe und Hausrat unter die Armen austeilen.

Es waren damals einundzwanzig Erzbistümer im Reich: in Italien Rom, Ravenna, Friaul, Aquileja, Mailand; in Savoyen Tarantaise und Yverdun; in der Provence Vienne und Arles; in der Gascogne und Aquitanien Bordeaux und Bourges; in Westfrankreich Sens, Tours, Lyon, Reims, Rouen; in Ostfrankreich Besançon, Köln, Trier, Mainz, Salzburg.

Hie endet sich das Leben des heiligen Kaisers Karl des Großen, zu Regensburg geteutscht im Augustmond am 4. Tag Anno 1531 durch Johannsen Aventin aus Befehl meines gnädigen Herrn Herzog Ludwigs.

Das fünfte Buch
der Baierischen Chroniken
Eine kurze Vorrede

Es ist ein altes, wahres Sprichwort: „Wenn ein Ding auf das Höchste kommt, so muß es wieder herab auf das Niederste." Also ist dem alten römischen Reich vor Zeiten, auch dem sarrazenischen bei unserem Gedächtnis geschehen. Dermaßen ist auch des großen Kaiser Karls Stamm, das älteste königliche baierische Haus, eine Weile bisher am höchsten gewesen und hat sich durch ganz Europa ausgebreitet, aber jetzo nun steigt es allmählich wieder herab. Es sind viel mehr Lande seinem Namen entzogen worden, als es jetzo umschließt: zuerst die Krone Ungarn, ein Teil von Mähren, nachmals Österreich, Kärnten, Steiermark, die Winden, Tirol, Bamberg, das Vogtland, Salzburg, so alles vor Zeiten unter dem baierischen Namen begriffen ist worden. Nach dieser Zeit haben die Kaiser den baierischen Kreis in viele Fürstentümer, geistlich und weltlich, zertrennt, jeglichem Ort einen Fürsten für sich selbst gegeben und Lehen vom Reich gemacht; haben auch auf und ab nach ihrem Gefallen die Herzoge wie die Amtleute eingesetzt und eine lange Zeit nur Ausländern, ihren Freunden, das Herzogtum Baiern verliehen; am ersten den Sachsen, nachmals den Schwaben, wie ich in den nachfolgenden Büchern beschreiben werde. Und der erste ausländische Fürst ist Herzog Heinrich der Erste, ein Sachse, dessen Taten und Geschlecht ich vornehmlich in diesem fünften Buch zu beschreiben vorhabe.

Von einer großen Veränderung im Reich

Es ist dieser Zeit unter diesem König Heinrich dem Vierten eine große Veränderung geschehen nit ohne großes Blutvergießen und Verderbnis von Land und Leuten an Leib und an Seele. Es ist der erste Aufruhr zwischen den Päpsten und dem Kaiser entsprungen; zwei Könige sind darunter um Leib und Leben gekommen, so die Päpste wider Kaiser Heinrich aufgeworfen hatten. Es sind auch gemeiniglich zwei Päpste gewesen, der eine kaiserlich, der andere für sich selbst, den hieß man den nordmannischen Papst; denn die

Nordmannen, öffentlich des Reiches Feinde, halfen ihm wider den Kaiser.

Es waren drei nachhaltige Artikel im Streit. Die Kaiser und Könige hatten bisher die Bistümer, auch das Papsttum, alle Abteien und Propsteien verliehen; da wollte der eine Papst freie Wahl haben, eine ganze Gemeinde sollte einen erwählen. Der andere Artikel war von der Weiber wegen der Pfaffen. Der nordmannische Papst verbot den Pfaffen die Ehe und gebot den Laien, sie sollten keine Messe hören der Pfaffen, die Eheweiber oder Köchinnen oder verdächtige Weiber bei sich hätten; ein solcher Pfaffe, der Messe hielte, wäre im Bann, der sie hörte, wäre auch im Bann. Es sollte niemand solchen Pfaffen eine Ehre erweisen, man sollte sie für gebannte Leute halten, ihnen weder Opfer noch Zehnten reichen; die Laien möchten selbst taufen und den Leib Christi nehmen.

Das dritte Stück war, daß man einen König, einen Herren, der nit wohl regiere und der Allgemeinheit nit angenehm wäre, wohl möchte absetzen. Ein Herr vermöchte einem Diener, wenn er ihm nit gefiele und übel diene, wohl Urlaub geben: desgleichen möchten auch die Untertanen tun: wo die Obrigkeit übel hause und ihnen nit gefiele, möchten sie sie absetzen, wären ihren Eid zu halten nit schuldig.

Diese Stücke hielten die Gelehrten, die Päpste und Bischöfe, die zuerst der größere Teil und alle kaiserlich waren, für die größte Ketzerei und widerstritten sie nit allein mit Schriften, sondern auch mit den Fäusten bis in das dreißigste Jahr, bis die Widerpartei oblag, großes Glück hatte und vorbrach. Denn obgenannte Stücke waren dem gemeinen Mann ganz annehmlich, der fiel auf des nordmannischen Papstes Seite (jetzo nennt man sie in Italien die Gwelphen, so wider den Kaiser sind), sie verbrannten den Zehnten, rissen den Pfaffen, so bei verdächtigen Weibern saßen, das Sakrament aus den Händen und traten es mit Füßen. Es war ein wildes, jämmerliches Wesen durcheinander, das zu erbarmen ist. Die Sachsen fielen vom Kaiser und hielten obgenannte Stücke, wollten sie mit etlichen ihrer Bischöfe auch mit der Wehr verteidigen, machten sich andere Könige mit Zustimmung des nordmannischen Papstes; aber sie wurden darob erwürgt samt ihren Königen.

Es wäre viel davon zu schreiben und bedürfte eines ganzen Buches. Es ist die ganze Christenheit, das Reich, Teutschland durch diese Zwietracht dermaßen verderbt worden, daß sie es noch bis auf den heutigen Tag nit überwunden haben; sie haben so lange Zeit her nichts Treffliches ausgerichtet. Es schreiben wider einander und schelten einander die Päpste, die Sachsen und der Kaiser, daß ich mich schäme, es zu schreiben und in das Teutsch zu bringen. Es ist besser, man wisse es nit; jedermann ärgert sich nur über solches Schreiben, niemand bessert sich.

Aber es ist genug; ich will nit mehr hie verteutschen, denn was ganz Baiern betrifft.

Das sechste Buch
der Baierischen Chroniken
Eine Vorrede in das sechste Buch

Die römischen Kaiser haben bisher eine lange Zeit Baiern regiert, nach ihrem Gefallen ihre Brüder, Söhne und Hauptleute, Sachsen, Franken, wie die Amtleute auf- und abgesetzt, haben es zuweilen eine Zeit lang selbst ohne Herzoge regiert und gemeiniglich zu Regensburg Hof gehalten, wie denn obgenannter Kaiser Heinrich der Vierte am meisten getan hat; er hat Baiern sechsmal verliehen, zweimal die Fürsten desselben wieder entsetzt und vertrieben und selbst eine Zeit lang das Herzogtum Baiern frei regiert, darum er denn auch der achte Herzog dieses Namens in Baiern genannt wird. Er hat, als man zählte nach Christi Geburt tausendundeinundsiebenzig Jahre, das Herzogtum Baiern verliehen Graf Welphen von Ravensburg und der Amper, von Geburt einem Schwaben. Ihn und sein Geschlecht will ich in diesem sechsten Buche beschreiben.

Das siebente Buch
der Baierischen Chroniken
Eine kurze Vorrede in das siebente Buch

Nun in diesem Buch werde ich beschreiben das älteste baierische Geschlecht, die Pfalzgrafen von Baiern, so bis jetzt Baiern und die Pfalz am Rhein regieren, von den sächsischen Kaisern des Herzogtums entsetzt und eine Zeitlang her hart gedrückt worden, unter den schwäbischen Kaisern wieder aufgekommen und hoch gewachsen sind. Die Welt tut es nit anders: immer ein Geschlecht, ein Haus drückt das andere; das tut der Neid und daß jedermann sich selbst mehr wohlwill denn seinen Nachbarn. Also ist vor Zeiten das alte fränkische Haus von dem baierischen, das baierische von dem sächsischen, das sächsische von dem schwäbischen, das schwäbische von dem böhmischen, das böhmische von dem österreichischen gedrückt und niedergehalten worden.

Die Fürsten von Scheiern (das älteste Geschlecht und größte des baierischen Namens, davon wie aus einem Brunnen andere große Geschlechter geflossen sind) haben eine Weile sich gedulden müs-

Marsius, der dem Marschenland den Namen gab: „Von dannen her biß auch noch heut / Nennt mans Marser oder Meerleut"

sen und nur Grafenstand gehabt und sind eine lange Zeit ihres großväterlichen und väterlichen Erbes, des Herzogtums Baiern, beraubt gewesen. Aber jetzo kommt das Glück wieder und erhebt sie wieder dermaßen, daß sie eine Weile über andere Häuser hoch gestiegen sind, sich bis an den Rhein, nach Frankreich, in das Niederland, Seeland, Holland, Hennegau, Friesland, Dänemark, in die Mark, gen Tirol und Kärnten, bis nach Italien und gen Rom, die Haupstadt der ganzen Welt, ausgedehnt haben. Welches alles in diesem nachfolgenden Buche, nützlich und kurzweilig zu lesen, mit kurzen Worten beschrieben ist zu Lob, Ehre und Preis und Wohlfahrung der durchleuchtigen, hochgebornen Fürsten und Herren, Herrn Wilhelm und Herrn Ludwig, Gebrüder, Pfalzgrafen bei Rhein, Herzoge in Ober- und Niederbaiern etc., meiner gnädigen Herren; denn auf Ihrer fürstlichen Gnaden Befehl und Kosten hat Aventinus, Ihrer fürstlichen Gnaden untertäniger Diener, diese Bücher zuerst im Latein, darnach in das Teutsche zusammengebracht.

Von den Bettelorden, so dieser Zeit aufgekommen sind

Dieser Zeit stunden zwei Sekten im Glauben auf durch einen, der hieß Bernhard: die ersten hießen „die Armen von Lyon", die andern „die Demütigen aus Wälschland". Die predigten öffentlich dem Volk, legten die heilige Schrift aus ohne Erlaubnis der Geistlichen. Die von Lyon hatten nichts Eigenes, keinen Vorrat, gar nichts denn was sie täglich bettelten von Haus zu Haus; sie gaben aus und hielten selbst dafür, sie führten ein evangelisches Leben und wie die Zwölfboten. Beide Parteien waren beredt und konnten die Geistlichen wohl bloßstellen und derselben Laster anzeigen und hervor ans Licht ziehen. Papst Innocenz der Dritte verwarf solche Ketzer.

An ihrer Statt kamen zwei andere Orden, von Sankt Franziskus und Dominikus aufgebracht, die wir Barfüßer und Prediger nennen. Papst Innocenz der Dritte wollte sie nit bestätigen. Es waren auch viele Bischöfe wider sie, deren Bücher, wider solche Bettelorden geschrieben, noch vorhanden sind. Etliche meinen und sagen, Kaiser Friedrich habe sie zuerst wider die Päpste bestätigt. Nachmals, da sie auf des Papstes Seite gefallen sind, hat sie der

Papst auch zugelassen und allmählich bestätigt; denn lange Zeit haben sie großen Krieg geführt mit den Pfarrern und Bischöfen, denen sie mit der Zeit mit Beichten und letztwilligen Verfügungen und anderem mehr großen Abbruch getan haben. Also hat der Teufel nie gefeiert und hat allweg seine Zwietracht in der Christenheit gehabt: wo man ein Loch hat zumachen wollen, ist an einem andern Ort ein größeres aufgebrochen. Man will keinen Mißbrauch, er sei so grob und unrecht er wolle, nit abtun: so geht's darnach also. Etlichen sind solche Zwietrachten nit unnütz, die scheren ihren Weizen darunter; es wird ihnen von den Parteien heimlich viel geschenkt, damit man sie schützt.

Das achte Buch
der Baierischen Chroniken von Kaiser Ludwig, so zu München liegt, bis auf unsere Zeit, geteutscht zu Regensburg Anno etc. 1532 aus Befehl meines gnädigen Herren Herzog Ludwigs durch Joannem Aventinum am Samstag vor Mariä Magdalenä am 20. Tag Julii

Eine kurze Vorrede

In den oberen sieben Büchern sind beschrieben alle baierischen Fürsten, einer auf den andern bis auf Kaiser Ludwig den Vierten, so zu München liegt und das Haus Baiern hoch erhoben hat, auch dermaßen das heilige römische Reich und die kaiserliche Majestät nit ohne große Mühe wieder in ihre alte Würde und Ansehen zu bringen sich unterstanden, demnach große Widerwärtigkeit von den Gwelfen und den Päpsten Johannes dem Zweiundzwanzigsten und Clemens dem Sechsten, auch von Graf Philipp von Valois, dieses Namens dem sechsten König in Frankreich (wie ich gründlich aus den Schriften des Kaisers selbst und desgleichen der Päpste anzeigen werde) gelitten hat. Denn solche Sachen sind in keiner Chronik recht angezeigt und gründlich hervorgebracht, darum ich solchem großen Handel ein eigenes Buch gegeben habe, darinnen ich auch, was nach Kaiser Ludwig sich bis auf Menschen Gedächtnis verlaufen hat, voraus im Lande zu Baiern, beschreiben werde. Und will zuvor eine kurze Meldung von der Geburt, Sitten und Leben obgemeldeten Kaiser Ludwigs nach Brauch der Historien tun.

Hie hebt sich an das achte und letzte Buch der Baierischen Chroniken

Von den Tugenden Kaiser Ludwigs

Kaiser Ludwig, dieses Namens der vierte römische Kaiser und fünfte König in Germanien und teutschen Landen, desgleichen der fünfte Herzog in Baiern, ist geboren zu München im Jahr nach Christi unseres Herren Geburt 1287; er ist im siebenten Jahre gewesen, da er seinen Vater Pfalzgraf Ludwig bei Rhein und Herzog in Baiern verloren hat. Seine Mutter Frau Mechthild, König Rudolfs Tochter, eine weise, vernünftige Fürstin hat ihn erzogen und ist sein Vormund allein gewesen. Er ist zu Wien in Österreich mit seinen Vettern, König Albrechts, seiner Mutter Bruders, Söhnen, in Lehre und Schule erzogen worden.

Er ist merklich vor anderen Fürsten, die dieselbige Zeit im Reich waren, geschickt gewesen, der lateinischen Sprache vor anderen Fürsten wohl kundig, hat viele vornehmlich in der heiligen Schrift und in den Rechten gelehrte Leute, Teutsche, Wälsche, Engländer, am Hofe gehabt und nach derselben Rat gehandelt. Etliche schreiben von ihm, daß er zu sehr die Arbeit geflohen habe und zu unfleißig in der Zucht seiner Erben gewesen sei. Die Geistlichen, Mönche und Klosterjungfrauen die loben ihn sehr, halten ihn für den allerchristlichsten, gottesfürchtigsten und demütigsten Kaiser, setzen ihn in den Himmel, bezeugen solches mit besonderen Wunderzeichen und Gesichten, zeigen sein Messer, Tischtücher und anderes dergleichen mehr als Heiltum. Zu Indersdorf im Kreuzgang ist er abkonterfeit in gar schlichter Kleidung, da speist er die Armen mit seinen eigenen Händen.

Er ist nit mächtig gewesen und hat nur das Oberland innegehabt, Wasserburg, München, Ingolstadt; die Pfalz am Rhein besaß sein Bruder Rudolf; das Niederland, Landshut, Burghausen, Cham, Straubing, der Wald hatten eigene besondere Fürsten.

Wie Kaiser Ludwig an das Reich gekommen und zu Aachen gekrönt ist worden

Als Kaiser Heinrich, geboren von Lützelburg, der siebente römische Kaiser und zehnte König in Germanien und teutschen Landen, von dieser Welt in Italien verschieden war, kamen doch zuletzt die Kurfürsten, als man zählte nach Christi Geburt dreizehnhundert und vierzehn Jahre, zu Frankfurt im Weinmonat zusammen. Herzog Friedrich aus Österreich, König Albrechts Sohn, der bemühte sich sehr um das Reich, das wohl vierzehn Monate nun ohne ein Haupt verwaist gewesen war. Man beschuldigte die Kurfürsten, daß sie Hinterlist gebrauchten und ihren Nutzen suchten etc. mit so langer Verzögerung der Wahl eines

Hauptes des heiligen römischen Reichs. Der gemeine Mann schlug das Reich obgemeldetem Herzog Friedrich von Österreich anheim; der war mächtig, schenkte viel aus, gab groß Geld und Gut dem Pfalzgrafen Rudolf am Rhein, Kaiser Ludwigs leiblichem Bruder, verheiratete seinem Bruder Heinrich, Herzog zu Österreich, Ruprechts von Bernburg, Erzbischof Heinrichs zu Köln Bruders, Tochter. Er nahm Frau Else, eine Königin von Arragon, und gab zu der Ehe seine Schwester Katharina dem Herzog Karl zu Kalabrien, König Ruprechts von Sizilien Sohn. Er machte auch einen Bund mit seiner Mutter Bruder, dem Grafen Heinrich von Tirol, Herzog in Kärnten, der sich schrieb König in Böhmen und Polen und aus diesen Königreichen vertrieben war von König Johann, obgenannten Kaiser Heinrichs des Siebenten Sohn. Es war auch König Karl aus Ungarn Geschwisterkind mit Herzog Friedrich aus Österreich. Der stellte jetztgemeldeter Gestalt nach dem Reich und zog (er meinte nit anders, denn er wäre gewißlich künftiger König) nit mit kleiner Macht mitsamt obgenanntem Herzog Heinrich aus Kärnten und Grafen zu Tirol, vertriebenem König aus Böhmen, mit Graf Heinrich von Görz und Graf Meinhard von Ortenburg an den Main und schlug sich in das Feld vor Frankfurt auf der andern Seite jenseits des Maines.
Die zwei geistlichen Kurfürsten und Erzbischöfe Peter von Mainz und Balduin von Trier, des obgenannten Kaisers Heinrich, geboren von Lützelburg, Brüder, und dessen Sohn König Johann aus Böhmen, Herzog Johann der Ältere aus Sachsen, Markgraf Waldemar von Brandenburg erwählten Herzog Ludwig von München zu einem römischen König (der ein guter Kriegsmann und sonst auch, wie oben und erst angezeigt ist, vor andern Fürsten, wiewohl arm, geschickt war), schickten nach ihm, ließen ihn zu Frankfurt ein und eröffneten (wie denn gewöhnlich ist) die Wahl an Sankt Lukas, des heiligen Evangelisten, Tag. Darnach von stundan führten sie diesen erwählten König Ludwig mit seiner Hausfrauen, der Königin Beatrix, gebürtig aus Polen, hinab gen Aachen und krönten sie beide, den König und die Königin, nach alter Gewohnheit.

Wie Herzog Friedrich von Österreich auch König wollte sein

Als König Ludwig mit seinem Gemahl zu Aachen gekrönt war, zog er wieder herauf gen Köln und verlieh allda die Lehen des Reiches als ein gewaltiger römischer König. Unterdessen kam Herzog Friedrich von Österreich mitsamt Erzbischof Heinrich von Köln, seinem Schwager, und mit Pfalzgraf Rudolf am Rhein, König Ludwigs leiblichem Bruder, nit mehr denn mit zwanzig Pferden heimlich gen Bonn, vier Meilen oberhalb Köln, und ward allda in Sankt Cassii Kirche auch zum König gekrönt von obgenanntem Erzbischof.

Aber sein Heer und seine Hauptleute, Herzog Heinrich aus Kärnten und von Tirol, Graf Heinrich von Görz, die mußten aus Furcht vor Überfall das Lager räumen und die Zelte hinter sich lassen, machten sich davon, zertrennten, zerstreuten sich (man wollte sie nirgends einlassen), eilten und stahlen sich so wieder heim durch die Lande, behalfen sich mit den Rüben, so noch auf dem Felde standen und noch nit ausgezogen noch eingebracht waren. Desgleichen kam König Friedrich heimlich nach Österreich. Ihn hielt niemand für einen König denn seine Erblande und seine Schwäger, Freunde und Nachbarn: der Herzog von Kärnten, Graf zu Tirol, der Graf von Görz, die Bischöfe von Passau und Salzburg, die Stadt Ulm und der Pfalzgraf am Rhein, König Ludwigs leiblicher Bruder. Andere Fürsten und Herren, geistlich und weltlich, und gemeiniglich alle Städte nahmen König Ludwig an für ein Haupt des heiligen römischen Reichs.

Wie König Ludwig seinen Bruder, den Pfalzgrafen am Rhein, vertrieb und wieder herauf nach Baiern zog

Da nun König Ludwig zu Köln die Lehen verliehen hatte, zog er wider seinen leiblichen Bruder, Pfalzgraf Rudolf am Rhein, der auf König Friedrichs Seite war, vertrieb ihn aus dem Land und nahm sein Land und Leute ein. Und dieser Pfalzgraf Rudolf ist in England im Elend gestorben, seine Gemahlin, König Adolfs von Nassau Tochter, in Österreich bei König Friedrich.

Nach dem allen zog König Ludwig herauf nach Baiern und hielt eine Landschaft zu Ingolstadt und Landshut (welche Städte er als Vormund seiner jungen Vettern, wie oben im siebenten Buch gemeldet ist, innehatte) im Mai und Heumonat, wie die alten Briefe, Geschäfte und Freiheiten, von ihm allda ausgegangen, beweisen.

Wie die Schweizer diese Zeit aufgekommen sind

Dieser Zeit in dem Dorf Schweiz (vormals bisher ganz unbekannt) im Herzogtum Schwaben, in der Grafschaft Habsburg, im Gebiete der Herzoge von Österreich erhob sich ein gemeiner Mann mitsamt andern von wegen des Schindens der Pfleger, Richter und Schergen, erschlug die Amtleute der Herzoge von Österreich und gewann allmählich einen großen Anhang; es fielen ihm zu die Nachbarn und Angrenzer und wurden von obgenanntem Dorf, daraus der erste war, die Schweizer genannt; sie verjagten und erwürgten überall herum die Amtleute und richteten einen freien Stand ein.

Da solches Herzog Leopold von Österreich, König Friedrichs Bruder, rächen wollte mit vielen vom Adel und sich in das Gebirg wider obgenannte Bauern begab, ward er von den Bauern, genannt die Schweizer, geschlagen und verlor fast allen seinen Adel, alle seine besten Leute, unter welchen auch erschlagen wurden vier von Toggenburg. Er selbst kam kaum davon; einer, der des Gebirgs wohl kundig war und Wege und Stege wohl wußte, half ihm davon.

Also hat seither immer der Schweizer Name und Macht zugenommen und ist dermaßen gewachsen, daß sie allen Kaisern, Königen, Fürsten und Herren, geistlichen und weltlichen, bisher zu mächtig sind gewesen; wer ihre Freundschaft und Huld gehabt hat, hat vermeint, unüberwindlich, sicher vor männiglich zu sein.

Wer solches, alles, nützlich zu wissen, kurzweilig zu lesen, gründlich wissen will, der lese ihre Chronika, so sie vor etlichen Jahren im Druck haben ausgehen lassen.

Das erste Scharmützel König Ludwigs mit König Friedrich um das Reich vor Eßlingen

König Friedrich gab Preßburg und die Schütt (so einst seinem Vater, König Albrecht, von König Andreas aus Ungarn übergeben worden waren) seinem Vetter König Karl von Ungarn wieder, damit er von ihm wider König Ludwig Hilfe erlangte. Er brachte also ein großes Volk zusammen, zog durch Kärnten und die Grafschaft Tirol, kam nach Schwaben in die oberösterreichischen Lande mit Hilfe des Grafen von Kirchberg, belagerte die Reichsstadt Eßlingen, nahm die Vorstadt ein und wollte den Neckar abgraben. Aber er ward von denen in der Stadt mit Geschoßen weggetrieben, schlug das Lager hernach gegen Mitternacht am Berg und ließ etliche Stürme antreten. König Ludwig kam der Stadt zu Hilfe, legte sich auf die andere Seite des Neckar und lag bis an dem achten Tag still; es geschah keine rechte Feldschlacht. Wohl aber taten täglich beide Teile etliche kleine Scharmützel miteinander, in welchen Stephan von Gumppenberg, ein böhmischer Herr, nachmals ein baierischer Edelmann (von dem die Gumppenberger jetzo in Baiern hie sind) das Beste tat auf König Ludwigs Seite; er ward verwundet von Heinrich von Schwinkreist; nichtsdestoweniger eilte er demselbigen nach in der Feinde Haufen, erstach den Gaul unter ihm, fing ihn, brachte ihn also lebendig mit sich davon in König Ludwigs Heer, ließ ihn jedoch ledig, setzte ihm einen Tag, an dem er sich wieder stellen sollte, und schenkte ihm einen Gaul. Der stellte sich darnach nach damaligem Brauch der Ritterschaft mit einem Pferd und Armbrust.

Nachmals an einem Abend stießen an einer Furt des Neckars diejenigen, so die Gäule tränken wollten, von beiden Seiten aufeinander und hauten miteinander drein. Ein jeder Teil verstärkte die Seinen und zog aus dem Lager; es ward eine Schlacht daraus. Die Nacht fiel ein und zertrennte sie wieder; kein Teil lag ob. Es kamen nit viele Knechte um, ihrer etliche wurden gefangen; auf beiden Teilen wurden erschlagen hundertundsiebenzig Reiter, unter welchen ein Graf von Kirchberg war auf König Friedrichs Seite.

Nachmals brach man auf beiden Seiten auf; jedermann zog weiter, ungeschlagen wieder heim; niemand hatte Lust zu solcher Schlacht, unter so nahe gesippten Freunden; denn König Ludwigs

Mutter war König Albrechts, des Vaters König Friedrichs, leibliche Schwester; sie waren nur Geschwisterkind miteinander und Enkel König Rudolfs.

Diese Schlacht ist geschehen in dem Jahr nach Christi Geburt dreizehnhundert und sechzehn Jahr.

Von Papst Johannes dem XXII., wie zu ihm König Friedrich seine treffliche Botschaft schickte

Im jetztgesetzten Jahre ward zu Avignon in der Provence (wo damals der Papst Hof hielt) zum Papst erwählt Jakob von Cahors und ward Papst Johannes der Zweiundzwanzigste genannt. Zu dem schickte König Friedrich seine treffliche Botschaft, nämlich Bischof Konrad von Gurk, wollte vom Papst am Reiche bestätigt sein und begehrte, daß der Papst König Ludwig entsetzte und in den Bann täte.

Und da der jetztgenannte Bischof von Gurk König Friedrich sehr lobte und sagte, sein Vater König Albrecht, desgleichen sein Ahnherr König Rudolf wären weise, vernünftige, fromme Könige und Fürsten gewesen, demnach würde König Friedrich solchen seinen Vorvordern in allen Tugenden nachschlagen, da antwortete der Papst darauf: König Salomon wäre der weiseste König unter der Sonne gewesen und hätte dennoch einen ungeratenen Sohn hinter sich gelassen, König Roboam; der wäre ein lauterer Narr gewesen, hätte nichts verstanden, hätte die alten getreuen Räte seines Vaters geschmäht, hätte den jungen, mit ihm erzogenen Gesellen gefolgt und hätte sich also um die zehn Orte und den größten und besten Teil des Königreiches der Jüdischheit gebracht. Also zog die österreichische Botschaft wieder heim und richtete nichts aus.

Und ich finde etliche Briefe und Bullen, die Papst Johannes XXII. König Ludwig geschrieben hat, darin schreibt er ihm: „dilecto filio, nobili viro domino Ludovico electo Romanorum regi", das ist in Teutsch: „unserem lieben Sohn, dem edlen Mann Herrn Ludwig, erwähltem römischen Könige".

Weiter von Papst Johannes XXII., was für ein Mann er gewesen sei

Ich habe einen Brief der Gelehrten der heiligen Schrift von Paris an diesen Papst gelesen, darin sie ihn beschuldigen, er halte dafür, daß keine Seele vor dem jüngsten Tag in den Himmel komme. Es sind auch etliche Bücher, auf Pergament und Papier geschrieben, noch vorhanden in unseren Libereien und Buchkammern, ausgegangen von etlichen hohen Schulen und Doctoren der heiligen Schrift, darin obgemeldeter Papst von obbemeldeten Stückes und anderer mehr wegen „archihaeresiarcha", das ist „Erzketzer" gescholten wird. Solcher Bücher eines hab' ich auch zu Augsburg gefunden im Jahr nach Christi Geburt 1527, da mich mein gnädiger Herr Herzog Ludwig etc. dahin schickte zu Doctor Konrad Peutinger, der alten Geschichte wohl kundig, zu erforschen bei ihm etliche alte Dinge, das Haus Baiern betreffend. Das finde ich in dieses Papstes Schreiben, daß er ein überaus listiger, verschlagener und gelehrter, auch geschickter Mann ist gewesen; er hat mehr Geld denn je ein Papst vor ihm beieinander gehabt. Er ist mit den Barfüßern von der Armut Christi und seiner Zwölfboten wegen auch uneins gewesen, hat dieselben Ketzer und Esel gescholten und ihrer viele, Mann und Weib, verbrennen lassen; er hat die Laienschwestern auch nit dulden wollen und hat sie gezwungen zu dem ehelichen Stand.

Item das Gemälde der heiligen Dreieinigkeit, wie man es jetzo malt, hat er auch als Ketzerei der Anthropomorphiten (das ist derer, die der Gottheit menschliche Gestalt geben) verworfen, darum etliche zum Feuer verurteilt worden sind, voraus in Böhmen und in Österreich. Er hat auch das siebente Buch Decretalium zum Verdruß der Bettelmönche bestätigt, so sein Nachfolger Papst Benedictus widerrufen und abgetan hat.

Mehrgenannter Papst hat viele Bischöfe ohne Willen und über Dank der Domherren eingesetzt, nämlich zu Freising, Bamberg und anderswo mehr. Und wie ich finde, sind, um die Domherren zu stillen, erstmals dieser Zeit die Inkorporationen der Pfarren und Absenzen in Brauch gekommen, ist die Hospitalität, die Gast- und Kostfreiung, abgekommen; desgleichen sind die Weihbischöfe und gestiftete eigene Messen mit Gewalt aufgekommen;

was vorher gemeiniglich an die Armen, ist hinfüran meist an die Zier der Kirchen verwendet worden.

Von etlichen diesen Sachen tut auch Meldung Wilhelm von Occam aus England, ein Doctor der heiligen Schrift und Barfüßer, so zu München begraben liegt. Man findet auch viel anderes mehr in dem Buch, so „Defensor pacis" heißt, das Marsilius von Padua in wälschen Landen an Kaiser Ludwig geschrieben hat und das vor etlichen Jahren (ich meine vor zehn) in Basel in Druck ist ausgegangen.

Die Predigermönche sind wohl eins gewesen mit diesem Papst; er hat ihnen ihren Sankt Thomas kanonisiert, lobt ihn sehr, preist ihn und setzt ihn über alle Doctoren der heiligen Schrift.

Die Barfüßer haben – was dieselbige Zeit ein unerhörtes Ding war – von ihm appelliert an eine allgemeine Versammlung der Christenheit und zu den Gelehrten und haben auch die Fürsten und die geistliche und weltliche Obrigkeit wider ihn gehetzt.

Aber ich komme wieder an die Historie.

Der andere und dritte Kriegszug König Ludwigs und König Friedrichs vor Speier und Straßburg

König Friedrich sammlete abermals ein großes Heer, rückte vor Speier, allda unsere alten Könige und Kaiser begraben liegen, und belagerte die Stadt. König Ludwig kam der Stadt zu Hilfe und schlug sein Lager nahe bei König Friedrichs Lager auf; aber nachdem seine Leute unfleißig auf der Wacht und Kundschaft waren und demnach die Österreichischen ihn plötzlich überfielen, mußte er in einen Judenfriedhof daselbst weichen.

König Friedrich zog nachmals vor Straßburg; die Bürger waren baierisch, der Bischof österreichisch; der hatte König Friedrich um Hilfe angerufen wider die Stadt. König Ludwig rettete die Stadt, schlug seine Zelte gleich König Friedrichs Zelten gegenüber auf und ließ allda einem Bischöflichen, der ihn heimlich erschossen haben wollte, den Kopf abschlagen.

Darnach rüsteten sich beide Könige und wollten auf einen bestimmten Tag ein offenes Feldschlagen miteinander tun. Da sie nun in der Schlachtordnung standen und aufeinander treffen wollten, wandten sich plötzlich aus besonderen Gnaden Gottes beide

Teile, zogen wieder ab und wollten sich nit miteinander schlagen: es war Freund an Freund, Bruder an Bruder, da wollten sie sich nit also mit ihrem eigenen Blut verunreinigen und also schwer an ihren guten Freunden verschulden.

Wie etliche Herren einen Frieden machten

Die Herren machten einen Stillstand des Krieges und heirateten zusammen: König Johann von Böhmen vermählte seine Schwester Maria dem Herzog Heinrich aus Kärnten, Grafen zu Tirol, den er von Böhmen und Polen vertrieben hatte. Aber die Jungfrau wollte Herzog Heinrich nit haben und gab vor, sie hätte Gott gelobt, ihre Keuschheit zu halten; darnach jedoch nahm sie zu der Ehe König Karl aus Frankreich, genannt den Schönen, dieses Namens den vierten König in Frankreich. Dagegen gab mehrgenannter Herzog Heinrich in Kärnten und Graf zu Tirol zu der Ehe seine einzige Tochter, Frau Margret, dem Herzog Hans, obgenannten König Johanns aus Böhmen Sohn. Graf Rudolf von Ötting, König Ludwigs vertrautester Rat, nahm zu der Ehe Frau Guta, König Friedrichs leibliche Schwester. Ihr Bruder, Herzog Otto aus Österreich, nahm zu der Ehe Frau Else, Herzog Stephans von Landshut Tochter und Heinrichs, des zwölften Herzogs dieses Namens in Baiern, Schwester.

Bei diesem Herzog Otto von Österreich und seinem Gemahl, Frau Else aus Niederbaiern, sind am Hofe gewesen Neithard Fuchs, ein Franke, und Pfaffe Hans, Pfarrer zum Kahlenberg, von denen man noch viel singt und sagt.

Herzog Otto als ein Schwager, desgleichen sein Bruder Herzog Albrecht, nachdem er böse Füße hatte und ein Geistlicher, Domherr zu Passau, war, wollten mit König Ludwig, ihrem Vetter, nit Krieg führen. Aber ihre Brüder, König Friedrich, Herzog Leopold und Herzog Heinrich, die wollten immer das Reich mit Gewalt behalten und König Ludwig, ihren Vetter, davon verstoßen.

Wie zum vierten Male die zwei Könige, der baierische und österreichische, vor Mühldorf zusammenkamen

Die Kaiserischen im Wälschland (so man Ghibellinen nennt) litten große Angriffe von den Gwelphen (das ist: von denen, die nit gut kaiserisch, sondern dem heiligen römischen Reich zuwider sind) und riefen demnach König Friedrich aus einen Verwalter des Reiches um Hilfe an. König Friedrich schickte also dem Reiche zu gute nach Italien seinen Bruder Herzog Heinrich aus Österreich, seiner Mutter Bruder Herzog Heinrich in Kärnten, Grafen zu Tirol, und Konrad von Auenstein. Er aber und sein Bruder Leopold trösteten sich der Schwagerschaft der Fürsten aus Niederbaiern, zogen wider König Ludwig durch Salzburg, ließen sich zu Mühldorf nieder, hielten allda ihren Musterplatz und sammelten sich und wollten weiter nach Oberbaiern wider König Ludwig ziehen und denselbigen mit ihrer Macht nach ihrem Gefallen zwingen.

König Ludwig forderte auch aus Niederbaiern (darüber er Vormund war) die Ritterschaft und den Adel zu sich, zog mit ihnen und den Seinen auch gen Mühldorf und vermeinte den Österreichischen mit Gewalt zu wehren, daß sie nit weiterziehen möchten. Er schlug sein Lager auch vor Mühldorf auf der anderen Seite auf, lieh allda im Feld dem Seifrid Pfeffenhauser, Hauptmann über die Reiterei aus Niederbaiern, den Gensberg, mit etlichen Gütern bei Ingolstadt und gab ihm sonst auch viel Freiheit.

Und da er sich schlagen wollte, waren etliche Herren aus dem Niederland mit Geld und großem Verheißen bestochen; etliche fürchteten sich ihrer Haut und hatten nit unbillig ein Verdrießen an solchem Blutvergießen, daß ein Christ den andern, ein geborner Freund den andern also ermorden sollte; etliche schützten die Schwagerschaft ihrer jungen Herren mit den Fürsten aus Österreich vor; in Summa: die aus Niederbaiern wichen von König Ludwig aus dem Feld, wiewohl ihnen niemand nachzog. König Ludwig mußte auch weichen und rückte hinauf gen München.

Wie König Friedrich und sein Bruder Herzog Leopold aus Österreich Baiern verbrannten; der fünfte Feldzug um das Reich

Da nun König Friedrich und sein Bruder Herzog Leopold sahen, daß die Baiern also das Feld geräumt hatten, zogen sie nach Baiern und verbrannten alles, was auf dem Land war vom Inn bis an die Donau, von Altötting bis gen Regensburg. Sie gewannen wohl keine Stadt oder kein Schloß nit, doch taten sie sonst großen Schaden mit Brand und Raub auf dem Land und plünderten (nachdem keine Rettung dawar) die Klöster und Stifter, unter welchen auch waren Päring und Rohr, zwei Chorherrnstifte Sankt Augustins, nit weit von meiner Heimat Abensberg. Doch darnach, da König Friedrich in Todesnöten lag, vermachte er etliches Gut und Geld obgenannten Stiftern und trug ihnen ihren Schaden wieder ab. Darüber haben obgenannte Stifter noch Brief und Siegel von mehrgenanntem König Friedrich.

Die von Regensburg wollten ihn nit einlassen und schlugen die Tore vor ihm zu. Er zog hinab in das Niederland gen Passau wärts. Bischof Albrecht zu Passau, ein Herzog aus Sachsen, ließ ihn durch, war Geschwisterkind mit ihm, war auf der österreichischen Seite. Die auf dem Land in Niederbaiern flüchteten ihr Gut gen Aldersbach an der Vils in das Kloster; das entfremdeten heimlich zwei Laienbrüder des Klosters. Die andern Mönche, so solches wußten, fingen obgenannte zwei Brüder, warfen sie in den Kerker, beraubten sie ihres Gesichtes und ließen sie also verderben und sterben im Kerker. Man sagt noch von den Mönchen desselbigen Ordens (das ist Sankt Bernhards), daß alle mitwissend waren etc. Nichtsdestoweniger sagten obgenannte Brüder, so die andern zwei hingerichtet hatten, niemandem etwas davon, ließen sich nit absolvieren, meinten, sie hätten rechtgetan; waren bei allem Gottesdienst ohne Scheu. Da nachmals dessen innewurden die Priester des Klosters, schickten sie gen Rom und erlangten Absolution für ihre Laienbrüder von Berengar von Tusculum, Poenitentiarius Papst Johannes des XXII. Aber ich komme wieder an die Historie.

Die Fürsten aus Niederbaiern, Herzog Heinrich der Zwölfte, Herzog Otto, sein Bruder, Herzog Heinrich der Dreizehnte, ihr

Vetter, König Ottos aus Ungarn Sohn, die ließen in der Eile um Vilshofen einen Graben und Mauer führen; sie teilten es unter ihre Klöster aus, die mußten jegliches ein Fach bauen.

Unterdessen erhob sich König Ludwig wieder und eilte den Österreichischen nach; die hatten sich nun wohl ausgerastet, hatten großes Gut gewonnen, konnten aber im Rat bei den Ihrigen nicht befinden, daß sie sich jetzo diesmal mit König Ludwig schlagen sollten. Sie zogen durch Passau hinab gen Wien, brachen den Kaufleuten von Regensburg ihre Gewölbe alle auf, nahmen, was sie fanden, und rächten sich also an der Stadt Regensburg, die sie nit hatte einlassen wollen. Sie nahmen auch allen Klöstern aus Baiern ihre Weine in Österreich, die weiland die alten Könige und Herzoge aus Baiern (da noch Österreich und Westbaiern ein Königreich und Herzogtum gewesen ist) den Klöstern gegeben hatten.

Wie die Mark Brandenburg dem Reiche heimfiel und König Ludwig sie seinem Sohn Ludwig dem Älteren lieh; wie er seine Vettern, die Pfalzgrafen, wieder zu Gnaden aufnahm

Dieser Zeit starb Markgraf Waldemar von Brandenburg ohne Leibeserben und die Markgrafschaft Brandenburg ward dem Reiche ledig. König Ludwig lieh zu Neuburg das Land seinem älteren Sohn Ludwig und gab ihm zu der Ehe Jungfrau Engelpyrg, des Königs von Dänemark Tochter.

Nachdem auch sein Bruder Pfalzgraf Rudolf im Elend verschieden war, nahm er zu Gnaden wieder auf desselbigen Söhne, seine Vettern, nämlich Pfalzgraf Ruprecht, Adolf und Rudolf (so zu Wolfratshausen oberhalb München geboren waren), lieh ihnen die Pfalz am Rhein und schickte sie mit Volk nach Hispanien den Königen daselbst zu Hilfe wider die Sarrazenen und weißen Mauren.

Von zwei Zwietrachten zu Regensburg, am ersten unter dem Bischof und dem Abt des Klosters Sankt Emmeram und dem Bischof und der Stadt

Dieser Zeit begaben sich große Uneinigkeit und Zwietracht zu Regensburg. Abt Heinrich, genannt der Winzerer, Abt zu Sankt Emmeram, der ging mit Tod ab. Bischof Niklas daselbst wollte dem Kloster einen Abt seines Gefallens über der Brüder und Mönche Dank geben. Da die Mönche solches nit tun wollten, trieb er sie aus der Stadt. Sie flohen gen Abbach und gen Abensberg zu den Freiherren Bernhard und Ulrich dem Dritten, ihren Vögten, und erwählten zu einem Abt Baldwein. Der zog mit Albrecht von Schmidmühlen, seinem Konventbruder, gen Avinion zum Papst Johannes dem Zweiundzwanzigsten, klagte über den Bischof und erlangte dem Kloster Freiheit, daß es hinfüran nimmer unter dem Bischof, sondern, wie man es nennt, exempt sein soll, das ist frei von dem Gebiet und der Gewalt des Bischofs. Und Abt Baldwein starb zu Avinion. Der Papst machte zu einem Abt obgenannten Albrecht von Schmidmühlen.

Es geschah sonst auch dieser Zeit zu Regensburg ein großer Auflauf von eines Mordes wegen. Es war dieser Zeit der Brauch zu Regensburg (wie bei meinen Zeiten zu Wien in Österreich), wenn ein Bäcker zu kleines Brot buk, strafte man ihn, setzte ihn auf einen Schneller und ließ ihn in eine Pfütze oder Kotlache fallen. Ein Bürger zu Regensburg stieß einen Bäcker, den man also gestraft hatte und der wieder aus der Pfütze gehen wollte, wieder in die Lache. Der Bäcker schwieg still und ließ es geschehen. Nachmals da ein Priester mit dem Sakrament einherging, der es zu einem Kranken tragen wollte, und derselbige Bürger niederkniete, ermordete ihn obbemeldeter Bäcker und entrann in des Bischofs Hof an die Freiung.

Die Bürger nahmen den Bäcker mit Gewalt heraus und ließen ihm den Kopf abschlagen. Bischof Niklas ward zornig über die Bürger und sagte, sie hätten schwer gefrevelt und die Freiheit der Kirche an ihm gebrochen; er wollte, daß sie ihm den Frevel und die Gewalt abtrügen. Die Bürger verachteten des Bischofs Begehren und meinten, sie hätten wohl und recht getan, kein Mörder (und voraus ein solcher) hätte nirgends keine Freiheit nit. Der Bischof zog aus der Stadt gen Oberaltaich; allda ist er gestorben und liegt auch allda begraben.

Die Mönche von Sankt Emmeram zogen von Abensberg, meiner Heimat, wieder gen Regensburg. Alldahin kam obengenannter Abt Albrecht mit den Bullen vom Papst. Und ist bisher noch obgedachtes Kloster Sankt Emmeram frei gewesen.

Von einer Steuer, die die Fürsten aus Niederbaiern anlegten, darum sie von den Geistlichen in Bann getan und wieder daraus gelassen wurden

Dieser Zeit war nun Herzog Heinrich der Ältere und dreizehnte Fürst dieses Namens in Baiern zu seinen Jahren gekommen, war achtzehn Jahre alt, sein Bruder Herzog Otto fünfzehn; sie nahmen zu Straubing das Regiment an am neunundzwanzigsten Tag des Jänners. Doch ihr Vetter, Herzog Heinrich der Vierzehnte, König Ottos aus Ungarn Sohn, war noch nur 8 Jahre, 5 Monate und 3 Tage alt. Desselbigen Vormünder waren seine zwei obgenannten Vettern. Bisher war ihrer aller Vormund König Ludwig gewesen. Der stund nun von der Vormundschaft ab und ließ obgenannte Fürsten in das Regiment des Niederlandes.

Heinrich der Ältere nahm zu der Ehe Frau Margaret, König Johanns aus Böhmen Tochter, sein Bruder Otto Frau Richarde, Graf Wilhelms von Jülich Tochter; und sie gaben zu der Ehe ihre Schwester Beatrix dem Grafen Heinrich von Görz; die andere Schwester, Frau Elsbeth, hatte zu der Ehe Herzog Otto aus Österreich, wie oben angezeigt ist.

Die drei Fürsten steckten in großen Schulden, darinnen sie gelassen hatte ihr Vetter und Vater, König Otto aus Ungarn; der hatte großes Geld und Gut aufgebracht, damit er sich aus der Gefangenschaft in Ungarn erledigt hatte; das war noch nit bezahlt. Darum, dieweil die Fürsten kein Geld hatten, damit sie aus der Geldschuld kämen und desto ehrenvoller ihre Schwester ausstatteten, schlugen sie (aus Rat des Adels in Niederbaiern) eine Klausteuer an, auch auf die Leute der Geistlichen: ein ziehendes Pferd und ein Ochse mußte geben zwanzig Regensburger Pfennige, ein Rind oder eine Kuh fünfzehn, ein Schwein, Schaf, Gais vier Regensburger.

Es mußten auch mehrgenannte Fürsten dem Adel die Handfeste und Freiheit, von König Otto dem Niederlande gegeben (so bisher nit gehalten ward), aufs neue bestätigen und dem Adel vergönnen, daß er sich zusammentun möchte wider die Fürsten, woferne hinfüran (wie bisher geschehen) auch nit nach solcher Handfeste gelebt würde von den Fürsten und ihren Amtleuten.

Aber obgenannte Klausteuer wollten die Geistlichen nit geschehen lassen noch dulden noch den Fürsten vergönnen und verboten ihren Leuten, daß sie nichts gäben. Erzbischof Friedrich von Salzburg, Bischof Niklas von Regensburg, Albrecht, Bischof zu Passau, das Kapitel zu Freising (allda zu derselbigen Zeit kein Bischof war) und Ulrich, Bischof von Chiemsee, taten die Fürsten in den Bann, erklärten, sie hätten die Freiheit der Geistlichen und der christlichen Kirche gebrochen, wären darum in die Ungnade Gottes und in den schweren Bann gefallen, und legten ein Interdikt auf ganz Niederbaiern: man sperrte alle Gotteshäuser zu, ließ niemand zum Gottesdienst, man sang, man las nit, man taufte, man begrub nit.

König Ludwig setzte einen Tag gen Regensburg an in den Pfingstfeiertagen. Allda mußten die mehrgenannten Fürsten kurz vor ihrem Vornehmen abstehen, gaben über sich Brief und Siegel (noch vorhanden) den Geistlichen, daß sie zu ewigen Zeiten die Geistlichen und derselbigen arme Leute in keinerlei Weise mehr mit solchem Fürnehmen beschweren wollten, und wurden aus dem Banne gelassen.

Und solches bestätigte Papst Johannes der Zweiundzwanzigste, doch mit der Gestalt: der Abt von Raitenhaslach bei Burghausen und der Abt von Viktring aus Kärnten gaben und nahmen an des Papstes Statt von dem Adel in Bayern einen vorgeschriebenen Eid, daß auf ewige Zeiten der baierische Adel zu solcher Steuer über der Geistlichen arme Leute weder raten noch helfen wolle. Es bestätigte auch König Ludwig obgenannte Freiheit, die von seinen Vettern der Geistlichkeit gegeben war.

König Ludwig der zog also im Heumonat mit seinen Vettern gen Landshut, nachmals gen München; da blieb er den Augustmonat.

Der sechste Feldzug zwischen Baiern und Österreich um das Reich. Die große Schlacht zu Ampfing auf der Vehenwiese, nit weit von Mühldorf. Am ersten, wie sich beide Könige rüsteten, überall um Hilfe warben und Volk aufbrachten und um Mühldorf zusammenkamen

König Friedrich und seinem Bruder Herzog Leopold in Öster-reich war die Weile lang; sie nahmen sich vor, sie wollten das Reich immer in ihren Händen behalten und dem Streit ein Ende geben, und richteten sich mit aller Macht zu. Herzog Leopold ließ sich dergleichen nit anmerken. Mit gar Wenigen zog er aus Öster-reich durch Salzburg und die Grafschaft Tirol hinauf nach Schwa-ben und an den Rhein und brachte daselbst ein Volk zusammen. Desgleichen tat König Friedrich unten in Österreich und brachte auf seine Meinung seinen Bruder Herzog Heinrich: seine andern zwei Brüder, Herzog Otto und Herzog Albrecht, enthielten sich solches Krieges, da sie mit König Ludwig nur Geschwisterkind waren. Es waren auch auf König Friedrichs Seite Friedrich von Leibnitz, Erzbischof zu Salzburg, Albrecht, Bischof zu Passau, ein Herzog aus Sachsen, Dietrich, Bischof von Lavant. Mit diesen Herren rüstete sich König Friedrich auf die Kriegsfahrt, schickte daneben Emich von Alsee zu seiner Mutter Bruder, Herzog Hein-rich in Kärnten und Grafen zu Tirol, daß er zu ihm ins Feld käme und Hilfe wider König Ludwig täte, und bestellte auch Volk von König Karl aus Ungarn, seinem Vetter. Der schickte ihm zu Hilfe sechsundzwanzigtausend Mann, das waren Ungarn, Walachen, Cumanen, Rätzen, Serben, Bulgaren, allerlei wildes seltsames Volk; es waren zweiundzwanzigtausend Spießer und viertausend Schützen. Aus seinen Erblanden brachte König Friedrich zu Hauf gereisigen Zeugs anderthalbtausend, Fußvolks vierundzwanzig-tausend. Da er solches Volk zusammenbrachte, schickte er zu sei-nem Bruder Herzog Leopold und befahl ihm, daß derselbige mit seinem Volk oben in Baiern einfallen sollte; desgleichen wollte er von unten herauf tun. Und also rückte König Friedrich mit obge-nannten Heeren herauf gegen Baiern.
Zu Admont im Kloster ward er gewarnt von Abt Engelbrecht und Bartelme, einem Sternseher, die weissagten ihm, er würde kein Glück haben, würde unterliegen und geschlagen werden. König

Friedrich trieb das Gespötte daraus, tröstete sich seiner Macht und Mannheit und vermeinte, er hätte so viel Reiter und Volks, daß er alle Wasser in Baiern möchte austrinken. Er rückte durch Salzburg auf Mühldorf zu, schlug jenseits des Inns sein Lager, tat mit Brand und Rauben großen Schaden und erwartete allda seinen Bruder Herzog Leopold; der zog auch daher mit Heereskraft oben vom Rhein und Schwaben auf dem nächsten Wege gen München.

König Ludwig rüstete sich auch zu der Gegenwehr und brachte auch überall Volk auf. Zu ihm stießen König Johann aus Böhmen, desselbigen Eidam Herzog Heinrich von Landshut aus Niederbaiern, Friedrich, der Burggraf von Nürnberg (wiewohl er König Friedrichs Schwester zu der Ehe hatte), Graf Poppo von Henneberg und des Erzbischofs Balduin von Trier ein großer Haufe. Die kamen alle zusammen zu München: es waren ihrer zu Roß fünfzehnhundert, zu Fuß achtzehntausend. König Ludwig brachte auch aus seinem Erblande viel Volkes zusammen: was Kolben und Stecken tragen mochte, mußte auf sein, mußte Land und Leute und Heimat und Vaterland retten helfen.

Es machte König Ludwig seinen letzten Willen und vermachte Wildenrod dem Kloster Fürstenfeld, wo sein Vater und seine Mutter begraben liegen und er auch zu liegen angeordnet hatte. Er zog nachmals zu München aus mit obgenannten Herren an Sankt Matthäus' Abend, des heiligen Zwölfboten und Evangelisten, rückte mit Heereskraft den Feinden zu, wollte sich der Gewalt mit Gewalt erwehren und die Feinde nit weiter ziehen lassen. Er schlug zunächst bei den Feinden sein Lager und ließ sich nieder bei dem Dorf Ampfing an dem Wasserfluß der Isen unter dem Berg Dornberg auf einer Ebene und weitem Feld, so man die Vehenwiese heißt. An Sankt Cosmas' und Damians Tag, am Vorabend Sankt Wenzeslai, geschah ein großes Scharmützel und kamen auf der österreichischen Seite viele Ungarn, Rätzen, Husaren, Walachen und dergleichen wildes, seltsames Volk um.

Gleich ebendenselbigen Tag auch kam Herzog Leopold über den Lech, rückte an die Amper und den Ammersee, nahm Fürstenfeld und Diessen, die Klöster und Märkte ein, wollte nachmals auf dem nächsten Weg auf München zu und fing Bruder Konrad, einen Predigermönch, und seinen Bruder Meister Berthold, die vormals Kapläne von Frau Mechthild, deren von Österreich Vaters König Albrechts Schwester, gewesen waren und nun Diessen regierten. Er schickte von stundan einen Boten zu seinem Bruder, König Friedrich, und wollte erkundschaften, wo derselbige läge und was desselbigen Tun, Lassen und Anschläge wären; aber dieser Bote ward von König Ludwig niedergeworfen.

Wie vor der Schlacht, am Abend davor, etliche zu Rittern geschlagen wurden

König Friedrich war die Weile lang; er wußte nit, wo sein Bruder Herzog Leopold war, wollte sich immer schlagen mit den Baiern, wollte nit länger zögern noch verziehen einen Tag, damit man wahre Kundschaft hätte haben mögen von seinem Bruder Herzog Leopold, wo derselbe mit seinem Volk läge. Er rüstete sich und wollte zu Morgen ein offenes Feldschlagen mit König Ludwig tun, wiewohl es ihm sehr widerrieten seine Hauptleute, nämlich Dietrich von Pilichdorf, sein oberster Marschall, und Ulrich und Heinrich, Gebrüder, von Walsee. Und am Abend vor der Schlacht schlug Friedrich, Erzbischof zu Salzburg, dreiundneunzig zu Rittern.

Die Schlacht von Ampfing um das Reich

Den König Friedrich ritt das Unglück. Ehe es Tag ward, hörte er die Messe und befahl den Bischöfen, daß sie zu Mühldorf den Ausgang der Schlacht erwarten sollten. Alsbald der Tag hereinbrach, machte er die Schlachtordnung und stellte vorne an seinen Bruder Herzog Heinrich mit den Steirern und Salzburgischen zu der österreichischen Fahne; die führte Dietrich von Pilichdorf, sein oberster Marschall. Den ungarischen Haufen teilte er zu dem Heinrich und Ulrich von Walsee; er selbst hielt mit den Österreichischen bei dem Adler, des Reiches Fahne.
Auf der baierischen Seite war Seifrid Schweppermann, ein großer, alter Kriegsmann, oberster Feldhauptmann; der teilte auch alles Volk in drei Haufen. Vornen an der Spitze und im Angriff ordnete er (nachdem derselbige Tag Sankt Wenzeslaus', weiland Herzogs in Böhmen, Tag war) den König Johann aus Böhmen und dessen Eidam Herzog Heinrich aus Niederbaiern, die sollten vornen die

Schlacht anfangen. Den König Ludwig, der sein Kleid verkehrt hatte, stellte ehegedachter Schweppermann mitten in den baierischen Haufen zu dem Adler und gab ihm zu zwei gute Kriegsmänner, Konrad von Baierbrunn und Albrecht Rindsmaul, dieser Zeit Pfleger zu Neustadt an der Donau; denen befahl er, daß sie wohl acht sollten haben auf den freidigen König Friedrich. Konrad von Baierbrunn (oberhalb München) war vorher am Hofe bei König Friedrich. Da er seinen Lehensherrn und Landesfürsten König Ludwig selbst im Felde sah, sagte er zu König Friedrich, er wolle sich mit seinem Herrn nit schlagen. Da entließ ihn König Friedrich mit den Worten: „Zieh' hin zu deinem Herrn und tue das Beste!" Weiter verlegte mehrgenannter Schweppermann jenseits der Isen in die Hinterhut Friedrich, Burggrafen von Nürnberg, mit vierhundert Pferden mit diesem Befehl, daß dieselbigen nit eher den Halt brächen und hinten in die Feinde einfielen, bis er ihnen ein Zeichen gäbe.

Da also die Schlachtordnung auf beiden Seiten gemacht war, zogen sie zusammen und trafen auf beiden Seiten aufeinander: es ward ein strenger, heftiger Streit; er währte vom Anfang der Sonne bis zum Niedergang, bei zehn Stunden nacheinander; auf beiden Seiten stund man stark, niemand wollte weichen.

König Friedrich war selbst der oberste Feldhauptmann auf seiner Seite, tummelte sich redlich, tat alles, was einem guten Hauptmann und redlichen Kriegsmann zusteht, und war vornen im Treffen. Die Böhmen, so den Vorzug auf der baierischen Seite hatten, wichen zuletzt zurück und wurden hinter sich gedrängt; ihrem König ward der Gaul erstochen, und er ward auf einen anderen gebracht; fünfhundert Böhmen warfen die Wehr von sich und ergaben sich. Da solches Seifried Schweppermann sah, kam er mit dem baierischen Haufen den Böhmen zu Hilfe und hielt die Feinde auf, bis die Böhmen ihren Vorteil, eine Höhe, einnahmen und sich wieder trutziglich stellten und aufs neue wieder kecklich trafen. Und der Schweppermann machte auch aufs neue die Schlachtordnung und gebrauchte zu der Tapferkeit eine besondere List, wie einst Hannibal wider die Römer tat. Es war ein schöner, heißer Tag, die Sonne schien klar, und es war windig. Da machte oftgenannter Schweppermann die Ordnung dermaßen, daß der Wind den Feinden den Staub in die Augen trieb, desgleichen daß der

Glanz der Sonne, der auf die Harnische fiel, einen großen Wider-
schein gab und die Feinde blendete; sie meinten, der Himmel
brenne. Zu dem allen brach aus der Hinterhut auf Heißen des
Schweppermanns der Burggraf von Nürnberg mit den Franken,
führten eine österreichische Fahne und zogen über die Isen hinten
gegen die Feinde, die meinten, da sie das österreichische Panier sahen, Herzog Leopold von Österreich der zöge daher und käme
ihnen zu Hilfe. Also ging es erst recht an ein Treffen.
Die Österreichischen waren umgeben von ihren Feinden, mußten
sich vornen und hinten wehren und gingen also fast darnieder. Da
solches die fünfhundert Böhmen, so sich zuvor ergeben hatten, sahen, griffen die auch wieder zu der Wehr und taten großen Schaden. Nach dem kam König Friedrichs Volk aus der Ordnung. Die
Ungarischen ergriffen am ersten die Flucht und kamen fast alle
um. Herzog Heinrich von Österreich und Dietrich von Pilichdorf, der Fähnrich, wurden lebendig gefangen. König Friedrich
wehrte sich lang und redlich, aber Albrecht Rindsmaul der tat ihm
so Zwang und Drang, daß er sich ihm ergab. Und der Rindsmaul
brachte den gefangenen König Friedrich vor König Ludwig. Dessen wunderte sich sehr mehrgedachter König Friedrich; denn er
meinte nit anders, als er hätte König Ludwig in der Schlacht schon
erschlagen. König Ludwig, wie auch oben gemeldet, hatte seine
gewöhnliche Kleidung und seinen Harnisch einem Andern angetan und hatte sich, als die Sache gleich angehen sollte, anders ge-
kleidet, daß ihn die Feinde in der Schlacht nit kennen konnten.
Und der gefangene König ward wohl bewacht. Mit ihm wurden
gefangen Österreichischer vom Adel eintausendeinhundertund-
sechzig. Da die Bischöfe zu Mühldorf solches hörten, ergriffen sie
die Flucht und flohen aus der Stadt davon.

Wie sich König Ludwig nach der Schlacht verhielt und wie die Gefangenen ausgeteilt wurden

Nachdem König Ludwig solchen großen Sieg erlangt hatte und
sein Volk, das den ganzen Tag gestritten und sich abgemüht hatte,
schleimig, durstig und hungrig war, befahl er, daß man auf der
Walstatt das Volk mit Essen und Trinken labte. Der Küchenmeister sagte, er hätte nichts denn Eier. Da antwortete der König

Ludwig: „Jedermann ein Ei, dem frommen Schweppermann zwei"; das ist noch ein gemeines Sprichwort.

Nach dem allen wollte König Ludwig wider Herzog Leopold ziehen, so, wie oben gemeldet, zu Diessen lag. Aber es kam ihm gewisse Kundschaft, daß Herzog Leopold, sobald er vernommen hatte, wie es seinem Bruder König Friedrich ergangen war, sich mit seinem Volk auf die Flucht begeben und das Land geräumt hätte und daß die obgenannten Konrad und Berthold, Verweser des Klosters Diessen, wieder ledig geworden wären.

Nach dem ward eine Uneinigkeit unter dem Heer König Ludwigs: ein jeglicher wollte den freidigen König Friedrich gefangen haben; die Böhmen wollten ihn haben, so vermeinten auch die Franken ihn zu haben, so sagten die Baiern, sie hätten ihn gefangen, und beriefen sich deswegen auf den gefangenen König selbst. Da sagte König Friedrich, sie sollten alle ihm ihre Schilde und Helme vortragen, so wollte er ihnen guten Bescheid geben, wem er Gefängnis gelobt und sich ergeben habe. Da solches geschah, da klopfte er auf einen Büffelskopf mit einem Ring (das war Albrecht Rindsmauls Wappen) und sprach: „Vor dem Kuhmaul hab' ich mich heut' nit hüten können, das hat mich gefangen, dem hab' ich mich ergeben." Also ward dieser Aufruhr gestillt.

König Friedrich ward als Beute König Ludwig zu teil. König Johann aus Böhmen der führte mit sich gefangen nach Böhmen den Herzog Heinrich aus Österreich, des gefangenen Königs leiblichen Bruder. Den gefangenen Adel aus Österreich gab König Ludwig mitsamt den Lehen dem Burggrafen von Nürnberg; den ließ der Burggraf dermaßen ledig, daß derselbe zu ewigen Zeiten, wenn sich der Fall begäbe, seine Lehen von dem Burggrafen von Nürnberg empfangen sollte, was noch heutigen Tages im Brauch ist.

Der Graf von Henneberg ward von König Ludwig zu einem Fürsten des Reiches gemacht. König Ludwig führte am ersten den gefangenen König, seinen Vetter, gen Dornberg und befahl ihn dem Pfleger mit Namen Wulfing von Goldeck; den andern Tag führte er ihn gen Ötting, nachmals gen Landshut, von dannen gen Regensburg in des reichsten Bürgers derselben Zeit, Leupold Gumprechts, Haus an der Haid; ist jetzo Wolf Trainers, Mautners daselbst, an der Wage und Trinkstube, allda oben in der jetzigen

Königinkapelle oben in den alten Fenstern das Wappen des Baiernlandes geschmelzt steht, mitten darin ein Löwe. Zu Regensburg nahm den gefangenen König an Weichnand, Viztum, und führte ihn hinauf gen Nabburg gefangen in das Schloß Trausnitz. Da der gefangene König des Schlosses ansichtig ward, fragte er, wie es heiße; und da er hörte, es hieße Trausnitz, sagte er: „Du heißest wohl recht Trausnitz! Ich habe je nit dessen getraut, daß ich dermaßen sollte also daher gefangen geführt werden." Und ist in dem Schlosse gefangen gelegen bis in das vierte Jahr, drei Jahre sechs Monate.

Und obgeschriebene Schlacht ist geschehen in dem Jahr nach Christi unseres lieben Herren Geburt dreizehnhundertundzweiundzwanzig Jahr an Sankt Michels Abend. Und von dieser Schlacht wegen ist Ampfing, vorher ein unbekanntes Dorf, dermaßen in ein solches Geschrei und Ruf gekommen, daß jedermann, auch in fremden Landen, davon schreibt, singt und sagt und zu sagen weiß. Es sind noch etliche lateinische Reime von dieser Schlacht vorhanden.

Wie König Ludwig Gott für den großen Sieg dankte und eine Kapelle Unserer Frauen an der Vils baute. Wie jedermann im Reich ihm zufiel, seine Gemahlin starb, die Sarrazenen die Christen in Armenien überfielen, Straubing durch Blitzschlag verbrannte und König Ludwig wieder heiratete. Von dem großen Arzt Doctor Arnold de Villanova

König Ludwig zog nach solchem großem Sieg mit seinem Vetter Herzog Heinrich aus Niederbaiern gen Landshut, baute an der Vils oberhalb Görtz zu Ehren der Jungfrau Maria eine Kapelle, heißt Frauensattling. Den Erzbischof von Salzburg tat er in die Acht. Obgemeldeter Wulfing von Goldeck nahm Tittmoning ein oberhalb Burghausen.

Nach dem zog König Ludwig gen Ingolstadt, von dannen in das Reich. Jedermann empfing ihn mit großen Ehren und von des großen Sieges wegen fürchteten ihn sehr diejenigen, die zuvor seine Feinde und Widersacher gewesen waren; die verließen alle den gefangenen König Friedrich, fielen alle dem zu, dem Gott solchen

Sieg gegeben hatte, und huldigten ihm. Und König Ludwig gewann einen großen Namen und Ansehen in ganz Europa, in Italien, Frankreich und anderen fremden Landen. Man schickte allenthalben Botschaften zu ihm dermaßen, daß der König von Frankreich und der Papst Sorge auf ihn hatten und fürchteten, er würde ihnen zu mächtig werden.

Es ist selten ein Glück, wie man gern spricht, ohne Unglück. Dem König Ludwig starb das nächste Jahr hernach seine Gemahlin, die Königin Beatrix, gebürtig aus Polen, um Sankt Bartholomäus' Tag; sie liegt zu München in Unser Frauen Kirche neben des Kaisers Grab.

Dieses Jahres auch, an Sankt Veits Vorabend, schlug der Blitz in die Stadt Straubing, und es brannte die halbe Stadt wohl aus.

König Ludwig der nahm ein anderes Weib, nahm zu der Ehe Jungfrau Margarete aus Holland, eine Schwester der Königin von England und Graf Wilhelms des Vierten dieses Namens, Grafen in Holland, Seeland, Hennegau und Friesland, und war mit dieser Schwagerschaft erst recht mächtig und noch in einem größeren Ansehen denn vorher; seine Gemahlin war die ältere Tochter, und sein Schwager Graf Wilhelm hatte sonst keinen Erben.

Und nachdem er also plötzlich wuchs, fürchtete der Franzose und der Papst, er würde ihnen zu mächtig werden, und machten heimlich Anschläge wider ihn, wiewohl sie zuvor (wie die von ihnen geschriebenen Briefe das bezeugen) mehr auf seiner (als des Ärmeren und Schwächeren) denn auf König Friedrichs Seite (so mächtig und reich) waren.

Dieser Zeit haben auch die Sarrazenen die Armenier, so noch Christen waren, in großen Schaden gebracht; wessen die Schuld sei, findet man hernach in dem Ausschreiben König Ludwigs wider den Papst.

Gleich auch um diese Jahre hat gelebt der hochgelehrte Arzt Arnold de Villanova in Frankreich zu Paris, ein überaus großer und besonderer Künstler nit allein in der Arznei, sondern auch in allen heimlichen natürlichen Künsten als in der Alchimie und Astrologie. Da er aber auch ein Weissager und Prophet sein wollte und von dem Antichrist und von dem Papst und der römischen Kirche sagte, die würde von Gott gestraft und zerbrochen werden, mußte er von Paris entrinnen und floh zu König Friedrich nach Sizilien.

Da er von demselben, sich zu verantworten, zum Papst geschickt ward, starb er auf dem Wege.

Wie und warum Papst Johannes der XXII., und König Ludwig uneins wurden; ihrer beider Ausschreiben wider einander auf das kürzeste und verständlichste geteutscht

Es ist natürlich und ein altes wahres Sprichwort: „Wer mehr vermag, der tut mehr" und „Wer den Andern übermag, der schiebt ihn in den Sack". Demnach jetzo eine gute lange Zeit her haben der heilige Vater der Papst und der christlichste König in Frankreich Sorge auf die Macht des heiligen römischen Reiches und Wohlfahrt der römischen Kaiser gehabt und haben allezeit guten Fleiß von solcher Furcht wegen getan, daß ihnen kein Kaiser zu mächtig würde, der mehr denn sie sein wollte und sie drücken möchte; wie denn auch jetzo bei unsern Zeiten, wie am Tag und männiglich bewußt ist, Papst Clemens der Siebente und König Franciscus in Frankreich viele große Anschläge allenthalben wider Kaiser Carolum den Fünften, König in Hispanien etc. (wie sie selbst ausschreiben und im Druck haben ausgehen lassen) angerichtet haben. Sie haben gefürchtet, er werde ihnen zu mächtig, werde sie drücken. Und dieweil ihnen solche ihre Anschläge nit geraten sind, sondern ihnen überall mißlungen, sind sie wunderbarlich in die Hände und in die Gefangenschaft jetztgenannten Kaisers und Königs gekommen.

Gleicher Weise, Maß und Gestalt ist auch bei König Ludwigs Zeiten geschehen, dessen Wohlfahrt und Aufschwung verdächtig ist gewesen dem Papst Johannes dem Zweiundzwanzigsten und dem König in Frankreich. Darum sie große Anschläge auch wider ihn angerichtet haben, wie denn die Welt nit anders tut: wer viel hat, der hätte gern mehr und fürchtet immer, er komme um das Seine, das er hat. Und ich will diese Sache zwischen Kaiser Ludwig und dem Papst, wie sie sich zugetragen und begeben hat, gründlich auf das kürzeste, niemand zu Lieb noch Leid, wie der Historien Brauch ist, bloß aus beider Herren und Fürsten Ausschreiben, am ersten des Papstes Handlung, nachmals des Kaisers Verantwortung, hiehersetzen.

Wie ich oben gemeldet habe, ist zuerst der Papst, wie seine Schriften beweisen, auf König Ludwigs Seite als des Ärmeren gewesen. Da aber König Ludwig oblag und also, wie oben angezeigt, gewaltig und mächtig wurde, machten der Papst und der König von Frankreich einen Bund zusammen wider ihn. Und wiewohl König Ludwig seine treffliche Botschaft gen Avinion zum Papst von Friedens wegen, wie er sich beklagte, schickte, ward dieselbe vom Papst nit gehört, sondern der Papst hetzte zuerst den Herzog Leopold von Österreich, des gefangenen Königs Friedrich Bruder, gar leichtfertig, während jenem sonst gut zu helfen war, wider Kaiser Ludwig; es mußten ihm in seinen Erblanden die Geistlichen den Zehnten dazu geben. Desgleichen machte der Papst zum Verdrusse des Kaisers aus Herzog Lakold zu Krakau einen König und aus Polen, das vorher abhängig vom Reiche war, ein besonderes Königreich. Weiter verabredete der Papst mit den teutschen Herren in Preußen, die mußten zwei Jahre Frieden eingehen und halten mit den ungläubigen Littauern und sie also durchziehen lassen. Demnach fielen dieselbigen ungläubigen Littauer, wie sich dessen der Kaiser hoch beklagte, aus Anstiften des Papstes in der Mark Brandenburg ein, taten großen Schaden mit Mord, Brunst und Raub, führten Vieh und Leute hinweg, schändeten Jungfrauen und Witwen, schmähten die Eheweiber, plünderten die Kirchen.

Es schickte auch mehrgedachter Papst nach Wälschland wider die, so dem heiligen römischen Reiche zugehörig und anhänglich waren, den Kardinal Bertrand und den Grafen Philipp von Valois, nachmals König in Frankreich. Durch diese bekriegte er die Kaiserischen und dem heiligen römischen Reich Unterworfenen. Und da die Kaiserischen, nämlich Petramala und Matteo Visconti mit seinen Söhnen Lucchino, Stefano, Marco, Galeazzo, so tapfere, wohlberedte Fürsten waren, Burggrafen zu Mailand und Vikare des heiligen römischen Reiches in Italien, durch König Adolf zu diesem Amte berufen und erwählt, sich redlich wehrten, tat sie der Papst durch Bertrand, einen Predigermönch, einen Ketzermeister, in den Bann und ließ sie für Ketzer schelten.

Da fuhren Obgenannte und Andere mehr, die im heiligen Reich saßen, zu und riefen um Hilfe an Kaiser Ludwig, ihren natürlichen Herren. Der schickte seine treffliche Botschaft, die Besten aus Schwaben, Baiern und Franken, nämlich Graf Berthold von Neiffen, Graf Friedrich von Truhendingen und Graf Berthold von Graisbach mit seinen Söhnen Berthold und Heinrich zum Papst und zu desselben Legaten, obgenannten Kardinal Bertrand, von Friedens wegen. Aber diese kaiserliche Botschaft ward nit allein nit gehört, sondern ward von den Päpstischen schmählich gehalten und ihr trutziglich geboten, sie sollte sich aus Italien als abgesagte Feinde nur bald davonheben.

Kaiser Ludwig vermeinte, seinem Eide nach, den er dem heiligen Reiche geschworen hatte, möchte er stets die Seinen und des Reiches Untertanen nit verlassen und müßte seiner Pflicht und seinem Amte nach die gedrückten armen Witwen und Waisen beschirmen. Demnach tat er und schickte obgenannten Kaiserischen und Untersassen des heiligen römischen Reiches Hilfe wider die Päpstischen.

Das habe ich aus beider Fürsten Ausschreiben, so noch in unsern Buchkammern vorhanden sind, auf das kürzeste ausgezogen. Nun war die Glocke gegossen, es mußte gehen.

Das Auschreiben des Papstes Johannes des XXII. wider Kaiser Ludwig den Vierten

Da nun Kaiser Ludwig also in das Spiel gekommen war, dem Papst und dem Franzosen ihre Anschläge geraten waren und sie vermeinten, sie hätten nun redliche Ursache wider den Kaiser, lud der Papst den Kaiser vor, ohne allen Verzug und gewöhnliches im Recht gesetztes Ziel (wie denn der Kaiser sich dessen beklagte, auch etliche Gelehrte der rechten und heiligen Schrift wider den Papst schreiben), vor ihm persönlich zu Avinion zu erscheinen; und schlug allda eine Bulle und nachfolgende Meinung an wider den Kaiser, der solches Anschlagens und Ladens unwissend war; niemand hatte es ihm zu rechter Weil und Zeit, wie Recht und der Brauch ist, zuvor verkündet. Und war das der päpstlichen Bulle Meinung und Papst Johannis des Zweiundzwanzigsten Anschlagen wider Kaiser Ludwig.

„Nachdem (so spricht der Papst zum Ersten) von unseren Vorvordern das römische Reich und Kaisertum von den Griechen aufgehoben, auf die Teutschen gewendet und Kaiser Karl dem Großen und Ersten verliehen worden, ist dasselbige nun Lehen von dem Stuhl zu Rom und den heiligen Vätern den Päpsten und obersten Bischöfen daselbst. Und ist dermaßen beschlossen und für recht und billig erkannt worden, daß die Teutschen nun wohl die Wahl und Kur hinfüran haben sollen, einen künftigen Kaiser und römischen Fürsten zu erwählen; doch soll derselbige, also erwählt, sich des Reiches und solcher hohen Würde nit annehmen noch unterwinden, er werde denn zuvor von dem obersten Haupt der ganzen Christenheit und heiligen Vater dem Papst zugelassen, angenommen und bestätigt. Der von den Teutschen Erwählte hat keine Gewalt und soll sich auch des Namens des römischen Fürsten, Königs und Kaisers nit bedienen, er werde denn zuvor von dem Statthalter Gottes, dem heiligen Vater dem Papst, zugelassen und bestätigt.

Zum Andern, dieweil das Reich und Kaisertum ledig ist und weder König noch Kaiser hat, steht dasselbige in Gewalt und Verwaltung des obersten Hauptes der Christenheit, des heiligen Vaters des Papstes, von dem es denn Lehen ist. Desgleichen wenn die Fürsten der Wahl nit eins sind, zwei oder mehr denn einen an das Reich erwählen, ist keiner weder Kaiser noch König. Der heilige Vater der Papst als das oberste Haupt und allgemeiner Vater der Welt und Anwalt Gottes hat dann gutes Recht und die Macht, das römische Reich, also verwaist und verlassen, nach seinem Gefallen und Gutdünken zu verwalten. Denn wie die Seele den Leib, der von ihr das Leben hat, billig regiert, der Leib ihr billig gehorsam ist, also soll es auch in der heiligen Christenheit zugehen, das Zeitliche soll dem Ewigen, das Weltliche dem Geistlichen gehorsam und unterworfen sein, welches dann geschieht, wenn der alleinige und wahre Statthalter des einigen und wahren Gottes, der oberste Priester und das Haupt der Christenheit beide Obrigkeiten, die geistliche und weltliche, in seiner Hand hat und nach seinem Gefallen versieht, die heilige christliche Kirche, die Mutter der Christenheit, herrscht und der römische weltliche Fürst dem geistlichen, so an Gottes Statt sitzt, mit Eides- und Lehenspflichten verbunden ist.

Von welches alles wegen, da nach dem Tode Kaiser Heinrichs des Siebenten, geboren von Lützelburg, zwei, Friedrich und Ludwig, in Uneinigkeit wider Recht und den alten Brauch an das Reich erwählt worden sind, ist ihrer keiner tüchtig zum Reich noch zu empfangen das Kaisertum, ist auch ihrer keiner römischer König, sollen sie auch nit genannt werden noch sich solcher Würde und des Namens bedienen. Das Reich und Kaisertum als ledig ist uns heimgefallen und steht in unserer als des obersten Lehensherren Hand und Gewalt.

Darum unterwindet sich Ludwig aus Baiern unbillig wider alle Rechte, ihm zu großem Unglück, uns und der heiligen römischen Kirche und Christenheit zu großem Nachteil, da er von uns noch nit zugelassen und bestätigt ist, von sich selbst aus mutwilliglich und freventlich mit Gewalt des Reiches und königlichen Namens und Gewalt in wälschen und teutschen Landen. Er hat die Mark und das Fürstentum Magdeburg wider Recht seinem Sohne Ludwig geliehen, hat auch Hilfe getan in wälschen Landen Galeazzo und seinen Brüdern, so von uns und der heiligen christlichen Kirche für offene Ketzer rechtlich erkannt und offenbar verkündigt und in den schweren Bann getan worden sind.

Dem allem nach gebieten wir aus uns von Gott dem Allmächtigen gegebenem Befehl obgenanntem Ludwig, daß er innerhalb dreier Monate Frist vom Reiche kurz abstehe, sich nit römischen König schreibe noch nennen lasse, sich keiner Sache mehr unterwinde, was er bisher im Reiche gehandelt hat, widerrufe und ganz abtue, sich weiter gar nichts mehr unterstehe, er sei denn zuvor von uns zugelassen und für tauglich erkannt und bestätigt. Und wo immer derselbige uns ungehorsam erschiene, befehlen und gebieten wir allen Patriarchen, Bischöfen, geistlichen und weltlichen Fürsten, Herren und Städten, daß sie ihm nit anhangen, sondern ihn zwingen, uns billigen Gehorsam zu leisten.

Gegeben, eröffnet und angeschlagen zu Avinion am achten Tag des Weinmonats, des Papsttums im achten Jahr, das ist von Christi Geburt im dreizehnhundertunddreiundzwanzigsten Jahr."

Was Kaiser Ludwig auf solche päpstliche Bulle zuerst tat, als er es inneward, und wie er nach dem Rate der Verständigen und Gelehrten beider Rechte und der heiligen Schrift handelte. Von Wilhelm Occam und anderen Gelehrten mehr am Hofe Kaiser Ludwigs

Da solches Anschlages des Papstes Kaiser Ludwig inneward, befragte er die Gelehrtesten in wälschen und teutschen Landen und Frankreich, die der Rechte und der heiligen Schrift kundig waren; er schickte nämlich obgenannte päpstliche Bulle auf die damals berühmtesten hohen Schulen, gen Bologna in Italien und Paris in Frankreich: die schrieben alle, des Papstes Vorgehen wider den Kaiser wäre unbillig, und zeigten solches mit langen Schriften an. Solche Bücher sind noch vorhanden, auf Pergament geschrieben, in unserer Stifter Buchkammern, wider obgenannten Papst Johannes den Zweiundzwanzigsten.

Und ich finde, daß die gelehrten Räte bei diesem Kaiser gewesen sind: Marsilius von Padua in Italien, Johannes von Jandun, Lupold von Bebenburg, nachmals Bischof zu Bamberg, Andreas von Lauden, Chorherr zu Freising, der Kaiserin Kanzler, Ulrich Hangenor von Augsburg, des Kaisers Kanzler, sehr geschickte Herren, Dante von Florenz, der angefangen hat das alte hochrömische Latein und dessen Poeten wieder hervorzubringen, die je länger je besser fürder bis auf unsere Zeit hervor nun auf das Höchste gekommen sind, wiewohl etliche Ungelehrte sehr dawider gestrebt haben.

Ich finde auch, daß zu dieser Zeit gen München mit Sankt Antonii von Padua Heiltum gekommen seien zu Kaiser Ludwig vier gelehrte Barfüßermönche, nämlich Wilhelm Occam, ein Engländer, geschickt von des Kaisers Schwager König Eduard aus England, der eine neue Logik erfunden, einen neuen Weg in der aristotelischen Philosophie, auch in der Theologie angehoben und erfunden hat wider Sankt Thomas, Scotus, Albertus Magnus, eine besondere Manier aufgebracht und der Schrift einen andern Verstand gegeben hat; er hat auch von der Gewalt des Papstes ein besonderes Buch geschrieben. Der andere Doctor und Barfüßer, so gen München gekommen, ist Bonagratia von Bergamo, ein Lombarde, der dritte Michael von Cesena, auch ein Wälscher, Doctor und

Meister der heiligen Schrift und in beiden Rechten, geistlichem und weltlichem, ein Oberster des Barfüßerordens. Sie liegen alle drei begraben zu München im Barfüßerkloster im Chor vor dem Sakramentshäuslein. Item Heinrich von Talheim, Oberster des Ordens in hochteutschen Landen, Kanzler Kaiser Ludwigs. Und Occam soll zum Kaiser gesagt haben: „Tu me gladio, ego te defendam verbo"; „Beschütze mich mit dem Schwert, ich will dich mit der Feder und Schrift verteidigen und beschirmen."

Und die obgenannten alle haben viel wider den Papst geschrieben, Bücher, deren ein Teil gedruckt ist, ein Teil noch in den Stiftern liegt. Da solches Papst Johannes vernahm, ward er erst recht zornig, tat den Kaiser in den Bann mitsamt obgenannten Gelehrten, verbot den Gottesdienst, daß man weder lese noch singe und die Kirchen versperrte, und ließ die Schriften obgenannter Gelehrten verbrennen. Er schickte weiter nach Teutschland den Abt Otto von Sankt Lamprecht in Kärnten und einen Predigermönch, den Prior zu Toulouse in Frankreich; denen gab der Papst viel Geld, daß sie den Bann über den Kaiser überall in teutschen Landen verkündeten.

Dagegen berief der Kaiser einen Reichstag gen Regensburg und ließ allda eine Bühne (bei St. Emmerams Pforten oben, so man auf den Friedhof geht, auf der Gred) aufmachen und zeigte allda das kaiserliche Heiltum, so dieselbige Zeit die Kaiser mit sich herumführten und nun zu Nürnberg ist: das waren hundertundzwanzig Stück, unter welchen die namhaftesten waren der Speer, die Nägel und ein großer Span vom heiligen Kreuz Christi, Sankt Annas Arm, Sankt Johannis des Täufers Zahn, das Schwert und der Spieß Sankt Morizens, eine goldene Krone und das Schwert Kaiser Karls des Großen. Dabei waren unter anderen Fürsten Matthias, der Erzbischof von Mainz, und König Johann aus Böhmen. Alla ward beschlossen, daß man im Reiche nit annehmen sollte den Bann des Papstes wider den Kaiser. Und es mußten obgenannter Abt und Prior aus Teutschland entrinnen.

Bischof Nikolaus zu Regensburg der wollte beide Herren, den Papst und den Kaiser, zu Hulden haben, kaufte sich mit Geld bei dem Papst ab, daß er kaiserlich mochte sein und durfte den Bann in seinem Bistum nit verkünden noch den Gottesdienst aufheben. Das ließ der Kaiser auch geschehen. Andere Bischöfe und Geistliche, namentlich die Barfüßer, waren alle auf des Kaisers Seite, allein die Predigermönche waren päpstlich; doch fielen sie manchmal zu Zeiten auf des Kaisers Seite Brotes halber: wo der Wind herwehte, darnach kehrten sie den Mantel. Zu Straßburg wurden sie, nachdem sie lange gesungen hatten, nachmals mit Geld bestochen und wollten nit mehr singen. Da mußten sie aus der Stadt; die von Straßburg geboten ihnen, sie sollten wieder wie vorher singen oder sollten aus der Stadt springen. Zu Regensburg und Landshut hielten sie das Gegenteil. Zuerst sperrten sie die Kirchen zu und wollten nit öffentlich singen noch lesen. Da wollte es ihnen an der Nahrung abgehen, es ward ihnen die Weile lang, sie sperrten von sich selbst wieder auf, hielten öffentlich den Gottesdienst und hielten sich wie andere Geistliche im Reich.

Kaiser Ludwig als ein von angeborener Art gar sanfter, milder, weiser und gütiger Fürst zwang keinen Geistlichen nit, Messe zu halten, sondern ließ nachfolgende Schrift wider den Papst ausgehen und schlug sie überall im Reich an.

Kaiser Ludwigs Ausschreiben wider Papst Johannes den Zweiundzwanzigsten

Kaiser Ludwigs Ausschreiben ist in lateinischem Texte verfaßt und ist auch sonst nach gewöhnlichem Brauche der Kanzleien und Juristen nach der Länge mit vielen Worten hergestellt. Ich will nur kurz den Inhalt anzeigen:

„Wir Ludwig von Gottes Gnaden römischer König, zu allen Zeiten Mehrer des Reiches usw., müssen unserem von Gott dem Allmächtigen uns befohlenem Amte nach allhie anzeigen das unrechte und unbillige Vorgehen dessen, der sich nennt Papst Johannes XXII., und beklagen uns also über ihn:

Zum Ersten, daß er in wälschem und teutschem Lande Krieg, Zwietracht und Uneinigkeit anrichtet unter den Christen und die Fürsten, geistliche und weltliche, wider uns und das heilige römische Reich hetzt. Er läßt sich öffentlich hören, so die christlichen Fürsten unter sich selbst uneins seien, so sei der Papst denn rechter Papst und werde gefürchtet, ein jeglicher Fürst fürchte ihn dann und sei ihm gehorsam und tue, was ihm lieb sei. Weiter hat er sich gerühmt, die Uneinigkeit der Teutschen sei Glück und Erhaltung des Papsttums; demnach so dürstet ihn nach dem christlichen Blut. Er hat auch gern gesehen, daß unser zwei an das Reich erwählt sind worden, hat nie seine Botschaft geschickt, uns zu vereinen, wiewohl er allenthalben seine Schinder und Schaber an alle Orte schickt, Geld ihm zusammenzuscharren. Er schilt, hält und ruft alle die für Ketzer aus in wälschem und teutschem Lande, so dem heiligen römischen Reich abhängig und zugehörig sind. Er untersteht sich auszurotten das heilige römische Reich, tut wie die Pharisäer Christo getan haben, hält kein Recht und keine Ordnung nit; was ihn nur gelüstet, vermeint er auch tun zu können. Er hat sich am öffentlichen Recht merken lassen und trocken herausgesagt, ein Papst solle allen Fleiß ankehren, damit er die kupferne Schlange (das ist der Teutschen Reich und Gewalt) zerbreche und zertrenne.

Er besticht mit Miete und Gabe, wo er kann und mag, geistliche und weltliche Fürsten und untersteht sich, dieselbigen widerspenstig zu machen dem heiligen römischen Reich. Er verleiht Abteien und geistliche Pfründen und Gottesgaben untüchtigen Leuten, wenn sie nur widerspenstig dem heiligen römischen Reiche sind; er fördert keinen, der dem heiligen römischen Reiche nit ungehorsam ist.

Zum Andern spricht er über und wider uns ungehört, die wir von niemand angeklagt worden sind, wider alles Recht und Billigkeit, richtet und fällt Urteil und will unsere Wahl an das Reich für nichtig halten, so doch eine jegliche Wahl, so von dem meisten Teil geschieht, Kraft hat und Recht ist, und wir nit allein von dem meisten Teil, sondern von den meisten zwei Teilen, geistlichen und weltlichen Fürsten, erwählt sind zu bestimmter und rechter Weil und Zeit an gewöhnlichem Ort zu Frankfurt. Wir sind auch mit gewöhnlichem Brauch und Gottesdienst zu Aachen gekrönt und von Gott geweiht worden, und hat uns männiglich vermöge göttlicher und menschlicher Rechte als ihrem natürlichen Herren, römischen Fürsten, König und Kaiser gehuldigt und schuldige Pflicht getan. Darum wir als römischer Fürst und rechter natürlicher Verwalter des heiligen römischen Reiches mit Rat der Stände des Reiches vermöge der kaiserlichen Rechte und löblichen Gewohnheit des heiligen römischen Reiches verliehen haben unserem erstgeborenen Sohn die Mark Brandenburg, die Johannes der

Zweiundzwanzigste unrecht und falsch Magdeburg nennt und die dem heiligen römischen Reiche ledig heimgefallen war. Wir gestehen ihm auch nit zu, daß ihm das Reich, wenn es ledig wird und nit Kaiser und König hat, heimfalle und ihm zu verwalten zustehe; es ist anders, wie hernach gehört wird werden.

Zum Dritten, daß er uns nennt einen Beschützer und Beschirmer der Ketzer, damit tut er uns Gewalt und Unrecht und spart die Wahrheit. Wir sind nit darum Beschirmer der Ketzer, wenn wir unsere und des heiligen römischen Reiches Angehörige vor Gewalt und Unrecht unserem uns von Gott gegebenen Amt und Befehl nach beschützen, die darum allein bekriegt werden, weil sie nit abtrünnig wollen werden vom heiligen römischen Reich und wollen ihr Gelübde und die Treue halten. Wir sind ein guter Christ und ein Zerstörer und abgesagter Todfeind aller Ketzer und Übeltäter. Der gute fromme Mann Johannes, so sich nennt den zweiundzwanzigsten Papst, schilt für Ketzer die Reichsstädte Mailand, Como, Cremona, Vercelli, Novara, Pavia, Lodi, Modena, Mantua, Verona, Vicenza, Piacenza, Parma, Brescia, Alessandria, Tortona und andere mehr, hat sie mit Krieg überziehen lassen, mit Brand beschädigt, mit Schändung der Jungfrauen, Witwen und Eheweiber geschmäht von nichts anderem wegen, denn daß sie guten Frieden halten und dem heiligen römischen Reich als Untertanen gehorsam sind; etliche sind verjagt worden. Desgleichen hat er auch getan des heiligen Reiches Fürsten, Herrn Matteo und Galeazzo, den Burggrafen und kaiserlichen Vikaren des heiligen römischen Reiches zu Mailand, Herrn Cane von der Leiter, Vikar und Anwalt des heiligen römischen Reiches zu Verona und Vicenza, Herrn Passerino, Vikar der Stadt Genua, Lucca und den andern Anwälten des römischen Reiches zu Pisa, Arezzo, Petramala, Markgrafen zu Montferrat, Saluzzo und Siena, welche alle gute fromme Christen sind; die haben wir als unsere und des heiligen römischen Reiches liebe, getreue Untertanen unserem Eid nach, damit wir dem heiligen römischen Reiche verbunden sind, mit Fug nit verlassen können noch mögen und haben sie immer vor Gewalt und Unrecht beschützen müssen. Wiewohl wir unsere treffliche Botschaft, die Grafen von Graisbach, Neiffen, Truhendingen, nach Italien zu Johannis des Zweiundzwanzigsten Legaten geschickt haben, um Frieden zu machen, war aber alles vergebens; es ist unsere Botschaft nit wohl empfangen, nit wohl abgefertigt worden.

Und daß unsere Wahl Gott gefalle, hat er mit dem Sieg bewiesen, den er uns gegeben hat wider unseren Feind, den von Österreich, der gar kein Recht zum Reiche hat, weil er nur von zweien und erst eine gute Zeit hernach nach unserer Wahl weder an gewöhnlicher Stätte noch zu rechter, bestimmer Weile und Zeit aufgeworfen, weder geweiht noch gesalbt worden ist. Es sind oft zwei erwählt worden an das Reich, haben sich alle beide Könige geschrieben, sind es gewesen, sind also genannt worden, als Kaiser Lothar und Konrad, Philipp und Otto, Richard und Alphons, Adolph und Albrecht, haben beide regiert. Darum irrt Johannes der Zweiundzwanzigste sehr, daß er will, wenn zwei erwählt werden, daß keiner König sei. Der edle Fürst Herzog Friedrich von Österreich, wiewohl weder an rechter Stätte noch zu rechter Weile und Zeit nur von zweien gewählt, hat dennoch sich der Sachen des Reiches unterwunden und sich König geschrieben.

Und dieweil Johannes der Zweiundzwanzigste unser Feind und verdächtig ist und keine Ordnung des Rechtes hält, kann er nit mit Recht Richter sein. Er will, so das Reich ledig ist, Verwalter desselben sein, welches dem Pfalzgrafen am Rhein von Recht und Alter her zugehört; er macht im römischen Reiche Vikare und untersteht sich also mit Gewalt wider alle Billigkeit der Händel des Reiches, will Kaiser und Papst miteinander sein. Jetzo zeigt er sich gutwillig gegen uns, jetzo gegen den von Österreich, hat uns nur wider einander gehetzt, hat nie einen Fleiß angekehrt, daß er uns gerichtet oder die Sache nach dem Recht erkannt und mit Recht und Urteil entschieden hätte. Doch er tut nit allein uns Gewalt und Unrecht, sondern er ist auch widerwärtig Christo unserm Gott und Herren. Von demselbigen gibt er aus, er habe auch hie eigene zeitliche Güter mit seinen Jüngern und Zwölfboten (wie die Stifter jetzo) gehabt; er verachtet die evangelische und christliche Armut und Sankt Francisci Orden und desselbigen Brüder, gebeut ihnen, sie sollten Güter wie andere Stifter haben, heißt sie Gleißner und Ketzer und vieles anderes mehr, was schmählich zu schreiben ist, und untersteht sich, den Barfüßerorden ganz auszutilgen. Darum haben der ganze Barfüßerorden und andere gelehrte Leute mehr in einem gemeinsamen Kapitel zu Perugia in Italien diesen Johannes für einen Erzketzer erkannt, in dem der rechte Antichrist verborgen liege; er vermöge demnach nit Papst zu sein oder der oberste Bischof der Christenheit. Er trachte nur nach Geld, alle Dinge seien bei ihm feil. Er verachte die heiligen Sakramente der Kirche, ist geldgierig, hat viel Geld aus teutschen und wälschen Landen und dem Königreich Arelat zusammengebracht und dasselbige den Sarrazenen gegeben, daß sie die Christen in Armenien mit Krieg überzogen und das christliche Blut vergossen. Er ist oft ermahnt worden, hat sich aber nie daran gekehrt und sich nie bessern wollen.

Von alles dessen wegen erheben wir Berufung an eine freie, allgemeine Versammlung der ganzen Christenheit und an ein Concilium wider des vermeinten Johannes des Zweiundzwanzigsten Bann, nit aus Neid, sondern allein aus gutem Eifer, den wir zu der Gerechtigkeit und zur Beschützung der Christenheit, deren Vogt und Schutzherr wir sind, haben, zu beschirmen die, so wir unserem getanen Eid nach schuldig sind zu schützen, darum wir denn das Schwert, von Gott uns befohlen, tragen."

Das und viel Anderes mehr schreibt Kaiser Ludwig mit viel mehr Worten wider Papst Johannes den Zweiundzwanzigsten. Ich habe auf das kürzeste nur den Hauptinhalt hiehergesetzt, woraus der ganze Handel wohl verstanden mag werden. Und daß ich es noch kürzer anzeige, der Streit ist (wie man im geistlichen Recht im siebenten und letzten Buch, Clementinae geheißen, liest) darum am meisten gegangen, wie es auch zwischen Kaiser Heinrich dem Siebenten und Papst Clemens dem Fünften gewesen ist, beider, Kaiser Ludwigs und Papst Johannis des Zweiundzwanzigsten, nächsten Vorvordern am Reich und Papsttum: der Papst hat wollen, das Reich sei von ihm Lehen, der Kaiser sei sein Lehensmann, mit Eid ihm verpflichtet wie ein König von Neapel und Sizilien, der Papst kröne den Kaiser darum, daß er, der Kaiser, alle Gewalt von ihm habe. Das haben weder die Kaiser, nämlich Heinrich der Siebente und sein Nachkomme Kaiser Ludwig, noch die Fürsten und Stände des Reiches leiden wollen, haben öffentlich dem Papst geschrieben, seine Krönung gebe und nehme nichts, aus der Wahl der Fürsten habe ein römischer König und Kaiser alle seine Gewalt, die Krönung sei nur ein alter Brauch und eine Ehrung; es reime sich gar nit, daß der römische Fürst, so von Rechts wegen

ein Herr der Welt und „dominus dominorum" ist, solle ein Lehensmann sein dessen, der „servus servorum" soll sein.
Es hat sich auch zugetragen bei Kaiser Ludwig noch ein Streit. Die Gelehrten die haben dem Kaiser die Gewalt gegeben, er möge Konzilien zusammenrufen und Päpste ein- und absetzen; es gehöre ihm zu, wie denn die alten Kaiser alle getan haben. Demnach hat auch dieser Kaiser Ludwig widerrufen die vermeinte Donation und Übergabe, so Kaiser Constantinus dem Papste Silvester getan sollte haben. Das haben die Päpste gar nit leiden mögen, haben es für die größte Erzketzerei gehalten, wie ich hernach mehr werde anzeigen in Kaiser Karls des Vierten Zeiten, so nach Kaiser Ludwig an das Reich gekommen und ein König von Böhmen gewesen ist.
Und es ist eben genug von diesem Handel geschrieben. Ich komme wieder an die andern Geschichten dieser Zeit, voraus in Baiern. Es haben auch von diesem Handel obgenannte Gelehrte etliche Bücher geschrieben, die im Druck ausgegangen sind jetzo zu unseren Zeiten.

Von einem Bund in Niederbaiern, wo die Landschaft daselbst das fürstliche Regiment besetzte

Da solches im oberen Land geschah, ward in Niederbaiern des Jahres, als man zählte dreizehnhundertvierundzwanzig Jahre, zu Landshut am ersten Tage des Weinmonats eine allgemeine Landschaft versammelt. Herzog Heinrich der Dreizehnte dieses Namens, Herzog Otto der Sechste und Herzog Heinrich der Vierzehnte, so nur dreizehn Jahr alt war, hielten allda eine Landschaft des niederen Landes. Es war das Land noch nit geteilt, die Fürsten waren immer uneins, hausten übel, steckten in großen Schulden, alle Ämter waren versetzt. Die aus der Landschaft gaben die Schuld den Räten der Fürsten und entsetzten also die alten Räte, schafften sie vom Hofe und erwählten darnach zwölf aus ihrer Mitte, die sollten regieren und alle Sachen ausrichten nach dem Besten.
Nachmals las man König Ottos aus Ungarn Handfeste; da klagten die von der Landschaft sehr, man halte sie ihnen nit, beschlossen demnach nachfolgende Stücke, gaben Maß und Ordnung den Für-

sten, wie sie hinfüran regieren sollten, und richteten einen Brief nachfolgenden Inhalts auf:

Zum ersten sollten die Fürsten vor zwei Jahren und vier Monaten das Niederland nit teilen. Das Andere: sie sollten kein Bündnis mit Jemand machen, weder Aus- noch Inländer. Das Dritte: obgenannte drei Fürsten sollten ohne Rat, Willen und Wissen obgenannter Zwölf Keinen strafen noch fördern, Keinem gnädig oder ungnädig sein, Keinen zu einem Rat ein- oder absetzen. Das Vierte: alle Amtleute sollten einen Eid schwören, daß sie die Handfeste König Ottos halten wollten; wer das nit täte, sollte gestraft werden: ein Pfleger um dreißig Pfund, ein Richter um zehn, so oft er solche Handfeste übertrete. Zum Letzten und Fünften: welcher Fürst die Handfeste nit hielte, demselbigen sollte niemand gehorsam sein.

Alle Leute, Bürger, Bauern, Edle, Unedle, Geistliche, Weltliche, sollten gute Macht und Recht haben, sich zusammenzutun und sich mit solcher erkauften Freiheit schützen.

Die Fürsten mußten sich solche Verschreibung gefallen lassen, darein willigen und sie auch bestätigen.

Wie Herzog Friedrich von Österreich von Kaiser Ludwig wieder lediggelassen ward und sich das Haus Österreich gegen das Haus Baiern verschrieb, daß Österreich allezeit Baiern in der Wahl des Reiches weichen sollte

Dieser Zeit überzog Kaiser Ludwig mit Krieg die Markgrafschaft Burgau, so denen von Österreich, vor Zeiten denen von Baiern zugehörte, und belagerte es. Burkhard von Ellerbach, Pfleger daselbst, der wehrte sich redlich, bis ihm Herzog Leopold von Österreich zu Hilfe kam. Und es sollte wieder eine offene Schlacht geschehen zwischen dem Kaiser und denen von Österreich. Aber Herzog Heinrich aus Kärnten und Graf zu Tirol und Graf Heinrich von Görz als die nächstgesippten Freunde derer von Österreich und des Kaisers legten einen Tag gen Ulm und vereinten die Fürsten miteinander: Herzog Friedrich von Österreich verzichtete auf das Reich, und die von Österreich verschrieben sich gegen Kaiser Ludwig, daß hinfüran zu ewigen Zeiten kein Fürst von

Österreich, so ein Fürst von Baiern auch in der Wahl ist, das Reich annehmen soll und soll dem von Baiern weichen.

Und es wurde also Herzog Friedrich ohne alles Entgelt frei und ledig gelassen. Herr Gottfried, Vater der Kartause Mauerbach im Wienerwald, der sang das Amt, gab beiden Fürsten das Sakrament und teilte eine Hostie in zwei Teile. Herr Konrad, ein Augustiner, ein großer Prediger und innerster Rat und Beichtvater Kaiser Ludwigs, verkündete öffentlich solchen Frieden zu München in Anwesenheit vieler Fürsten. Herzog Friedrich führte ihn mit sich gen Wien und stiftete allda das Augustinerkloster.

Solche Verschreibung hat hernach wohl über hundertundzwanzig Jahre später dem Kaiser Friedrich dem Dritten zurückgestellt der ältere Fürst damals in Baiern, Herzog Ludwig im Bart von Ingolstadt, dieweil er mit seinem Sohne Herzog Ludwig dem Buckligen und dem Markgrafen kriegte; er meinte, der Kaiser sollte ihm behilflich wider den Sohn sein. Aber ich komme wieder an die Historie.

Es ward auch ledig gelassen vom König von Böhmen Herzog Heinrich aus Österreich. Da derselbe aus Böhmen seinem Bruder Herzog Friedrich, der aus der Gefangenschaft in Baiern im Heimzug hinab gen Wien war, entgegeneilte, starb er auf dem Weg ohne Leibeserben.

Herzog Leopold aus Österreich zog gen Straßburg, wollte von solcher Verschreibung nichts halten, ward allda geisteskrank und verschied auch also von dieser Welt.

Herzog Friedrich, da er heim nach Österreich kam, hielt er nit, wessen er sich verschrieben hatte, und nannte sich nichtsdestoweniger römischen König in seinem Land. Darum aus Befehl Kaiser Ludwigs überzog König Johann aus Böhmen Österreich mit Krieg.

Von dem Romzug König Ludwigs

Es ward wieder ein Tag gen Innsbruck angesetzt. Allda kamen Kaiser Ludwig und die von Österreich hin und verrichteten sich wieder miteinander. Und es ging mit Tod ab Herzog Friedrich von Österreich ohne Leibeserben; er liegt begraben zu Mauerbach in der Kartause, die er gestiftet hat im Wienerwald. Es ward die Sache alle wieder gerichtet, es ward Tittmoning dem von Salzburg wieder gegeben, so ihm abgewonnen war von den Baierischen.

Die Städte, Fürsten und Herren aus Wälschland hatten ihre trefflliche Botschaft bei dem Kaiser zu Innsbruck und baten den Kaiser, er sollte nach Wälschland ziehen und sie retten vor den Päpstischen. Die wälschen Fürsten Galeazzo und Castruccio mitsamt etlichen Teutschen, die ihnen von Kaiser Ludwig zu Hilfe geschickt worden waren, hatten die Päpstischen, die Florentiner und Franzosen geschlagen. Da solche Niederlage seines Volkes Papst Johannes der XXII., der damals zu Avinion in der Provence Hof hielt, vernahm, schickte er aufs neue Johannes, einen Orsini, einen Kardinal, aus Frankreich mit Volk nach Italien wider die Kaiserischen; und zu dem tat sich König Robert von Neapel und sie kriegten wider die Kaiserischen und taten ihnen großen Drang. Darum richtete sich Kaiser Ludwig zu und wollte nach Wälschland ziehen.

Er zog mit der Kaiserin aus und befahl München, seine Kinder und Oberbaiern, auch Teutschland seinem Vetter Pfalzgraf Rudolf, seines Bruders Sohn. Mit wenig Volks zog er gen Trient. Allda kam viel Volks zu ihm, Wälsche und Teutsche; er lag allda eine Weile still. Nachmals kamen zu ihm die welschen Fürsten und Städte, Cane von der Leiter, Galeazzo von Mailand, der Bischof von Castello, Venedig und Arezzo, die Colonna von Rom und viele andere Städte mehr. Mit diesen zog Kaiser Ludwig gen Verona, von dannen gen Brescia und nachmals gen Mailand. Niemand tat ihm Widerstand; die Päpstischen waren geflohen und gewichen gen Florenz. Und es ward Kaiser Ludwig am heiligen Pfingsttag nach der alten Gewohnheit zu Mailand gekrönt mit der eisernen Krone von Herrn Guido Malapetra, Erzbischof daselbst.

Die Stadt Mailand klagte über die Burggrafen Galeazzo, seinen Sohn Azzo und seine Brüder Marco, Lucchino, Stefano, sie wollten die Stadt dem Reich entfremden. Der Kaiser zog sie gefänglich ein, brachte Mailand, als des Reiches Kammer, wieder zum Kaisertum, setzte allda hin zu einem Hauptmann Markgraf Hugo von Montfort, von Geburt einen Schwaben, und nahm also die ganze Lombardei und ganz Italien diesseits des Apennin gegen uns her mit gutem Frieden ein. Nachmals zog er über das Gebirge gen

Florenz zu und ward zu Lucca in der Stadt herrlich empfangen vom Markgrafen Castruccio; allda lag er zwei Monate still. Galeazzo und seine Brüder ließ er wieder aus. Nachmals zog er auf die Stadt Pisa bei Florenz, die wollte ihn nit einlassen; sie schlugen die Tore vor ihm zu. Er belagerte von stundan heftiglich die Stadt. Die Päpstischen konnten ihr nit zu Hilfe kommen, darum ergab sich im Weinmonat die Stadt. Und also zog der Kaiser am Meer mit gutem Frieden auf Rom zu. Die Franzosen, so auf des Papstes Seite standen, waren ab- und wieder heimgezogen; Stephan Colonna, Berthold Orsini, König Robert von Neapel, so auch auf des Papstes Seite waren, wichen von Rom gen Neapel.

Wie Kaiser Ludwig zu Rom empfangen, geweiht und darnach Augustus genannt ward

Und kam also Kaiser Ludwig mit guter Ruhe ohne männiglichs Widerstand gen Rom. Allda ward er von den Geistlichen, Kardinälen, Bischöfen, dem Rat und der Gemeine zu Rom herrlich mit aller Pracht und Zier als ein römischer Kaiser empfangen. Der Papst Johannes der Zweiundzwanzigste hielt Hof nit zu Rom noch in Italien sondern in Frankreich zu Avinion; darum waren ihm die Römer, geistlich und weltlich, gram und vermeinten, sie wollten wieder vom Papsttum ledig werden und wie vor Alter zum Kaisertum kommen.

Mit Kaiser Ludwig ritt Markgraf Castruccio, der hatte anderthalbhundert lauter Geharnischte. Und es ward Kaiser Ludwig an der heiligen drei Könige Tag von den Geistlichen zu Rom geweiht in Sankt Peters Kirche mitsamt der Kaiserin Margareta und nach dem alten Brauch der Römer öffentlich angerufen „imperator Augustus" und „pater patriae", als man zählte nach Christi Geburt tausenddreihundert und im achtundzwanzigsten Jahr.

Ich habe oben gemeldet und man findet es noch im geistlichen Recht und andern Büchern, so gedruckt sind, geschrieben, daß die Stände des Reiches dem Papst Johannes (der wollte, das Reich wäre Lehen von ihm, und solches mit der Krönung beweisen wollte) geschrieben haben, die Krönung des Papstes sei gar nichts, gebe und nehme nichts, sei nur ein Überfluß, sei nit von nöten; aus der Wahl der Fürsten habe ein Kaiser volle Gewalt. Darum aus Befehl der Stände des Reiches ist Kaiser Ludwig wider Willen und Gunst des Papstes mit Gewalt gen Rom gezogen und hat sich allda weihen lassen ohne Willen und Wissen des Papstes, um mit der Tat anzuzeigen, daß die Krönung des Papstes nit von nöten sei einem Kaiser und das heilige römische Reich durchaus nit von dem Papst Lehen sei, wie denn die Stände des Reiches damals gemeiniglich beschlossen haben wider den Papst. Auch die Gelehrten derselben Zeit hielten den Papst fast alle für einen Erzketzer, darinnen der Antichrist verborgen läge.

Und ich habe einen hübschen Ratschlag der Gelehrten derselbigen Zeit gelesen bei Doktor Peutinger zu Augsburg, zu dem mich mein gnädiger Herr, Herzog Ludwig, schickte mit Schriften, zu erfahren etliche alte Dinge, das Haus Baiern betreffend. In jetztgemeldetem Ratschlag werden viele treffliche Ursachen angezeigt und wird der Kaiser ermahnt, daß er mit nichten einen Frieden oder eine Einigkeit annehmen soll noch sich in irgend einen Vertrag begeben mit dem Erzketzer dem Papst, wiewohl solches der Papst hoch begehrte. Das schreibe ich darum, weil alle allgemeinen Chroniken in diesem Falle den Grund des Handels nit gewußt haben; sie schreiben lauter erdichtete Dinge und Märlein, voraus in diesem Handel von Kaiser Ludwig und dem Papst. Ich habe dieses alles auf das kürzeste ausgezogen aus beider Fürsten und Herren, des Papstes und des Kaisers, Ausschreiben wider einander.

Wie die Geistlichen zu Rom den Papst Johannes absetzten und einen Barfüßer zum Papst wählten, und wie Kaiser Ludwig als ein Beschirmer der Kirche solches ausschreibt und bestätigt

Als nun Kaiser Ludwig gekrönt und geweiht war, hielt er täglich Rat mit den Fürsten, geistlichen und weltlichen, aus teutschen und wälschen Landen. Die Sache ward mit großem Ernst erwogen und zuletzt ward Papst Johannes XXII. entsetzt und für einen Ketzer erkannt und dem Kaiser als dem Vogt und Schutzherrn der Kirche befohlen, daß er solches Urteil, das über Papst Johannes den XXII. gefällt worden, seinem Amte nach ausschreiben, vollziehen und überall im Reich anschlagen sollte. Und solches Ausschreiben

und Mandat will ich allhie, wie es nötig ist, auf das kürzeste verteutschen:
„Wir Ludwig der Vierte, römischer Kaiser, allzeit Mehrer des Reiches. Nachdem wir von Gott dem Allmächtigen das Schwert empfangen haben, damit die Ungerechten zu strafen, die Frommen zu schützen, haben wir weiter unserem uns von Gott gegebenen Befehl nach nit dulden mögen das Unrecht und die Unbill Jakobs von Cahors, so sich fälschlich Papst nennt, haben unsere Heimat, Vaterland und kleine unerzogene Kindlein verlassen aus Eifer, den wir zu Gott haben, sind nach Wälschland gezogen, sind in unsere und des heiligen römischen Reiches oberste Hauptstadt und kaiserlichen Hof, die Stadt Rom, gekommen mit großem Frieden ohne männiglichs Widerstand, sind allda von Gott geweiht und gekrönt worden, halten also inne gewaltiglich durch die wunderbarliche und unsichtbarliche Macht und Hilfe des allmächtigen Gottes das Regiment der Welt und der Welt Hauptstadt Rom darum, daß wir die uns, ihrem natürlichen von Gott gegebenen Herren Ungehorsamen strafen, damit Glaube und Treue gemehrt werde.
Solche große Untreue und Zwietracht und Widerspenstigkeit kommt aus Mutwillen der Päpste (voraus Jakob von Cahors), die sich der ihnen nit gebührenden Sachen unterstehen und mit ihrer Sichel (wie das gemeine Sprichwort im geistlichen Rechte lautet) andern Leuten ihr Getreide wider alle Billigkeit abschneiden.
Wir haben lange Zeit getan wie der fromme König David, der lange zusah seinem älteren Sohn Adonias (vermeinte, er sollte sich bessern), daß derselbige sich aufwarf wider seinen jüngsten Bruder, den weisen König Salomo, von Gott erwählt; er (Adonias) als der Ältere wollte König sein, unterstund sich des Regiments etc. Desgleichen haben wir auch lange geduldet den Mutwillen des genannten Jakob von Cahors. Nun, weil kein Aufhören noch eine Besserung da will sein, müssen wir unserem von Gott uns gegebenen Amte nach das böse, faule Fleisch, so keine Arznei leiden mag, bis auf das lebendige vom Grund abschneiden, damit nit auch das frische und gute verderbt werde.
Und dieser Jakob von Cahors, so sich Papst Johannes den Zweiundzwanzigsten nennt, (damit ich's kurz mache) hat viele große Schätze, mehr denn bisher ein Papst, durch Simonie und erloge-

nen Ablaß zusammengebracht; dieselbigen gebraucht er auch wider die Christenheit und Untertanen des heiligen römischen christlichen Reiches aus Rat Herzog Roberts, so sich Neapels mit Gewalt untersteht und als ein offener Feind von dem heiligen Kaiser Heinrich dem Siebenten, unserem Vorvordern, erkannt und mit Recht in Acht und Aberacht getan ist worden. Er (Jakob von Cahors) folgt nach dem bösen jüdischen Papst Abiathar, der wider König Salomo sich des Reiches auch unterwand; also will der auch das weltliche Schwert führen mitsamt dem geistlichen. Es liegt in ihm heimlich verborgen der wahre Antichrist, er hat einen Bund mit den ungläubigen Sarrazenen gemacht und denselbigen Geld und reichen Sold gegeben, daß sie die Christen im Königreich Armenien mit Krieg überzogen haben, welche Christen wohl fünf Jahre nacheinander obgenannten Jakob zu Avinion um Hilfe angerufen haben.

Desgleichen hat oftgemeldeter Jakob mit dem großen Hochmeister in Preußen bei dem schweren Bann bewirkt, daß derselbige einen Frieden hat annehmen müssen mit den ungläubigen Littauern und dieselbigen hat durchlassen müssen, welche Feinde Christi also in die Mark Brandenburg gefallen sind; sie haben das unschuldige christliche Blut jämmerlich vergossen, die Kinder in den Wiegen, an den Armen ihrer Mütter erwürgt, die Klöster und Stifter verbrannt, die Klosterfrauen genotzüchtigt, das heilige Sakrament des Leibes Christi durchstochen und mit einem Spieß in die Höhe gehoben und geschrieen: „Schaut, das ist der Christen Gott!" Die Mark Brandenburg klagt noch über ihre Kinder und hat solchen großen Schaden noch nit überwunden.

Weiter hat dieser Jakob einst eine große Zahl der Galeeren, die vom König in Frankreich den Christen in Armenien zu Hilfe geschickt wurden, durch List zurückgehalten und dieselbigen gebraucht wider die von Genua, unsere und des heiligen römischen christlichen Reiches lieben Getreuen.

Er unterwindet sich auch des Kaisertums, will ein wildes Ungeheuer, geistlich und weltlich miteinander, sein, so doch Christus, unser lieber Herr, so ihn das Volk zu einem Könige wollte erwählen, davonfloh und sagte, sein Reich wäre nit von dieser Welt. Alle Kundigen der Rechte sind dessen eins, daß der Papst nit beide Schwerter, geistlich und weltlich, habe. Wir haben das Reich und unsere kaiserliche Gewalt allein von Gott; darum daß wir von Gott erwählt und bestätigt sind, bedürfen wir keiner menschlichen Bestätigung weiter. Wir wollen und gestehen auch nit zu, daß das heilige Reich oder das Kaisertum ihm zugehöre, von ihm Lehen sei; wir sind auch gar nit schuldig, ihm desselbigen Rechenschaft zu geben, sondern allein Gott. Die Priester und die Geistlichen, wiewohl sie solches und die Wahrheit wohl verstehen, dürfen sie sich doch solches nit merken lassen. Er nimmt Miete und Gabe, verleiht durch Simonie (so in dem geistlichen Recht die erste und größte Erzketzerei genannt wird) die Gottesgaben, behält sich auch etliche vor wider alle Rechte und alten Brauch der Christenheit. Kein Frommer hat ein Gefallen an seiner Handlung. Er hält auch seine Hofhaltung nit, wie der Brauch ist, zu Rom; er ist oft dahin gerufen worden, ist aber nie dahin gekommen.

Von dessen alles wegen aus Liebe und Eifer, so wir zu der Gerechtigkeit und gemeinem Nutzen und Wohlfahrt des heiligen römischen Reiches tragen, aus Gewalt und Macht, uns von Gott befohlen, durch das Schwert, so uns Gott verliehen hat zur Strafe der Bösen, erkennen wir und tun kund, daß mehrgenannter Jakob mit Recht abgesetzt ist als ein Ketzer nach Brauch unserer Vorvordern, nämlich Kaiser Ottos des Ersten, der mit dem römischen Volk und der Geistlichkeit Johannes den Zwölften auch absetzte und einen andern Hüter der Welt und der Welt Hauptstadt Rom erwählte, wie desgleichen viele andere Kaiser mehr getan haben. Wir erklären ihn auch hier für einen wissentlichen Ketzer, der auch sein Leben der Obrigkeit gegenüber verwirkt hat und ein Verächter ist des christlichen Lebens, demnach von unserem Herrn Jesus Christus selbst abgesetzt.

Solches Urteil ist über ihn gefällt und er ist also entsetzt mit gemeinem Rat, Willen und Begehren beider, der römischen Geistlichkeit und des Volkes, auch unserer geistlichen und weltlichen Fürsten teutscher und wälscher Nation von dem Bistum der römischen Kirche. Um welcher Bitten und Begehr willen unterwerfen wir mehrgenannten Jakob weltlicher Gewalt und tun ihn in Acht und Aberacht; wer ihn ergreift, der soll ihn strafen als einen Ketzer und einen, der sein Leben gegenüber der Obrigkeit verwirkt hat. Wir widerrufen alle seine Handlungen und wollen ohne Verzug mitsamt den Geistlichen und Weltlichen zu Rom die Kirche, die Welt und die Hauptstadt der Welt, Rom, mit einem frommen Hirten versehen. Gebieten hierauf aus kaiserlicher Macht, uns von Gott befohlen, allen Christen, daß sie mehrgenannten Jakob als einen Gebannten meiden wollen; wer ihn für einen Papst hält, soll sein Lehen und die Huld des heiligen römischen Reiches verloren haben.

Diese Rechtfertigung ist versiegelt mit des Kaisers, auch der Geistlichen und Weltlichen zu Rom Insiegeln und angeschlagen worden öffentlich in Anwesenheit der Geistlichkeit der Stadt Rom auch des andern römischen Volkes, dabei auch waren andere Fürsten und Herren, geistlich und weltlich. Geschehen außerhalb der Kirche Sankt Peters und Sankt Pauls am achtzehnten Tag des Monats April in der Hauptstadt der Welt, in der Stadt Rom, so beieinander am öffentlichen Platze versammelt war im Parlament und Kammergericht die ganze Stadt Rom, geistlich und weltlich, als man zählt nach Christi Geburt dreizehnhundertundachtundzwanzig Jahre, unseres Reiches im vierzehnten, des Kaisertums im ersten Jahre."

Wie ein anderer Papst erwählt wurde und Kaiser Ludwig sich rüstete, nach Neapel zu ziehen; wie die Kaiserin zu Rom niederkam

Nach dem allen erwählten die Kardinäle, Bischöfe und Geistlichen, so zu Rom waren, einen andern Papst, nämlich Petrus Corbarius, einen Barfüßermönch; und ward geweiht vom Bischof Castellano und seinen Gesellen und ward genannt Papst Nikolaus der Fünfte. Und Kaiser Ludwig rüstete sich lange mit großer Macht, beratschlagte gar lange ob der Sache und wollte König Robert von Neapel mit Krieg überziehen, so päpstisch und ein offener Feind des heiligen römischen christlichen Reiches war, den auch Kaiser Heinrich der Siebente selig, von Lützelburg gebürtig, abgesetzt und vor Kaiser Ludwig öffentlich in die Acht und Aberacht erkannt hatte. Es verzog sich die Sache mit der Rüstung zu Rom zu lange; dieweil verteidigte sich und warb auch wohl mehrgenannter abgesetzter König Robert und brachte aus Frankreich auch Volk zusammen. Man meinte, wenn sich der Kaiser beeilt hätte, er hätte ganz Neapel, ganz Italien und Rom gar eingenommen. Nichtsdestoweniger zog Kaiser Ludwig zu Rom aus auf

Neapel zu und belagerte nit gar weit von Rom die Stadt Tivoli. Allda starben im Felde die zwei mächtigsten Fürsten und Hauptleute in Italien, Castruccio und Galeazzo, kaiserliche und des heiligen römischen Reiches Anwälte in wälschem Land.

Es wurden auch um der Beute willen uneins die Schwaben und Rheinländer. Demnach mußte der Kaiser wieder rückwärts ziehen gen Rom; allda (wie aller Kriegsleute Brauch ist, so man sie in den Städten müßig umeinanderliegen läßt) trieben sie viel Mutwillens in der Stadt Rom. Demnach wurden die Römer etwas unwillig und hätten wohl leiden mögen, daß der Kaiser wieder weg wäre gewesen.

Dieweil Kaiser Ludwig zu Rom Hof hielt, kam die Kaiserin nieder und gebar einen Sohn, den nannte der Kaiser Ludwig den Römer darum, daß er zu Rom geboren war.

Wie die Stadt München verbrannte, das Bistum Eichstätt ledig ward, der Papst dasselbige verleihen wollte wider Willen des Kaisers, der König aus Böhmen nach Littauen zog

Dieweil also Kaiser Ludwig zu Rom Hof hielt und nit daheim war, als man zählte nach Christi Geburt dreizehnhundertundsiebenundzwanzig Jahre, am vierzehnten Tag im Hornung an Sankt Valentins Tag, (man kann nit wissen, ob es ohne Absicht oder aus Absicht geschehen sei) ging zu Mitternacht ein großes Feuer auf in der Stadt München am Anger bei dem Frauenkloster, und verbrannte wohl der dritte Teil der Stadt, Sankt Peters Kirche mitsamt dem Chor und Spital, auch das Tal und die alte Veste.

Es starb auch dieser Zeit Graf Gebhard von Graisbach, Bischof zu Eichstätt. Papst Johannes der XXII. verlieh das Bistum dem Landgrafen Friedrich von Leuchtenberg, Abt zu Ebrach in Franken; aber aus Befehl des Kaisers wollten ihn weder Kapitel noch die Stadt Eichstätt annehmen. Der Kaiser befahl das Bistum, Städte und Schlösser, geistlich und weltlich, Friedrich, Burggrafen zu Nürnberg, der sollte es an des Kaisers Statt, bis der Kaiser wieder zu Lande käme, wider die Päpstischen beschützen.

Desselbigen Jahres starb der obgenannte Abt von Ebrach, dem Papst Johannes das Bistum Eichstätt verliehen hatte.

Heinrich von Reicheneck, der war bei dem Papst am Hofe zu Avinion, der war Rat und Diener Papst Johannes des XXII., darum verlieh der Papst Johannes das Bistum Eichstätt seinem jetztgenannten Diener Heinrich von Reicheneck. Aber der Kaiser, desgleichen das Kapitel wollten ihn nit einlassen noch annehmen. Das Geistliche befahl Kaiser Ludwig dem Heinrich von Stein, das Weltliche (Land und Leute, Städte, Märkte und Schlösser) Raban von Truchseß und Albrecht von Hohenfels.

Es unterstund sich solches und dergleichen mehr Papst Johannes mit andern Bistümern auch zu tun; aber der Kaiser mitsamt den Domherren wollten solches nit gestatten.

Und dieweil Kaiser Ludwig in wälschem Lande war, überzog derweil aus seinem Befehl König Johann von Böhmen das Land Littauen unter Polen mit Krieg; wie oben angezeigt, hatte Papst Johannes die ungläubigen Littauer wider die Christen gehetzt.

Wie Kaiser Ludwig wieder nach Teutschland zog und mit seinen Vettern zu Pavia das Land teilte und ihnen Amberg gab

Kaiser Ludwig richtete alle Sachen zu Rom, so gut er konnte und mochte, und zog mit Papst Nikolaus dem Fünften von Rom gen Viterbo, nachmals gen Pisa und nahm die Städte Pistoja und Lucca ein. Allda machte Papst Nikolaus der Fünfte etliche Kardinäle, hielt ein Konzil wider Papst Johannes den XXII., tat ihn in den Bann als einen Erzketzer und verbrannte auch sein Bildnis.

Von dannen zog Kaiser Ludwig gen Mailand, und zu Pavia teilte er mit seinen Vettern, seines Bruders Söhnen, den Pfalzgrafen am Rhein, gab ihnen in Altbaiern und Franken die Stadt Amberg mit ihrem Zugehör und vereinte sich auch der Kur halber mit ihnen; die sollte umgehen, ihre Nachkommen sollten die erste Wahl, seine Nachkommen die andere allezeit haben. Und das ist geschehen, als man zählte dreizehnhundertundneunundzwanzig Jahre, zu Pavia.

Nach dem befahl Kaiser Ludwig Italien etlichen wälschen Fürsten, nämlich Azzo, dem Sohne Galeazzos, und seines Vaters Brüdern Marco, Lucchino, Stefano Mailand, dem Cane von der Leiter Padua, Verona, Vicenza, dem Francesco Toskana.

Papst Johannes der hetzte Herzog Otto von Österreich, Herzog Friedrichs Bruder, wider den Kaiser; er hat Colmar im Elsaß belagert. Kaiser Ludwig eilte im vierten Jahr, seitdem er nach Wälschland gekommen war, heraus nach Teutschland und kam der Stadt zu Hilfe. König Johann von Böhmen zog dem Kaiser entgegen (er führte einen Riesen mit sich, den hatte er in Littauen gefangen) und verrichtete die Fürsten wieder miteinander. Und der von Österreich und der König von Böhmen empfingen Lehen zu Augsburg vom Kaiser.

Wie es in Italien zuging nach des Kaisers Abzug

Sobald Kaiser Ludwig aus Italien zog, machten sich wieder auf von stundan die Päpstischen, nämlich Stephan, ein Colonna, Berthold, ein Orsini, und König Robert von Neapel und griffen die Kaiserischen an. Die von Pisa fielen auch um. Einer mit Namen Bonifatius fing Papst Nikolaus den Fünften und schickte ihn gebunden und gefangen zu Papst Johannes gen Avinion; wo er hingekommen sei, weiß niemand nit.

Der Kaiser schickte den König Johann von Böhmen nach Wälschland mitsamt desselbigen Sohn Markgraf Karl von Mähren; der rettete die Stadt Lucca, so die von Florenz belagert hatten, tat denen von Florenz großen Schaden und besetzte die Reichsstädte Brescia, Bergamo, Parma, Reggio, Modena und andere Reichsstädte mehr. Die Kaiserischen flohen alle zu ihm.

Und nach dem hatte der König von Böhmen ein heimliches Gespräch mit dem Legaten des Papstes Johannes; das mißfiel den anderen Päpstischen. Von dessen wegen fiel König Robert auf des Kaisers Seite, gab seine Tochter Else zu der Ehe dem Herzog Stephan, Kaiser Ludwigs Sohn (wie denn auch die Wappen überall ausweisen), und erwählte sich zu einem Sohn und Nachfolger im Königreich Neapel den König Andreas, König Karls aus Ungarn Bruder. Und der König von Böhmen zog wieder ab und ließ die Wälschen sich einander bekriegen.

Wie die Fürsten des niederbaierischen Landes miteinander kriegten und dasselbige Land in drei Teile geteilt ward

In Niederbaiern, wie oben angezeigt, regierten drei Fürsten: Herzog Heinrich der Dreizehnte, sein Bruder Herzog Otto der Sechste und ihr Vetter Herzog Heinrich der Vierzehnte, König Ottos aus Ungarn Sohn. Der Ältere, Herzog Heinrich der Dreizehnte, des Königs von Böhmen Eidam, bekriegte die jungen zwei Fürsten, seinen eigenen Bruder und seinen Vetter. Die jungen zwei Fürsten, nachdem sie dem Älteren gegenüber zu schwach waren, flohen sie zu ihrem Vetter Kaiser Ludwig in das Oberland und riefen ihn als ihren Vetter und Herren um Hilfe an. Kaiser Ludwig gebot Frieden unter den Fürsten und setzte ihnen einen Tag an gen Regensburg an Sankt Gilgen Tag.

Dahin kam auch König Johann aus Böhmen und Burggraf Friedrich von Nürnberg. Allda versöhnten der Kaiser und der König die Fürsten des Niederlandes miteinander und teilten Niederbaiern wohl in drei Teile.

Dem älteren Herzog Heinrich dem Dreizehnten, des Königs von Böhmen Eidam, ward Landshut, Straubing, Schärding, Pfarrkirchen und was darein gehört. Dem Herzog Otto fiel für seinen Teil zu, was um Salzburg lag: Burghausen, Braunau, Ötting, Traunstein, Reichenhall. Dem jüngeren Herzog Heinrich dem Vierzehnten, König Ottos aus Ungarn Sohn, ward zu seinem Teil Landau, Dingolfing, Vilshofen, Deggendorf (allda er Hof hielt), Cham und Bogen.

Nach dieser Teilung zogen die Fürsten und Herren wieder voneinander, und ein jeder nahm seinen Teil ein. Aber sie wurden von der Grenzen wegen immer uneins miteinander (das machten am allermeisten die Amtleute) und brannten gegeneinander wohl vier Monate vom Aschermittwoch an, vom März bis in den Heumond. Es war alles auf dem Lande verbrannt von Salzburg bis gen Cham, von Passau bis gen Erding und Freising. Herzog Heinrich der Jüngere ließ eine neue Mauer von Steinen um Vilshofen mauern und teilte unter die Bauern der Klöster das Werk aus. Darum tat ihn Abt Konrad zu Aldersbach in den Bann, aber Bischof Albrecht von Passau ließ ihn wieder daraus.

Nachmals griff ehegenannter Herzog Heinrich der Jüngere den Grafen Adalram von Hals an, so solcher Zwietracht Ursache war, und gewann ihm wohl zwanzig Schlösser und Flecken ab. Darnach rief er mitsamt seinem Vetter Herzog Otto Kaiser Ludwig um Hilfe an wider den älteren Herzog Heinrich, ihren Bruder und Vetter.

Kaiser Ludwig überzog Herzog Heinrich den Älteren, so nit Frieden wollte geben und halten, mit Krieg, belagerte Straubing zwei Monate nacheinander (mit ihm war der Bischof von Würzburg) und machte eine Brücke über die Donau bei Kagers. König Johann von Böhmen zog zum Kaiser und seinem Eidam und vereinte die Fürsten miteinander; da zog ein jeder mit Frieden wieder heim.

Von seltsamen Wunderwerken dieser Zeit und wie die zwei jungen Fürsten in Niederbaiern ohne Leibeserben abgingen, das Niederland wieder einen einzigen regierenden Fürsten bekam, die alten Herzoge in Kärnten abstarben und der Kaiser Kärnten denen von Österreich verlieh

Als man zählte nach Christi Geburt dreizehnhundertunddreißig Jahre, am nächsten Tage nach Sonnwenden, war ein solches großes Wetter, daß jedermann meinte, es würde der jüngste Tag kommen; das erschlug viele Leute. Man ging mit dem Kreuz und mit dem Heiltum um Städte und Dörfer, man rief Gott und alle seine Heiligen an. Einer ritt auf einem Gaul, da schlug das Wetter daher, dem geschah nit mehr, denn daß er sich bückte, den Kopf auf des Pferdes Hals neigte, und kam also davon. Es war auch ein überaus großes Gewässer.

Dieses Jahres verschied von dieser Welt oftgenannter Herzog Heinrich der Junge, König Ottos aus Ungarn Sohn, der war noch ledig; der sprang an einem Abend zu Natternberg bei Deggendorf im Schloß, brach ein Bein und starb in kurzen Tagen hernach. Desgleichen sein Vetter, Herzog Otto, ging auch mit Tod im andern Jahr hernach ab. Liegen beide zu Seligental zu Landshut; ihrer keiner hat einen Erben hinterlassen. Und es erbte das Niederland allein Herzog Heinrich der Ältere, dieses Namens der dreizehnte Herzog in Baiern, König Johanns von Böhmen Eidam.

Es starb auch dieser Zeit Papst Johannes der Zweiundzwanzigste und hinterließ viel Geld, wie nie ein Papst vor ihm hinterlassen hatte.

Es schied auch von dieser Welt Herzog Heinrich von Kärnten, Graf zu Tirol, der sich schrieb König in Böhmen und Polen, und liegt zu Trient im Stifte begraben. Er hinterließ eine einzige Tochter, die hatte zum Mann Herzog Johann, König Johanns von Böhmen Sohn.

Kaiser Ludwig zog gen Lienz und verlieh allda im Mai am fünften Tage das Herzogtum Kärnten und Krain und dieselbigen Lande seinen Vettern, den Herzogen Otto und Albrecht von Österreich, so obgenannten Königs Heinrich, Herzogs in Kärnten, Schwestersöhne waren; allein die Grafschaft Tirol ließ er dem Herzog Johann und seiner Hausfrau Margarete. Solches wollten Herzog Heinrich aus Niederbaiern, jetztgenannten Herzog Johanns Schwager, und Markgraf Karl aus Mähren, Herzog Johanns Bruder, nit leiden und schrieen über den Kaiser, daß er das Herzogtum Kärnten entfremdet hätte den natürlichen Erben, Herzog Johann und seiner Hausfrau Margarete, und hätte es geliehen denen von Österreich; sie sagten demnach denen von Österreich, desgleichen dem Kaiser ab. Und Herzog Heinrich ließ in seinem Land und zu Landshut den päpstlichen Bann, den er bisher nit hatte annehmen wollen, wider den Kaiser verkünden, stellte auch nach dem Reich und hatte besondere Beratungen und Anschläge mit den Päpstischen zu Avinion und dem König von Frankreich durch seinen Schwiegervater, den König von Böhmen; der zog selbst nach Frankreich und zum Papst, und sie verhießen den Päpstischen, sie wollten den Kaiser fangen.

Wie ein großer Krieg und Uneinigkeit in Baiern dem Kaiser Ludwig entstand darum, daß er das Herzogtum Kärnten denen von Österreich, seinen Vettern, verlieh, wo er nur Geschwisterkind mit ihnen war

Herzog Heinrich aus Niederbaiern mitsamt dem Markgrafen aus Mähren überzog die von Österreich mit Krieg, belagerte Neuburg am Inn zu Pfingsten und legte in das Kloster Aldersbach siebenhundert Pferde, deren Hauptmann Ulrich Egker war. Kaiser Ludwig kam denen von Österreich zu Hilfe, zog nach Niederbaiern, schlug seine Wagenburg bei Landau an der Isar auf, zog darnach auf Passau zu und rettete Neuburg. Herzog Heinrich mußte weichen mit den Seinen. Der Kaiser versah sich zu Passau mit Speise und Trank, zog darnach wieder nach Niederbaiern, verderbte das Land und zog gen München. Vierhundert Reiter die verbrannten und plünderten Weihenstephan bei Freising, so dem Herzog Heinrich gehörte.

Unterdessen kam König Johann von Böhmen wieder aus Frankreich heim und war auf den Kaiser zornig, daß er seinem Sohn Johann das Herzogtum Kärnten also genommen und es denen von Österreich geliehen hatte; er forderte zu sich seinen Eidam Herzog Heinrich aus Niederbaiern, zog mit ihm mit Heereskraft auf die von Österreich und verderbte das Marchfeld. Die von Österreich riefen Kaiser Ludwig um Hilfe an. Der Kaiser sammelte ein Volk zusammen, forderte zu sich den Grafen Ulrich von Wirtemberg und Grafen Wilhelm von Jülich, seinen Schwager, der der Kaiserin Schwester zu der Ehe hatte, und fuhr auf dem Wasser seinen Vettern, Herzog Otto und Herzog Albrecht von Österreich, zu Hilfe gen Wien. Allda machte er aus seinem Schwager von Jülich einen Herzog. Nachmals zog er mit seinen Vettern, denen von Österreich, dem König von Böhmen entgegen und legte sich gegen ihn zu Feld. Aber die Räte und nächsten Freunde beider Parteien verhandelten dazwischen, machten einen Stillstand und Frieden des Krieges auf eine Zeit lang und legten ihnen einen Tag gen Linz, darnach nach Neustadt in der Steiermark; da wurden die Herren der Sache wieder eins.

Der König von Böhmen gab seine Tochter Anna dem Herzog Otto aus Österreich; seine erste Hausfrau Else aus Baiern war gestorben. So vermählte der Kaiser seine Tochter Else dem Herzog Johann, Herzog Heinrichs aus Niederbaiern einzigem Sohn. Also wurden die Herren wieder eins.

Wie der Kaiser die Stadt Regensburg heimlich wollte eingenommen haben

Zu dieser Zeit zog Kaiser Ludwig herab auf Regensburg; zwischen Köfering und Gebelkofen lag er acht Tage still. Man zieh die von Regensburg, sie hätten es in obgenanntem Krieg mit Herzog Heinrich von Landshut gehalten; darum zieh man auch den Kaiser, er wollte die Stadt Regensburg heimlich mit List eingenommen haben; denn dieselbige Zeit war Regensburg eine Freistadt, war einst der Fürsten von Baiern Hauptstadt gewesen. Man zieh auch die von Regensburg, sie wären auf des Papstes Seite wie Herzog Heinrich von Landshut gefallen. Es sei, wie ihm wolle, man ergriff am neunzehnten Tag des Mai bei Sankt Gilgen in der teutschen Herren Haus (so damals die Pfalz war) zwei mit Namen Probst und Haimeran, die gruben ein Loch durch die Mauer, die wurden auch über der Mauer aufgehenkt; der dritte, ein böhmischer Werkmeister, entrann davon.

Es ist noch allda daselbst im Graben außen ein Stein eingemauert mit dieser Inschrift: als man zelet nach Christi gepurt dreizehenhundert und sibenunddreissig jar erichtag vor Urbani ward das loch funden und zwen darinnen gefangen, die das loch grueben; und wurden des nächsten freitag darnach in die zinnen erhangen.

Von einem großen Pfauenschwanz, von den Juden und Heuschrecken

Gleich in obgeschriebenem Jahre war in den Lüften ein großer Pfauenschwanz, so von den Griechen „cometa", von den Lateinern „stella crinita" genannt wird; man sah ihn länger denn drei Monate, nämlich er erschien im Brachmonat, Heumonat und Augustmonat.

Und in diesen großen Zwietrachten des Kaisers und des Papstes meinten die Juden, es würde aus sein mit dem römischen Reich und dem ganzen christlichen Glauben (dem sie sonst am feindesten sind, den sie nur für einen Tand halten), und vermeinten, ihr Messias wollte kommen. Sie machten demnach einen großen Bund zusammen im ganzen teutschen Land wider die Christen, unterstanden sich dieselben mit Gift auszureuten, stahlen unser Sakrament des Leibes und Blutes Christi, warfen es in die Backöfen, schmiedeten es auf den Ambossen und trieben viel anderes Gespött damit. Da solches offenbar ward (denn es regnete Blut), wurden die Juden allenthalben in Teutschland gefangen und verbrannt, namentlich in Baiern zu Deggendorf, da Pfleger war Hartmann von Degenberg; auch zu Straubing ging es über die Juden. Allein die von Wien in Österreich und Regensburg in Baiern die hielten fest zu den Juden und erretteten sie. In anderen Städten allenthalben überfiel sie der gemeine Mann mit Gewalt; da half kein Retten nit, es war der Zorn Gottes.

Es kamen auch dieser Zeit viele Heuschrecken und flogen in den Lüften daher von Aufgang der Sonne gegen den Niedergang. Wo sie hinkamen, da fraßen sie Heu, Gras, Laub, Getreide alles ab; sie nahmen nach der Länge bei zwei Meilen, nach der Breite bei sieben ein. Es kamen allweg etliche Vorreiter einen Tag vorher dahin, wo sich der gewaltige Haufe niedertun wollte. So sie nichts mehr zu essen und alles verderbt hätten, hoben sie sich zu Morgen frühe mit der Sonne auf und flogen weiter; um Vesperzeit taten sie sich nieder. Und diese Plage währte drei Jahre nacheinander. Im Winter verkrochen sie sich, im Sommer kamen sie wieder herfür. Man ging mit dem Kreuz und Heiltum um das Feld, man schlug über sie alle Glocken zusammen, wie man zum Wetter läutet; da half nichts. Etliche unterstanden sich, sie mit Stecken und Kolben zu erschlagen. In unserm Land in Baiern bestellte ein jegliches Dorf und jeglicher Flecken einen, dem gab man alle Eier, die die Hennen legten. Derselbige sammelte alle Hennen zusammen und trieb sie aus und ein wider die Heuschrecken; aber es half nichts, es war eine besondere Plage von Gott. Erst im vierten Jahre kamen große Haufen der Störche, Elstern, Dohlen, Raben und Krähen und dergleichen Geflügel und fraßen sie alle auf.

Wie die Kurfürsten und die Stände des Reiches zusammenkamen und beschlossen, die Krönung des Papstes gebe und nehme nichts, das Kaisertum und heilige römische Reich wäre allein von Gott und nit vom Papst zu Lehen

Als Papst Johannes der Zweiundzwanzigste mit Tod (wie oben angezeigt) abging und Benedictus der Zwölfte, ein Mönch von Sankt Bernhards Orden, zum Papst erwählt ward, schickten der Kaiser und die Stände des Reiches zu ihm Johann, König von Böhmen, den Pfalzgrafen Ruprecht vom Rhein den Älteren, Herzog in Baiern, und den Herzog Wilhelm von Jülich von Friedens wegen zwischen dem Papsttum und Kaisertum. Der Papst war gutwillig und bekannte frei, es geschehe Kaiser Ludwig unrecht; aber die Kardinäle und andere mehr, denen Unfriede nützlicher war denn Friede, die verwehrten, daß kein gewisser Friede gemacht wurde, so daß die Botschaft vergebens wieder heimzog.

Ich finde und habe auch etliche Bücher gelesen, die obgenannte Barfüßer, namentlich Michael von Cesena, wider diesen Papst Benedictum geschrieben haben, darinnen sie ihn gleichwie seinen Vorvordern Papst Johannes einen Ketzer schelten, wie denn die Welt allzeit Unruhe haben, niemand nichts nachgeben will. Doch finde ich nit, daß dieser Papst etwas Besonderes hat ausgehen lassen oder gehandelt hat wider den Kaiser.

Es sind wohl die Stände des Reiches zusammengekommen und haben nachfolgende Kundgebung beschlossen von der Obrigkeit, Würde und Hoheit des Kaisertums und des heiligen römischen Reiches, wie hernach folgt.

Als man zählte nach Christi Geburt dreizehnhundertundachtunddreißig Jahre, am sechsten Tage des Heumonats um sechs Uhr, im sechsten Jahre der kaiserlichen Steuer, im vierten Jahre des Papstes Benedikt des Zwölften im Baumgarten zu Rhense in der Pfalz bei sieben Meilen unterhalb Mainz an dem Gestade des Rheins, allda der Kaiserstuhl ist und die sieben Kurfürsten oft zusammenkommen und von des Reiches Sachen gemeiniglich zu handeln pflegen, haben die Stände des Reiches, nämlich die Kurfürsten Heinrich, Erzbischof zu Mainz, Valentin, Erzbischof zu Köln, Balduin, Erzbischof zu Trier, Rudolf, Ruprecht der Ältere und Ruprecht der Jüngere und Stephan, alle vier Pfalzgrafen bei Rhein und Herzoge in Baiern (nachdem noch nit ausgedrückt, sondern verborgen war, wer rechter Kurfürst unter den Vieren sein sollte), Rudolf, Herzog in Sachsen, Ludwig, Markgraf zu Brandenburg, und alle andern Lehensleute, geistlich und weltlich, des heiligen römischen christlichen Reiches des Rechtes umhergefragt nach gewöhnlichem Brauch, nachfolgende Stücke zu Recht gesprochen und erkannt und dazu berufen drei geschworene, gemeine, öffentliche Schreiber und Notare, die alle Sachen in der besten Gestalt vermöge des Rechtes aufschrieben und in alle Welt ausgehen ließen und überall anschlugen:

Zum Ersten: das heilige römische Reich, die höchste Obrigkeit in der Welt, ist von niemand hie denn von Gott, ist keines Menschen auf Erden Lehen.

Zum Andern: der Kaiser hat keinen Oberen auf der Welt, ist der Nächste nach Gott, hat seine Gewalt ohne alle Mittel von Gott, hat keinen Gleichen noch Oberen auf Erden, ist der Allerhöchste, durch den Gott alle Rechte, Gesetze, Ordnung und Reiche der Welt den Menschen gibt, von welches wegen er als ein Fürst von den sieben Kurfürsten erwählt wird. So hat er von stundan volle Gewalt, braucht nirgendshin, weder zum Papst noch anderswohin schicken, bedarf des Papstes Bestätigung nit. Der Papst hat mit solchen Sachen gar nichts zu schaffen, seine Krönung ist nur ein Überfluß und er dient in dem wie ein Knecht und leibeigener Mann seinem Herrn; denn aus der Wahl hat ein Kaiser und König alle seine Gewalt. Wiewohl solches ganz die Wahrheit ist und dessen einhellig sind alle Gelehrten und Erfahrenen der Historien, beider Rechte, des geistlichen und weltlichen, auch der heiligen Schrift, gibt es dennoch Leute, die sich ihres Glückes übernehmen, aus lauter Stolz und Geiz anders sagen und vorgeben dürfen nit ohne großen Schaden der ganzen Christenheit, daraus Krieg und großes Blutvergießen entspringt den Ständen des heiligen Reichs und Fürsten, Kurfürsten, jedermann beschwert und ihrer Gerechtigkeit beraubt werden. Darum, damit jedermann bei dem Seinen bleibe, niemandem Unrecht geschehe, guter Friede und Einigkeit im ganzen Reich erhalten werde: wer anders, denn oben von allen Ständen mit Recht erkannt ist, lehrt, sagt, tut, soll in Ungnade des heiligen römischen christlichen Reiches und des Kaisers Acht und Aberacht gefallen sein, all sein Gut, Leib und Leben verwirkt haben.

Obgenannte zwei Stücke beweisen sie mit viel Schriften, auch aus dem geistlichen Recht; es wäre verdrossen und lang, auch unnütz, solches nach der Länge alles hieherzusetzen; ich habe nur den Inhalt auf das kürzeste angezeigt, daraus der ganze Handel leichtlich verstanden mag werden.

Von einem andern gleichen Reichstag zu Frankfurt, wie der Kaiser obgenannte zwei Stücke auch bestätigte in Anwesenheit des Königs von England, dem der Kaiser Frankreich verlieh, wie er den Grafen von Geldern zu einem Herzog machte und wie er sich mit Regensburg wieder verrichtete

Nach obbenanntem Reichstag von stundan im nächsten Monat am sechsten Tag des Augustmonats hielt der Kaiser einen andern Reichstag zu Frankfurt, bestätigte und schlug an obgenannte Stücke, wie erst oben gemeldet; wer des Papstes Meinung hielte, sollte die Lehen verloren haben.

Es kam auch dieser Zeit König Eduard aus England in das Reich; er hatte der Kaiserin Schwester zu der Ehe und seine Tochter in des Kaisers Frauenzimmer. Der Kaiser empfing den König, seinen Schwager, ehrenvoll zu Koblenz; den nahm der Kaiser mit sich auf obgenannten Reichstag und führte ihn gen Frankfurt. Der König war auch bei obgenanntem Abschied.

Und nachdem König Karl der Hübsche aus Frankreich ohne Leibeserben gestorben war und sich Frankreichs unterwunden hatte Graf Philipp von Valois, obgenannten König Karls Vetter, wollte solches Königreich obgenannter König von England als ein rechter Erbe der Mutter halben haben. Es schickte auch auf diesen Reichstag König Philipp seine Botschaft und warb auch um der Teutschen Freundschaft wider den König von England. Der von England rief das Reich und den Kaiser als das oberste Haupt an um Recht zwischen sich und König Philipp.

Markgraf Karl aus Mähren, König Johanns aus Böhmen Sohn, der sollte nur mit zweihundert Pferden eingeritten sein; also hatte er dem Kaiser angelobt. Der kam wohl mit fünfhundert Pferden, empfing Lehen vom Kaiser und nahm viel Geld und Schenkung von König Philipp; er war gut französisch und zog nach Frankreich zu König Philipp.

Aber der Kaiser mitsamt den Ständen des Reiches erkannten den König von England für einen rechten König von Frankreich an, und er ward des heiligen römischen Reiches Vikar und kaiserlicher Anwalt in Gallien und Frankreich genannt und beschlossen, daß ihm die Fürsten und Herren, Ritter und Knechte des Reiches behilflich sollten sein wider obgenannten König Philipp.

Der Kaiser blieb den ganzen Winter zu Frankfurt. Das nächste Jahr darnach, als man zählte dreizehnhundertundneunundreißig Jahre, machte er aus dem Grafen von Geldern einen Herzog und vereinte sich wieder mit der Stadt Regensburg; die Prediger mußten wieder öffentlich singen, wollten sie nit vertrieben werden.

Vom Absterben der Herzoge in Österreich und in Niederbaiern; wie Kaiser Ludwig das Niederland zum andern Mal wie ein Vormund einnahm

Als man zählte nach Christi Geburt 1339 Jahre und Kaiser Ludwig zu Frankfurt Hof hielt, starb Herzog Otto aus Österreich; er hinterließ zwei Söhne, Herzog Friedrich und Herzog Leopold, die er erworben hatte bei Frau Else aus Niederbaiern. Dieser Frau Bruder, Herzog Heinrich, der dreizehnte Herzog in Baiern dieses Namens, alleiniger regierender Fürst im Niederland, starb auch dieser Zeit zu Landshut an Sankt Gilgen Tag. Er hinterließ ein junges Kind, Herzog Johann den Ersten, und befahl ihn und seine Gemahlin, Frau Margarete, König Johanns aus Böhmen Tochter, dem Kaiser Ludwig; er machte ein Testament, verordnete Kaiser Ludwig zu einem Vormund und befahl ihm Land und Leute mitsamt seinem Waisen und seiner hinterlassenen Witwe.

Der Kaiser blieb den Herbst und Winter zu Frankfurt; im Frühling zog er gen Landshut herauf und ließ das Testament Herzog Heinrichs verlesen, nahm die Vormundschaft seines unerzogenen Vetters und Eidams an, setzte einen Verwalter und machte nachfolgende Ordnung, wie man regieren sollte:

Die Räte und Amtleute sollten ohne alle Gunst und Neid nach dem allgemeinen Nutzen trachten, sollten die Armen vor der Gewalt der Mächtigen beschützen, fleißig die Leute hören und in Anwesenheit eines Schreibers nach Rat der Weisen und Verständigen alle Sachen abrichten ohne alle Gabe, Miete und Schenkung. Was aber vorfallende große, seltsame Sachen seien, sollte man an den Kaiser gelangen lassen. Die Richter sollen selbst am Rechte sitzen, ihr Amt selbst verrichten, keine Unterrichter nit haben. Die Fürsprecher und Redner sollen sich an ihrem Sold genügen lassen, sollen ihre Zunge und Rede nit verkaufen und feilhalten und den armen Mann nit beschweren. Die Ehrlosen, denen das Reden verboten ist, sollen nit an der Schranne und am Gerichte stehen, sitzen noch erscheinen. Die Räuberei soll mit gemeinem Rat und Hilfe von jedermann gemeiniglich abgewehrt werden. Die Amtleute sollen Fleiß anwenden, daß dieser Ordnung also nachgelebt werde. Wer etwas mißhandelt, soll gestraft werden; man soll dem Bösen mit der Strafe wehren. Doch wer beleidigt ist worden und will vergeben, soll nit genötigt werden anzuklagen.

Von den Predigern zu Landshut, wie sie vom Papste zum Kaiser abfielen

Die Prediger zu Landshut, als der Kaiser und Herzog Heinrich, ihr Landesfürst, uneins worden waren, hatten sie zuerst den Bann des Papstes wider den Kaiser angenommen, versperrten die Kirche und sangen nit; und da die Herren wieder eins wurden, hielten sie dennoch den Bann und wollten nit für wankelmütige und unbeständige Leute (die hin und her fielen und den Mantel nach dem Wetter kehrten) gescholten werden. Da aber nach dem Tode Herzog Heinrichs Kaiser Ludwig gen Landshut kam, da war es ihnen unbehaglich, daß niemand ihrer achtete und man sie gleichwohl in ihrer Kirche und Gottesdienst ungemüht und ungeirrt ließ. Da legten sie es mit dem Herzog von Teck an, der lief hinzu morgens früh mit Windlichtern, er und alles sein Hofgesinde, und drohte, er wollte das Kloster anzünden, wenn die Mönche nit die Kirche aufsperrten. Die Predigermönche waren froh, taten die Kirche auf, sangen und lasen wie zuvor und fragten nit mehr nach des Papstes Bann.

Wie das Niederland wieder ledig ward und die Fürsten gar abstarben; wie Erben sein wollten zum Ersten die Fürsten von Österreich, zum Andern Pfalzgraf Adolf vom Rhein, aber Kaiser Ludwig drang vor

Nach dem gehaltenen Landtag zu Landshut zog Kaiser Ludwig gen München; allda machte er den Freiherrn Friedrich von Suneck zum Grafen von Cilli.

Und als man zählte von Christi Geburt 1340 den zweiundzwanzigsten Tag im Christmonat, starb Herzog Johann der Erste in Baiern jung ohne Erben (ihm ward vermählt die Tochter Kaiser Ludwigs), an welchem Tag vor neunundzwanzig Jahren auch von dieser Welt geschieden ist sein Ahnherr Herzog Stephan von Landshut.

Von stundan kam die Landschaft zu Landshut zusammen. Und es wollten Erben zu Niederbaiern sein zum Ersten Herzog Friedrich und Leopold von Österreich, die von der Mutter (wie oben gezeigt) Baiern waren; Pfalzgraf Adolf, Kaiser Ludwigs Bruders Sohn, begehrte an seines Vaters Statt das Niederland zu erben. Aber die Landschaft nahm Kaiser Ludwig an als den nächsten Erben männlichen Stammes, der den Erbanfall erlebt habe. Die von Österreich waren wohl die nächsten Freunde, dem weiblichen Stamm nach zu rechnen. Pfalzgraf Rudolf, Pfalzgraf Adolfs Vater, war wohl in gleicher Sippe mit Kaiser Ludwig, seinem Bruder, verwandt obgenanntem Herzog Johann; er hatte aber den Anfall nit erlebt.

Und es schickten die von der Landschaft zu Kaiser Ludwig gen München und begehrten, daß er das Land einnehme. Und Kaiser Ludwig kam gen Landshut am zwölften Tag des Jänners, und es schwur ihm die Landschaft als ihrem rechten natürlichen Erbherren. Und der Kaiser verschrieb sich gegenüber der Landschaft.

Am Ersten: er wolle die Freiheit, namentlich König Ottos Handfeste, Land und Leuten halten.

Zum Andern: ausrichten alle Geldschulden (so gemacht haben die Herzoge, Herzog Heinrich der Dreizehnte und Vierzehnte und Herzog Otto der Sechste), auch das Heiratsgut Frau Reichardens, Herzog Ottos des Sechsten Gemahlin, desgleichen Frau Margaretens, Herzog Johanns Mutter.

Diese starb in diesem Jahr nach ihrem Sohn, so man zählte 1341 am neunten Tag im Heumonat.

Weiter zum Dritten gab Kaiser Ludwig dessen Brief und Siegel, daß hinfüran das Ober- und Niederland ein Herzogtum sein sollte, so erst vor fünfundachtzig Jahren in zwei Fürstentümer zertrennt ist worden. Er verbot auch die Räuberei und Unterrichter.

Wie die Grafschaft Tirol durch Heirat an Markgraf Ludwig von Brandenburg, Kaiser Ludwigs älteren Sohn, kam

Zu dieser Zeit forderte Frau Margarete (so man von der Größe des Mundes „Maultasch" nannte), Gräfin zu Tirol, zu sich den Bischof Leopold von Freising, geboren von Schaumberg, der kaiserisch war und das Bistum durch Wahl der Domherren innehielt wider Johann von Verden, dem der Papst das Bistum Freising geliehen hatte und der zu Avinion bei dem Papst am Hofe war und das Bistum nit bekommen mochte. Jetztgenannte Frau klagte dem Bischof, sie wäre noch eine reine Jungfrau, ihr Mann Graf Johann, König Johanns aus Böhmen Sohn, vermöchte nit Kinder zu machen. Der Bischof sagte, das wäre keine Ehe, könnte auch keine sein; denn die Ehe wäre von der Kinder wegen. Demnach ward Graf Johann aus der Grafschaft Tirol verstoßen, floh zu Bertrand, Patriarchen zu Aquileja, nachmals zu seinem Vater König Johann und beklagte sich über die Schmach und das Unrecht, so ihm bewiesen von seiner Hausfrau Margarete Maultasch, Gräfin zu Tirol.

Kaiser Ludwigs Sohn, Markgraf Ludwig von Brandenburg, nahm, nachdem ihm seine erste Hausfrau, des Königs von Dänemark Tochter, nun gestorben war, obgemeldete Maultasch zu der Ehe, wiewohl sie nur Geschwisterkinderskinder miteinander waren, und nahm also die Grafschaft Tirol ein, schrieb sich auch Herzog in Kärnten und Vogt der Gotteshäuser Aquileja, Trient, Brixen, wiewohl Kärnten sein Vater, Kaiser Ludwig, denen von Österreich geliehen hatte. Und es ward dem Kaiser von vielen übel geredet, voraus der König von Böhmen war übel zufrieden und vermeinte, der Kaiser sollte ihm solches nit getan haben, dieweil er allwegen gut kaiserisch gewesen sei etc. Aber es geht also in dieser

Welt zu: wer mehr vermag, der tut mehr. Es kam großer Unrat aus solcher Heirat, wie hernach folgt.

Von der Herren Tod, so diese Zeit mit Tod abgingen und von den Bistümern Eichstätt und Regensburg

Zu dieser Zeit starben nachfolgende Herren. Bischof Niklas von Regensburg starb zu Oberaltaich, allda er begraben liegt; desgleichen Bischof Albrecht zu Passau, ein Herzog von Sachsen. Und Heinrich von Reicheneck schied von dieser Welt im Elend zu Nürnberg, vertrieben vom Bistum Eichstätt, das ihm der Papst geliehen hatte. In Wälschland ging mit Tod ab König Robert von Neapel; der erwählte sich zu einem Sohn und Nachkommen am Reich den König Andreas, König Karls aus Ungarn Sohn. Dieser König Karl in Ungarn starb auch dieser Zeit, desgleichen Papst Benedikt der Zwölfte zu Avinion. Und Papst ward Clemens der Sechste, der hat das andere gnadenreiche Jahr gehalten und hat gemacht, daß man es allwegen wie die Juden im fünfzigsten Jahre begehen sollte. Papst Bonifatius der Achte hat es zuerst aufgebracht und gehalten nach der alten Römer Brauch von einem Hundert Jahre in das andere.

Dieser Papst Clemens der Sechste verlieh das Bistum Regensburg Herrn Friedrich, Eichstätt Herrn Berthold, die waren zwei Brüder und teutsche Herren, leibliche Brüder Burggraf Johanns von Nürnberg; aber die Domherren wollten deren keinen annehmen. Die von Regensburg erwählten aus sich zu einem Bischof Heinrich vom Stein, die von Eichstätt Albrecht von Hohenfels. Die beide empfingen Lehen vom Kaiser Ludwig und fragten nichts nach dem Papst.

Von diesem Papst Clemens, wie er auch wider Kaiser Ludwig war wie Papst Johannes der XXII., und wie der Kaiser abermals einen Reichstag hielt wider den Papst

Da nun Papst Clemens der Sechste erwählt ward, schickte zu ihm gen Avinion Kaiser Ludwig seine trefflichen Räte und Fürsten, den Herzog Humbert von Vienne in dem Delphinat und zu Arelat, den Grafen Ludwig den Jüngeren von Öttingen und Ulrich

Hangenor zu Augsburg, seinen Kanzler, von Friedens wegen. Sie blieben wohl in das vierte Jahr aus. Da wollte kein leidlicher Friede sein. Papst Clemens verharrte auf Papst Johannes' Meinung, wie das heilige römische Reich Lehen wäre von dem heiligen Stuhl zu Rom und der Kaiser wäre ein Lehensmann des heiligen Vaters des Papstes; demnach, wer nit bestätigt noch angenommen wäre vom Papst, wäre weder König noch Kaiser; der Kaiser hätte auch nit Macht, den Papst auf- und abzusetzen noch irgend ein Konzil zu halten und eine freie allgemeine Versammlung der Christenheit zusammenzufordern; wer solches glaube, wäre der ärgste Ketzer.

Solches habe ich gezogen aus den Briefen, die allenthalben an die Geistlichen in unseren Landen mehrgenannter Papst geschrieben hat, wobei er begehrte, daß sie solche Stücke beschwörten.

Der Kaiser konnte bei seinen Verständigen und Gelehrten nit finden, daß ihm solche Stücke zu dulden wären: sie erkannten den Papst für einen Erzketzer, darinnen der wahre, rechte Widerchrist verborgen läge, ließen abermals Schriften ausgehen wider diesen Papst, rieten dem Kaiser, er sollte mit nichten einen Frieden annehmen mit dem Papst, sondern er sollte seinem Amte nach als das oberste Haupt der Christenheit, von Gott gegeben, solchen Hochmut des Papstes strafen und erniedrigen; das könnte nit füglicher geschehen denn mit der Gelehrten und Verständigen Schriften, die sollte er, der Kaiser, wider den Papst in die ganze Christenheit ausgehen lassen; man müsse den Papst nur mit Briefen, mit Tinte und Federn überwinden, sonst wäre er zu stark allen Fürsten und Herren.

Solche Schriften und Bücher sind noch vorhanden, wie ich oben auch gemeldet habe; etliche sind im Druck.

Und der Kaiser forderte zuerst einen Reichstag gen Frankfurt, nachmals gen Speier wider Papst Clemens wie wider Papst Johannes, und ward des Papstes Begehren von den Ständen des Reiches für unbillig erkannt. Der Kaiser machte einen allgemeinen Frieden im ganzen Reich, der in langer Zeit nit gewesen war; denselben mußte jedermann beschwören. Weiter gab der Kaiser Maß dem Adel und Andern und verbot den Überfluß in Kleidern, in Essen und Trinken.

Von der Donau, wie sie von Oberaltaich weggetrieben ist worden, und wie die Kaiserin das Niederland erbte; von einem jungen Kind zu München und König Andreas von Neapel

In diesen Jahren wollte die Donau in Niederbaiern zu Oberaltaich allzunahe ans Kloster kommen und fraß Felder und Wiesen hinweg. Man grub wohl zehn Jahre nacheinander einen Graben; der Kaiser schuf es an; die Nachbarn mußten dazu helfen; das kostete mehr denn tausend Pfund Regensburger; und ward also die Donau in den neuen Graben geworfen. Den alten Gang sieht man noch wohl, er heißt noch die alte Donau.

Zu dieser Zeit auch, da man zählte von Christi Geburt dreizehnhundertundfünfundvierzig Jahr, ging ohne Leibeserben ab Graf Wilhelm von Holland, Seeland und Hennegau, und dieselbigen Lande alle erbte seine älteste Schwester, Frau Margaret, die römische Kaiserin, Kaiser Ludwigs Gemahlin. Sie zog hinab mit zweien Söhnen, Albrecht und Wilhelm, und nahm die Lande ein.

Dieses Jahres auch, am Samstag nach dem Himmelfahrtstag, am sechsundzwanzigsten Tag des Maien, ward zu München in Oberbaiern vor dem Tor gefunden ein junges Knäblein mit Namen Heinrich, jämmerlich gemartert und ermordet; es waren ihm alle Adern aus dem Leib gezogen, es hatte wohl sechzig Wunden und ward mit großem Gepräng und Ehren in die Stadt getragen und begraben.

Dieses Jahr auch ward zu Neapel gehenkt König Andreas. Papst Clemens lieh das Königreich seinem eigenen Bruder. Aber König Ludwig aus Ungarn, des gehenkten Königs Andreas leiblicher Bruder, zog mit Heereskraft nach Neapel und verjagte aus Italien Frau Johanna, die Witwe seines Bruders, mitsamt ihrem jetzigen Mann, des Papstes Bruder, auch andere an jenem Mord Schuldige; er schrieb durch die ganze Christenheit Briefe aus und beschuldigte den Papst Clemens, vier Kardinäle, desgleichen die Witwe Johanna, die sollten an seines Bruders König Andreas Mord schuldig sein. Die Frau Johanna floh mit ihrem neuen Hauswirt zum Papst gen Avinion, und der ungarische König nahm das Königreich Neapel mit Gewalt ein.

Wie der Papst Clemens und der Franzose einen andern römischen König wider Kaiser Ludwig aufwarfen

Als von Christi Geburt waren dreizehnhundertundsechsundvierzig Jahre, am sechsten Tag des Heumonats, warfen zu Trier auf für einen römischen König wider Kaiser Ludwig den Markgrafen Karl aus Mähren, König Johanns aus Böhmen Sohn, diese drei Fürsten: Balduin, Bischof von Trier, des Markgrafen Karl von Mähren Ahnherrns Bruder, Herzog Rudolf aus Sachsen, Gerlach, Graf von Nassau, dem der Papst das Bistum Mainz darum geliehen hatte, wiewohl der alte Bischof noch lebte; der war aber gut kaiserisch und wider den Papst. Diese drei (wie die Päpstischen selbst schreiben und solches als recht verteidigen, namentlich Konrad von Megenberg, Domherr und Dompfarrer zu Regensburg) haben großes Geld vom Papste genommen und also das heilige römische Reich verkauft. Markgraf Karl (so dieser Zeit mit seinem Vater, König Johann von Böhmen, wider den von England bei dem von Frankreich zu Hilfe war) nahm solche Wahl an, und der Papst sprach ihn ledig des Eides, mit dem er, Markgraf Karl, dem Kaiser Ludwig verpflichtet war.

Da solches Kaiser Ludwig inneward, berief er einen Reichstag gen Speier, zeigte solches den Ständen des Reiches an und klagte über den Papst, über den Bischof von Trier, dem er es doch gar nit zugetraut hätte, und über Andere, so Geld genommen und das heilige römische Reich verkauft und verraten hätten. Da sagten die Stände des Reiches, sie wollten ihn, Kaiser Ludwig, für einen Kaiser halten, dieweil er lebte; es bekümmere sie nit, was der Papst mit Wenigen anrichte, die ihrer Treue vergäßen, Geld nähmen und ein ganzes Land untergehen ließen.

Und es ward ein Buch, noch vorhanden, geschrieben wider Papst Clemens und obgenannten Markgraf Karl von Wilhelm von Occam, einem Barfüßermönch, und anderen Gelehrten am Hof, darin Papst Clemens für einen Erzketzer und Widerchrist, einen Todfeind des heiligen römischen Reiches, des Franzosen, teutscher Nation abgesagten Feindes, Bundesgenossen gescholten wird wie andere Päpste, nämlich Papst Clemens der Fünfte und Papst Johannes der XXII., die sich unterstanden hätten, das ganze heilige römische christliche Reich, die ganze teutsche Nation, alle Kaiser zu unterdrücken etc. Markgraf Karl wird in obgenannter Schrift beschuldigt, er habe seinen Eid, Treue und Pflicht, damit er dem heiligen Reich und Kaiser verbunden, nit gehalten, dieselbigen mutwillig zerbrochen, sei ein Freund und guter Förderer des Papstes und des Franzosen, die eine lange Zeit her abgesagte Todfeinde seien des heiligen christlichen Reiches und teutscher Nation; er halte nit die Abschiede der Reichstage zu Frankfurt, Koblenz, Lahnstein, ausgegangen wider die Päpste und Franzosen, tue auch ganz übel an seinem eigenen Herrn und Ahnen, Kaiser Heinrich dem Siebenten, dem er mit diesem Bündnis und dieser Sache ganz Schmach und Unehre antue und den er zu einem Ketzer mache; denn derselbige ist in diesem Fall auch wider den Papst gewesen, wie noch wider ihn im geistlichen Recht ein Kapitel geschrieben stehet. Denn allem nach sei er, Markgraf Karl, untüchtig zum römischen Reich, sei auch wider Recht und altes löbliches Herkommen, da das heilige Reich noch nit ledig ist, wider seinen Eid, zu keiner bestimmten Zeit noch an gewöhnlichem Ort noch von den Fürsten, in dessen Gewalt haben, sondern durch Miete und Gabe zu einem Könige fürgenommen worden von den Feinden und Mißgönnern teutscher Nation und des heiligen römischen Reiches. Das und anderes viel mehr wird mit viel mehr Worten in mehrgenanntem Buch wider den Papst und Markgraf Karl angezeigt; ich setze nur den Hauptinhalt.

Es ist auch zu dieser Zeit geschrieben worden das Buch, so „Defensor pacis" heißt und vor zehn Jahren zu Basel im Druck ist ausgegangen; das hat ein gelehrter Doctor der Rechte, mit Namen Marsilius von Padua, dem Kaiser Ludwig geschrieben wider die Päpste. Desgleichen hat geschrieben ein anderes Buch dieselbige Zeit wider die Päpstischen von dem Reich und Kaisertum Lupold von Bebenburg, Bischof zu Bamberg, der erste teutsche Doctor der Rechte; es ist wohl vor vierundzwanzig Jahren im Druck ausgegangen unter dem Namen weiland Herzog Friedrichs, des Kurfürsten in Sachsen, und heißt das Buch „*Leopoldus de iuribus imperii Romani*".

Von welches wegen, dieweil Kaiser Ludwig lebte, wollte niemand den Markgrafen Karl für einen König halten noch annehmen.

Erst nach Kaiser Ludwigs und Wilhelms von Occam Tod, wohl sieben Jahre hernach, schrieb Konrad von Megenberg, Domherr und Dompfarrer zu Regensburg, wider obgenannte Bücher ein anderes Buch (noch vorhanden) an König Karl, darinnen er oftgenannten Barfüßer Wilhelm von Occam einen Erzketzer schilt, der den frommen Kaiser Ludwig (so sonst ein redlicher, weiser, geschickter Fürst gewesen sei) verführt habe wider den Papst, legte alle Schuld auf den Mönch, entschuldigte den Kaiser; nannte auch weiter diesen Wilhelm von Occam einen Verführer der Gelehrten und hohen Schulen, der eine neue Logik, einen neuen Weg in der Philosophie, Theologie, heiligen Schrift, Grammatik und andern Künsten aufgebracht habe.

Aber dessen sei jetzo genug. Aus diesem mag ein Jeglicher wohl vermerken den rechten Grund und Ursache der Zwietracht unter Kaiser Ludwig und den Päpsten, so in keiner Chronik sonst recht angezeigt ist. Ich hab's aus den alten Schriften und Briefen beider, des Kaisers und der Päpste, so hin und wider gesendet worden sind, herausgeklaubt nit ohne große Mühe und Arbeit.

Von dem Tode des Kanzlers des Kaisers, und wie der von England im Niederland den Franzosen schlug

Nach jetztgenanntem Reichstag zu Speier zog Kaiser Ludwig gen Frankfurt und wartete allda der Ankunft der Kaiserin aus dem Niederland.

Zu dieser Zeit schied von dieser Welt zu Augsburg Kaiser Ludwigs Kanzler, Ulrich Hangenor von Augsburg, ein geschickter Mann, den der Kaiser in viel trefflichen Händeln und Botschaften brauchte. Er befahl an seinem Letzten und schuf, man sollte ihn nit in das geweihte Erdreich begraben, damit ihn die Päpstischen nit wieder auszugraben schaffen möchten, wie ihr Brauch ist. Aber Heinrich von Schöneck, dieselbige Zeit Bischof zu Augsburg, so gut kaiserisch und wider den Papst war, der ließ ihn ehrlich begraben, legte ihn mitten gar in die Kirche hinein.

Auch gleich um diese Zeit im Niederland in der Picardie, nit weit von Amiens und Abbeville, den Städten, schlug Edward, der König von England, Kaiser Ludwigs Schwager, den König Philipp aus Frankreich an einem Samstag den siebenundzwanzigsten Tag des Augustmonats. Es kamen auf des Franzosen Seite um bei dreißigtausend Mann, unter welchen auch erschlagen wurden und auf der Walstatt blieben: König Johann von Böhmen, König Peter von Navarra, der König der Inseln Majorca aus Hispanien, des Königs von Frankreich Bruder, Herzog Adolf aus Lothringen, Graf Ludwig aus Flandern, einer von Rosenberg, ein böhmischer Landherr, vier Bischöfe, achtundzwanzig Grafen. Solches schreibt Hans von Schönfeld, ein Baier, von Brügge in Flandern (so in dieser Schlacht auf des Königs von England Seite gewesen ist, eine Wunde in die rechte Wange geschlagen empfangen hatte, auch mit einem Pfeil in das Haupt verwundet worden war) dem Bischof von Passau, Gottfried von Weißeneck.

Der Franzose floh mitsamt Markgraf Karl gegen Amiens, nachmals gen Paris. Papst Clemens tat den König von England in den Bann; der von England appellierte an eine freie allgemeine Versammlung der ganzen Christenheit.

Wie Markgraf Karl, so römischer König sein wollte, wieder heimkam

Markgraf Karl kam gen Lützelburg, so sein war. Die von Aachen wollten ihn nit als einen römischen König einlassen. Der Bischof von Lüttich ließ ihn ein; aber die Bürger jagten mit Hilfe des Königs von England (so sich Vikar des heiligen römischen Reiches schrieb) den Bischof mitsamt dem Markgrafen aus der Stadt, schlugen ihm auch viel Volks ab vor der Stadt. Darnach eilte Markgraf Karl gen Bonn an Sankt Katherinen Tag zu seinem Vetter Bischof Balduin zu Trier und Bischof Valentin zu Köln und Gerlach Grafen von Nassau, so zu Mainz Bischof wollte sein.

Auch dieser Zeit kam die Kaiserin gen Frankfurt zum Kaiser aus dem Niederland, darin sie ihren Sohn Wilhelm gelassen hatte. Und nachmals zogen der Kaiser und die Kaiserin miteinander nach Baiern gen München.

Aber Markgraf Karl aus Mähren kam durch Franken nach Böhmen, ward böhmischer König, hatte Briefe vom Papst Clemens dem Sechsten und schrieb sich römischer König. Aber dieweil Kaiser Ludwig lebte, wollte ihn niemand annehmen im Reich, wiewohl der Papst beim Bann gebot, man sollte ihn wider Kaiser Ludwig überall einlassen und für einen römischen König erkennen, ihm schwören als dem, der vom römischen Stuhl bestätigt

wäre. Aber es gefiel niemandem solche Wahl nit. König Karl mußte sich in Böhmen halten. Er gewann durch List Haitstein, ein
Schloß im Wald bei Cham. Kaiser Ludwig ließ Konrad von Cha-
merau, Pfleger daselbst, enthaupten, von Untreue und Unfleiß
wegen, daß er das Schloß verwahrlost und so liederlich aufgegeben
hätte.

Wie Wilhelm von Occam und Kaiser Ludwig starben zu München; von Geschicklichkeit Kaiser Ludwigs

Als man zählte nach Christi Geburt dreizehnhundert und sieben-
undvierzig Jahre, am zehnten Tag im April, starb oftgemeldeter
Barfüßer Wilhelm von Occam zu München; der liegt allda begraben im Barfüßerkloster im Chor auf der linken Seite vor dem Sa-
kramentshäuschen. Neben ihm liegen seine zwei Mitgesellen und
Doctores Bonagratia von Bergamo und Michael von Cesena.
Gleich auch dieses Jahres starb Kaiser Ludwig am Gejaid bei Fürstenfeld, dem Kloster, bei dem Dorf Puch auf einer Wiese, die
noch nach ihm die Kaiserwiese heißt, am elften Tag im Weinmonat. Er hat gelebt dreiundsechzig Jahre und regiert dreiunddreißig
minder einer Woche. Der Leib ward geführt zuerst gen Fürstenfeld in das Kloster, da sein Vater und seine Mutter begraben liegen, nachmals am dritten Tag gen München und allda gelegt in
Unser Frauen Kirchen, da man noch sein marmelsteinenes Grab
sieht und zeigt.
Und ist Kaiser Ludwig ein sehr geschickter Fürst gewesen, von
Leib gerade, auch hoher Vernunft, gleich in Glück und Widerwärtigkeit, nit unkundig der lateinischen Sprache, gütig gegen männiglich und ein besonderer Förderer des allgemeinen Friedens,
darum er (wiewohl arm, seine Widersacher, die Päpstischen und
Franzosen, aber so überaus mächtig und reich) mit seiner Geschicklichkeit guten Frieden im Reich erhalten hat und von männiglich von seiner Tugend wegen geliebt ist worden. Er ist der erste Kaiser, der das Reich und das Kaisertum durch seine eigenen
Mittel unterhalten hat. Er hat Baiern sehr bereichert und in so langer Zeit und in solcher Widerwärtigkeit nur ein Mal, wie ich gefunden habe, eine Viehsteuer aufgelegt: von einem Roß mußte
man geben sechsunddreißig Pfennig, von einem Rind zwanzig,

von einem Schaf, Geis, Sau acht Pfennig. Er hat seine meisten Reichstage und Höfe zu Ingolstadt, München und Nürnberg gehalten, darum die drei Städte erweitert worden sind und sehr zugenommen haben bisher. Die von Nürnberg und anderen Reichsstädten haben ihn sehr lieb gehabt; zu Nürnberg steht auf dem Rathaus sein Bildnis, das ihm Rat und Gemeinde zu Ehren gesetzt haben.

Weiter hat dieser Kaiser Ludwig das baierische Recht und Rechtsbuch, so man noch im Oberland gebraucht, darnach man richtet und Recht spricht, machen und ausgehen lassen. Den Städten hat er große, besondere Freiheiten gegeben.

Von den hohen Schulen, so dieser Zeit in Teutschland gestiftet sind worden, und von den Büchsen, so erst aufgekommen sind

Unter Kaiser Karl sind gestiftet worden in teutschen Landen nachgesetzte hohe Schulen: Prag in Böhmen, Wien in Österreich, Erfurt in Thüringen und Heidelberg am Rhein in der Pfalz.

Desgleichen hat dieser Zeit gelebt Meister Berthold Schwartz, ein Barfüßer und großer Künstler der heimlichen Kunst der Alchimei und dergleichen mehr: hat die Geister können zwingen und bannen, hat die Büchsen und das Pulver erfunden, die nachmals durch Andere verbessert sind worden und bei unseren Zeiten auf das Höchste gekommen sind.

Von einem Kometen und nachfolgenden Zwietrachten und Kriegen

Dieser Zeit hat auch eine ganze Nacht der Himmel gebrannt und einen Pfauenschwanz und Kometen hat man in den Lüften gesehen, die haben den künftigen Aufruhr im Glauben und unter den Fürsten, geistlichen und weltlichen, bedeutet.

Es war König Wenzeslaus ein ungeschickter Herr, lag nur in Böhmen zu Prag, kam nit ins Reich, ließ alles durcheinandergehen, kümmerte sich um nichts. So waren auch zwei Päpste, die übertrieben es beide mit dem Bann und Ablaß, wie bei unseren Zeiten Bruder Tetzel, ein Predigermönch in Sachsen, getan hat. Der erlaubte auch künftige Sünde und vergab sie, schrie, alsobald der Plapphart in der Truhe springe, von stundan fahre die Seele gen Himmel. Und viel anderes dergleichen mehr trieb er, dadurch Martin Luther und sein Anhang veranlaßt wurden, wider den Ablaß zu schreiben.

Also taten bei Kaiser Wenzeslaus' Zeiten die Päpste auch: sie bannten gegeneinander; wen sie verbannten, den gaben sie den Teufeln und geboten denselbigen, daß sie die Seele des Verbannten in die Hölle führten; wem sie aber Gnadenbriefe gaben, von denen geboten sie den Engeln, daß sie sie in den Himmel führten. Also wollten sie über die Teufel und Engel und allerlei Geister zu gebieten haben. Und es halfen ihnen dessen etliche Predigermönche, die wollten solches alles verteidigen. Da stunden etliche Gelehrte auf wider die Päpste und Bettelmönche, und die Sache riß sich wie bei unseren Zeiten weiter ein, daß man sie nit hat auslöschen können. Zuerst ließ die hohe Schule zu Paris öffentlich des Papstes Meinung mit Posaunen und Trompeten verwerfen. Herr Richard, Erzbischof in Irland, schrieb wider die Bettelmönche, verwarf ihre Orden usw. Herr Johannes von Rupescissa, ein Barfüßermönch, weissagte von dem Papsttum und anderen Orden und hielt dafür, sie würden von ihrer Mißbräuche wegen untergehen; da ward er gefangen und verbrannt. Es kriegten damals die Ungarn und Franzosen ums Königreich Neapel; der eine Papst war ungarisch, der andere französisch. In England stund ein Doctor der heiligen Schrift auf mit Namen Johannes Wiclif, Pfarrer zu Canterbury, der hielt fast die Artikel alle, so jetzo die halten, so man evangelisch nennt; ihn beschützte Graf Thomas von Lancaster. Johannes Hus und Hieronymus von Prag, die brachten solche Artikel auch in Böhmen auf und gewannen einen großen Anhang, so auch heutigen Tages in Böhmen ist.

Der erste Zug aus Teutschland wider die Türken

Des Jahres 1395 überzog der türkische Sultan Bajazet das Königreich Ungarn mit Krieg am ersten unterhalb der Sau an der Donau. Sein Vater, König Murad, ist der erste türkische Fürst, so über Meer nach Europa in unser Land gezogen ist. Zwei griechische Fürsten kriegten um das Kaisertum zu Konstantinopel; der schwächste Teil rief diesen türkischen König um Hilfe an. Der kam selbst, verzögerte den Krieg gerne, mehrte und hegte die Uneinigkeit und schwächte die Griechen also stark, nahm Adrianopel und etliche Städte mehr im selben Land ein. Dieses Murads Sohn, König Bajazet, griff am ersten das Königreich Ungarn an.

Kaiser Sigmund, damals nur König in Ungarn, brachte ein großes Volk aus teutschen und windischen Landen, auch aus Frankreich zusammen, wollte sich am Anfang wehren und die Türken wieder über Meer treiben. Herzog Johann aus Burgund der kam mit großem Volk mit Herzog Stephan von Ingolstadt aus den Niederlanden und Frankreich nach Baiern, versöhnte die Fürsten von Baiern, von München und Ingolstadt, wieder miteinander und zog nachmals gen Straubing; allda ward er ehrenvoll empfangen mit großem Gepränge an St. Katharinen Tag von Herzog Albrecht dem Jungen, seines Weibes Bruder. Viele Herren aus Baiern, auch Pfalzgraf Ruprecht der Ältere, Herzog in Baiern, zogen mit, desgleichen Friedrich, Burggraf zu Nürnberg. Und es kam das Volk alles zusammen unterhalb der Sau in der Bulgarei vor einer Stadt, an der Donau gelegen, so die Türken und Griechen Nikopolis, das ist Siegenburg, die Teutschen Schiltarn nennen. Die Franzosen wollten den Vorzug haben. Der Türke lag ob, König Sigmund kam kaum davon. Burggraf Friedrich von Nürnberg brachte ihn auf ein Schiff; er wäre sonst gefangen worden und fuhr auf dem Wasser gen Konstantinopel. Herzog Johann von Burgund ward gefangen. Pfalzgraf Ruprecht entrann davon, ließ fast all seine Leute und sein Gut hinter sich, kam mit gar Wenigen wider zu Land und starb nach kurzer Zeit zu Amberg; da liegt er begraben in Sankt Martins Kirche. Hans Schiltberger von München, der Fürsten daselbst Kämmerer, ist in diesem Krieg gefangen worden und lang in der Türkei und Tartarei umhergezogen; er hat alles beschrieben, sein Buch ist gedruckt.

Die alten Krieger loben es nit, so man zuviel Volkes, voraus besonderer Sprachen, zusammenbringt; es will kein rechter Gehorsam dasein, wie die Erfahrenen wohl wissen. Uneinigkeit zertrennt und verdirbt alle Lande. Die Ungarn haben sich allein des Türken redlich bei hundertunddreißig Jahre her erwehrt, jetzo aus ihrer Uneinigkeit haben sie, wie die Griechen, den Türken selbst ins Land gelassen.

Wie kann es ihnen anders ergehen, denn gleichwie vorher den Griechen geschehen ist?

Von Herzog Albrecht, dem vierten Fürsten dieses Namens in Baiern

Herzog Albrecht, der vierte regierende Fürst dieses Namens in Baiern, der dritte Sohn Herzog Albrechts des Dritten, ist ein weiser, geschickter Fürst gewesen, der lateinischen Sprache vor andern teutschen Fürsten wohl kundig. Man hat ihn für den witzigsten und weisesten Fürsten in teutschem Land gehalten wie Herzog Ludwig und Herzog Georg von Landshut für die reichsten. Darum setzte auch Herzog Karl von Burgund, da er den Kaiser Friedrich mit seinem Sohn Maximilian und anderen Fürsten in das Kloster Sankt Maximin in der Vorstadt zu Trier zu Gaste geladen hatte, den Herzog Albrecht zu dem Kaiser und zu sich an den ersten Tisch. Er hat wohl gehaust, das Baierland wieder zusammengebracht und viele Angriffe darum gehabt, am ersten vom Adel im Niederland, von den Böcklern und Löwlern, nachmals von seinen eigenen Brüdern, Herzog Christoph und Wolfgang, auch von Kaiser Friedrich, seinem Schwiegervater, wegen Regensburgs und zum letzten um Herzog Georgs Land mit der Pfalz. Er ist doch zuletzt in guter Ruhe und Frieden gestorben zu München, als man zählte fünfzehnhundert und acht Jahre, am Samstag in der ersten Fastenwoche am achtzehnten Tag des Märzen. Er hinterließ drei Söhne und drei Töchter: Herzog Wilhelm, Herzog Ludwig und Herzog Ernst, Frau Sibylla, Sabina und Susanna.

Nachdem aber seine Taten noch in frischem Gedächtnis und männiglich wissend sind, will ich allhie aufhören weiterzuschreiben und dieser Chronik ihr Ende gegeben haben.

Geendet zu Regensburg im Jahre 1533, an Laetare in der Fasten, am 23. Tag des Märzen auf Befehl und Kosten des durchleuchtigen, hochgebornen Fürsten und Herren, Herren Ludwig, Pfalzgrafen bei Rhein, Herzogs in Ober- und Niederbaiern etc., des XI. regierenden Fürsten dieses Namens in Baiern, damals zu Landshut hausend.

M. D. LXVI.

Konrad Celtis, der mit Aventinus eine „Germania illustrata", eine historisch-topographische Beschreibung Deutschlands, plante

VIVENTIS·POTVIT·DVRERIVS·ORA·PHILIPPI
MENTEM·NON·POTVIT·PINGERE·DOCTA
MANVS

Bildnis des Philipp Melanchthon. Kupferstich von Albrecht Dürer 1526

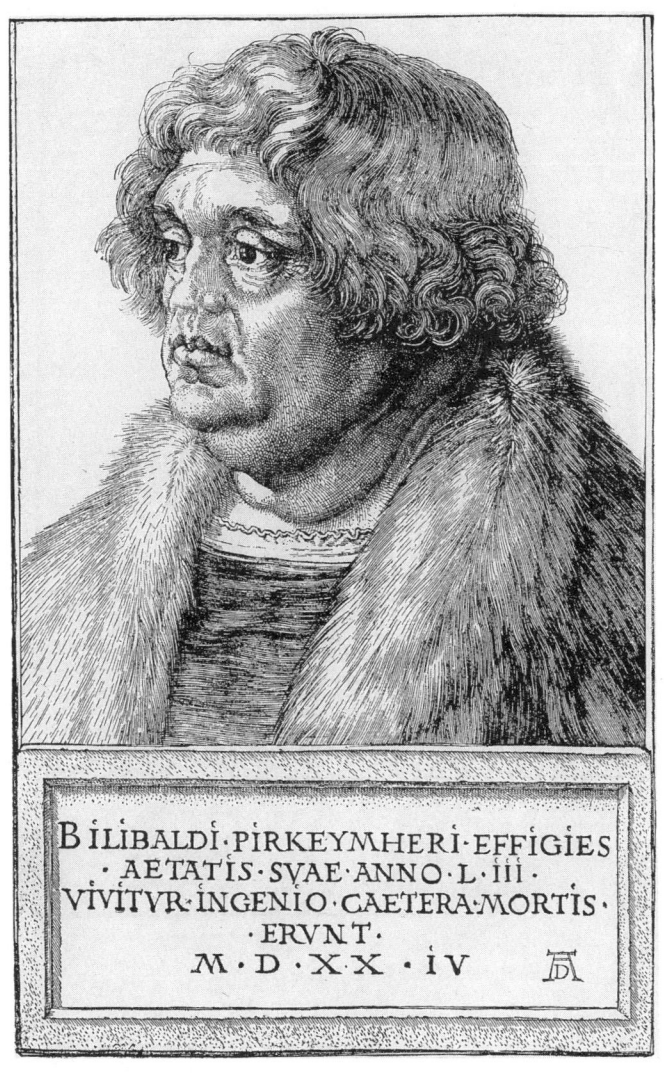

Bildnis des Willibald Pirckheimer. Kupferstich von Albrecht Dürer 1524

BEATVS RHENANVS
Historicus.

Multum se Germana mihi historia, atq̄ Latina
Debet: me Patriæ vindice claret honos.

M, D. XLVII.　　　H v

Beatus Rhenanus, einer der größten Gelehrten seiner Zeit, der mit Aventin befreun-
det war und mit ihm von 1527 bis 1531 einen regen Schriftwechsel führte. Holzschnitt
von Nikolas Reusner 1587

Drei Humanistenbriefe

Johannes Aventinus am Beatus Rhenanus

Zwar habe ich Dich schon vor Jahren in Paris kennengelernt, doch jetzt bist Du mir weit besser bekannt durch die Wissenschaft, so daß fast kein Tag vergeht, ohne daß ich an Dich gemahnt und erinnert würde. Wenn ich mich nun über unsere Angelegenheit etwas wortreicher verbreite, so hast Du es Dir selbst zuzuschreiben: Du hast einen Hungrigen eingeladen und mußt nun auslöffeln, was Du Dir eingebrockt hast!

Ich habe wahrlich während meiner mühseligen Beschäftigung bei Hofe und auf meinen ausgedehnten Reisen durch Frankreich, Deutschland, Rußland, Italien und Ungarn durch lange Übung, die ja die beste Lehrmeisterin ist, vor allem eines gelernt: daß Geschichtsbewußtsein unerläßlich ist für die Politik und daß aus Unkenntnis der Vergangenheit in geistlichen und weltlichen Angelegenheiten täglich Fehler begangen werden, ja eigentlich das meiste verkehrt gemacht wird. Ich sehe, wie Theologen, Rechtsgelehrte, Männer in höchster Verantwortung aus Unerfahrenheit und Unkenntnis der alten Überlieferungen im Dienste des Staates schlimme Mißgriffe tun, schändlich versagen und Riesenirrtümer begehen, weil sie wie Kinder und Säuglinge keine Ahnung davon haben, was sich vor ihrer eigenen Zeit abgespielt hat. Nach dem Ausspruch eines zu seiner Zeit sehr bedeutenden Theologen und Astrologen kann man aus der Geschichte viel sicherer als aus der Beobachtung der Gestirne die Zukunft erkennen, wonach das Menschengeschlecht so begierig ist; denn aus dem Vergangenen läßt sich das Künftige erschließen.

Außerdem bietet die Geschichte in jedem Alter und in jeder Lebenslage angenehmste Beschäftigung und unterhaltsame Lektüre; ihr Stoff ist nämlich die bunte Vielfalt des menschlichen Lebens und seiner Wechselfälle, wo man wie in einem Spiegel oder Gemälde das Auf und Ab der menschlichen Geschicke, Sittenverfall und Aufruhr, Mord und Krieg, Betrug und Arglist, die Zerstörung von Städten, die Ausrottung von Völkern, den Untergang

von Königreichen, die Unbeständigkeit der Herrschaften und große Völkerwanderungen wie das blinde Wüten des sturmgepeitsch-
ten Meeres gefahrlos betrachten kann. Wir und das Unsrige sind
dem Tode anheimgegeben, und wie die Menschen, so haben auch
Städte, Religionen, Herrschaften, Länder, Völker, Gesetze und
Einrichtungen der Vorfahren ihr vorherbestimmtes Ende; Hoch
und Niedrig sind dem Schicksalsspruch unterworfen. Wer sich
darüber nicht klar ist und sich trotzdem vornimmt, Geschichte zu
schreiben, der verkennt die Eigenart und Bedeutung seines Unter-
fangens und geht sein Thema unter üblen Vorzeichen an...

Zum Wesen der Geschichtsschreibung gehört die Einsicht, welche
Dinge wirklich von Bedeutung sind: Man muß also die Eigenarten
der Länder und Völker kennen und berücksichtigen, ihre geogra-
phische Lage, die Bodenbeschaffenheit, ihre Religionen, Einrichtungen und Gesetze, ihre früheren und jetzigen Bewohner, ihre
politischen und dynastischen Verhältnisse. Dies alles aber kann
man nicht ohne sorgfältige kosmographische und mathematische
Studien und bis zum Überdruß fortgesetzte Forschungsreisen er-
gründen und erkunden und auch nicht ohne Unterstützung und
Zuwendungen der Landesfürsten.

Wir brauchen auch eine neue Art der Quellenbetrachtung und
müssen das Alte zum Verständnis des Neueren heranziehen. Von
der möglichst aufmerksamen Lektüre der alten Schriftsteller wie
Tacitus, Strabo und Ptolemäus will ich gar nicht reden: die haben
nämlich die genaueste Beschreibung Deutschlands geliefert, aber
wie wenige kennen sie heute noch? Wegen des geschichtlichen
Wandels hat kein Volk in Deutschland, ja man kann ruhig sagen in
ganz Europa, Asien und Afrika, seinen alten Namen und seinen
angestammten Wohnsitz mehr inne: So hat sich alles verändert.
Dies zu wissen und sorgfältig zu berücksichtigen macht das Wesen
der Geschichtsschreibung aus.

Aus dem Lateinischen übersetzt von Eberhard Dünninger.

Johannes Aventinus an Willibald Pirckheimer

Ebenso, wie es beim heiligen Hieronymus und bei Plinius über Titus Livius zu lesen ist, hat der Überbringer dieser Zeilen, um Dich und Deine umfassende Bildung nur kennenlernen und ansprechen zu dürfen, mir dieses Briefchen abgenötigt. Er ist sprachkundig, hat aber, wie es die Zeitläufte jetzt mit sich bringen, durch ein widriges Geschick unter äußerster Not und Heimatlosigkeit zu leiden. Er heißt Wolfgang Zisus, und er ist trotzdem von so vorzüglicher Gesinnung, daß er es ungeachtet seiner schlimmen Lage unter dem Eindruck Deiner hervorragenden Persönlichkeit für die höchste Auszeichnung erachtet, Dich zu besuchen.

Von mir selbst allerdings weiß ich gar nichts zu schreiben. Ich habe Dir nur eine öffentliche Botschaft aus dem Reich der Wissenschaft und von allen Gelehrten zu übermitteln: Ich mahne Dich, bitte Dich, beschwöre Dich, flehe Dich an, daß Du mit Deinen übrigen hochgelehrten Werken auch endlich Deine griechische Ptolemäus-Ausgabe herausbringst. Nichts könnte den Musen und sämtlichen Wissenschaftlern willkommener sein: Die gelehrtesten Männer aller Völker werden Dir zu Dank verpflichtet sein für dieses überwältigende Geschenk, ewiger Ruhm bei der Nachwelt wird Dir zuteil werden.

Der gnädige und allmächtige Gott schütze und erhalte Dich noch lange für uns und das Reich der Wissenschaft!

Regensburg, 1. Dezember 1530   Johannes Aventinus

Aus dem Lateinischen übersetzt von Eberhard Dünninger.

Philipp Melanchthon an Johannes Aventinus

Du wirst mir verzeihen, daß ich Dir so spät auf Deinen so liebenswürdigen Brief antworte; ich hatte nämlich bisher keine zuverlässigen Überbringer, die zu Dir reisten.

Deine anerkennenswerten Bemühungen um eine Beschreibung Deutschlands befürworte ich wärmstens, und ich bin durchaus nicht abgeneigt, dieses Unternehmen mit einem Beitrag aus meinem persönlichen Vermögen zu unterstützen. Wenn Du aber meinst, die Einkünfte der Klöster hier in Sachsen zu solchen Zwecken heranziehen zu können, so ist die Lage hier völlig anders. Der Kurfürst hat nämlich auf alle Rechte an den aufgehobenen Klöstern verzichtet und auf Grund unredlicher Einflüsterungen das Ganze dem Einflußbereich einiger Auserwählter unter den Ständen überlassen. Diesen Plan hat einer aus dem Ritterstand ausgeheckt, damit ihnen diese Beute nicht entginge. Wenn daher der Erzbischof von Salzburg als gebildeter Mann und Förderer dieser Forschungen Dich zu sich einlädt, so rate ich Dir, diesen Gunstbeweis eines so bedeutenden und weisen Fürsten nicht zu verschmähen. Wenn irgendwer, so schätze doch ich Dich über alles wegen Deiner inneren Größe und Gelehrsamkeit; und trotzdem möchte ich Dir diesen Rat geben, selbst wenn Du mein Bruder wärst, um wieviel mehr jedoch einem Mann Deines Alters, dem das Klima dieser Gegend kaum zuträglich sein kann; spüre ich doch selbst, wie schädlich es für die Gesundheit ist, wenn man nicht hier geboren ist. Durch das ständige Fieber hier bin ich schon regelrecht gealtert, obwohl ich doch noch nicht 32 Jahre alt bin. Lebe wohl!

Im Monat September 1531   Philipp Melanchthon

Aus dem Lateinischen übersetzt von Eberhard Dünninger.

Reliefporträt des Johannes Aventinus
auf seinem Grabstein bei St. Emmeram in Regensburg

Grabmal-Inschrift

Dem gnädigen und allmächtigen Gott
Johannes Aventinus, ein Mann von einzigartiger Bildung, Glaubenstreue und Frömmigkeit, die Zierde seiner Heimat, bewundert von den Fremden. Besonders bemühte er sich um Bayern und Deutschland und war ein überaus scharfsinniger Erforscher der Vergangenheit. Er war ein Freund des wahren Glaubens und allgemeiner Sittlichkeit. Ihm ist dieses Denkmal gesetzt zum Gedächtnis der Nachwelt.   Er starb am 9. Januar 1534.

261

Epitaph auf Konrad Celtis, den großen Lehrer des Aventinus. Holzschnitt von Hans Burgkmair. – Celtis und Aventinus planten gemeinsam eine „*Germania illustrata*", eine historisch-topographische Beschreibung Deutschlands

Bibliographie

Eine ausführliche Literaturübersicht, vor allem was „Aventins Fortleben im Spiegel einer chronologischen Bibliographie" betrifft, bieten Eberhard Dünninger und Erich Stahleder in : Aventinus zum 450. Todesjahr 1984, Abensberg 1986, Seite 49–60. – Die ältere Bibliographie von Karl Schottenloher (Bibl. zur dt. Gesch. im Zeitalter der Glaubensspaltung 1517–1585, 1. Bd. Leipzig 1933, Nr. 721a–792) ist hier eingearbeitet.

1. Werke des Johannes Turmair, genannt Aventinus

Chronica, Darinn nit allein deß gar alten Hauß Beyern, Keiser, Könige, Hertzogen... Stamm und Geschichte, sondern auch der uralten Teutschen Ursprung. Frankfurt am Main 1566 (Georg Raben, Sigmund Feyerabend und Weygand Hanen Erben)
– Entstand im wesentlichen in den Jahren 1530–33; enthält ein Porträt des Aventinus, 12 Porträts der „ersten alten Teutschen Fürsten" sowie 6 Schlachtszenen, sämtlich Holzschnitte von Jost Amman; überdies zwei Druckermarken (s. Seite 253 u. 262).

Annalium Boiorum, sive veteris Germaniae libri VII. Ingolstadt 1554 (Weißenhorn)
– Erste, unvollständige Ausgabe der Annalen, die ungekürzt in Basel 1580 erschienen; mit dem Porträt Aventins als Frontispiz, posthum angefertigter Holzschnitt von Hans Sebald Lautensack.

Ursachen des Türkenkrieges (1529). In: J. A., Sämtliche Werke Bd. 1, München 1881

Hauskalender zu den Jahren 1499–1531 (1531). In: J. A., Sämtliche Werke Bd. 1, München 1881

Sämtliche Werke in sechs Bänden. Herausgegeben von der Bayerischen Akademie der Wissenschaften. München 1881–1908

2. Jüngere Forschung

Eberhard Dünninger und *Erich Stahleder,* Aventinus zum 450. Todesjahr 1984. Abensberg 1986 (Schriften der Gesellschaft für Altbayerische Geschichte und Kultur der Weltenburger Akademie, Heft 2)

Eberhard Dünninger, Johannes Aventinus. Leben und Werk des bayerischen Geschichtsschreibers. Rosenheim 1977

Aventinus und seine Zeit 1477–1534. Herausgegeben von Gerhard-Helmut Sitzmann, Abensberg 1977

(Mit Beiträgen über Aventins historisches Werk, seine geistige Welt, die Musik der Aventinus-Zeit und Bayern zur Zeit Aventins)

Leonhard Landshamer, Aventins Darstellung der römischen Kaiserzeit von Caesar bis Domitian. Regensburg 1972 (Habbel)

Gerald Strauss, Historian in an Age of Crisis – The Life and Work of Johannes Aventinus. Boston 1962 (Harvard University Press)

Georg Leidinger, Zur Geschichte der Entstehung von Aventins ‚Germania illustrata‘ und dessen ‚Zeitbuch über ganz Deutschland‘. In: Sitzungsberichte der Bayerischen Akademie der Wissenschaften, Phil. Hist. Kl., Jg. 1935/36

3. Ältere Forschung

Franz von Wegele, Johannes Aventin. Bamberg 1890 (Bayerische Bibliothek, Bd. 10 – Buchnersche Verlagsbuchhandlung)
–, Aventinus. In: Allgemeine Deutsche Bibliographie, Bd. 1, Leipzig 1875, S. 700–04

Wilhelm Vogt, Das Leben Aventins. In: J. A., Sämtliche Werke, Bd. 1, München 1881, S. I – LIX

W. Dittmar, Aventin. Nördlingen 1882

J. v. Döllinger, Aventinus und seine Zeit. (Vortrag von 1877). In: Akademische Vorträge, 1. Bd. Nördlingen 1888, S. 138–62

Th. Wiedemann, Johannes Turmair gen. Aventinus, Geschichtsschreiber des bayerischen Volkes. Freising 1858